LES PRODIGES DU CERVEAU

ELKHONON GOLDBERG

LES PRODIGES
DU CERVEAU

Ou comment l'esprit se bonifie avec l'âge

Traduit de l'américain par Pierre Reignier

ROBERT LAFFONT

Titre original : THE WISDOM PARADOX
© Elkhonon Goldberg, 2005
Traduction française : Éditions Robert Laffont, S.A., Paris, 2007

ISBN 978-2-221-10724-9
(édition originale : ISBN 1-592-40110-4 Gotham Books, New York)

À mes semblables, les hommes et les femmes
du baby-boom – la génération des fortes têtes

« La sagesse commence dans l'émerveillement. »
SOCRATE

Introduction

Cogitations d'un baby-boomer devenu neuroscientifique

La crise de la cinquantaine, à l'instar des familles malheureuses de Tolstoï dans *Anna Karénine*, peut prendre de multiples formes. J'ai compris que la mienne s'installait, au milieu de ma sixième décennie, lorsque je me suis mis en quête d'une expérience cathartique. Un étrange sentiment de symétrie temporelle s'est emparé de moi. Pour la première fois de ma vie, le passé m'est apparu aussi important que l'avenir, et l'envie m'a pris d'y réfléchir sérieusement. J'ai soudain éprouvé le besoin de faire le point, de remettre bout à bout les morceaux de mon existence que les circonstances avaient en quelque sorte dispersés. Pour la première fois depuis vingt-six ans, je me suis rendu dans mon pays natal et j'y ai recherché d'anciens amis avec lesquels je n'avais eu aucun contact pendant la moitié de ma vie. J'ai écrit un livre, sorte de mémoire intellectuel, pour essayer de placer mon passé, mon présent et mes intuitions sur l'avenir dans une perspective simple et cohérente.

Pour des raisons plus existentielles que pressantes ou pratiques, j'ai aussi décidé de faire le point sur les dégâts que le temps avait infligés à mon corps. Après de longues années de négligence éhontée, je me suis soumis à un bilan de santé complet, trop longtemps retardé. Je fus enchanté de découvrir que selon tous les critères médicaux j'étais en bonne santé – biologiquement plus jeune que mon âge réel. Cela me fit plaisir, mais sans m'étonner outre mesure, puisque je me sentais en forme et que l'âge n'avait pas entamé mes réserves d'énergie.

Avec une énorme appréhension, j'ai également décidé de passer une IRM du cerveau, un examen d'imagerie par résonance magnétique permettant de visualiser les structures internes de mon crâne vieillissant. Rien n'indiquait que mon esprit commençât à flancher. Au contraire, j'avais de bonnes raisons de croire que tout allait bien sur le plan de la cognition : je venais juste de publier un livre qui connaissait un succès raisonnable. Je donnais des conférences dans le monde entier et je pouvais encore me permettre de m'attaquer sans notes à des sujets ésotériques devant des publics exigeants. À tout moment je menais plusieurs activités en parallèle, en me montrant généralement à la hauteur. Ma vie intellectuelle était riche et intense. Mon cabinet de neuropsychologue prospérait, ma carrière était florissante. Et je m'offrais de temps en temps le malin plaisir de taquiner mes assistants ou mes étudiants en doctorat, beaucoup plus jeunes que moi, en leur disant que j'avais davantage d'endurance physique qu'eux, avec de meilleures capacités de concentration.

Cependant je savais que j'avais un certain bagage génétique. Il n'y avait pas, à ma connaissance, d'antécédents de maladies du cerveau dans ma famille, mais ma mère était morte d'un accident vasculaire cérébral (à l'âge enviable de quatre-vingt-quinze ans, il est vrai), et son frère cadet, bien que très sain d'esprit, avait assez gravement souffert de *démence vasculaire*, un syndrome provoqué par une affection des vaisseaux sanguins du cerveau. Je le savais, parce que c'était moi qui avais établi le diagnostic en examinant son IRM.

Plus important encore, j'avais conscience d'entretenir depuis de nombreuses années un mode de vie plutôt malsain. J'ai grandi en Russie (en ex-Union soviétique, pour être précis) et je suis venu aux États-Unis à l'âge de vingt-sept ans. Si j'ai rejeté le système politique de mon ancien pays, j'ai conservé de nombreux aspects de son style de vie autodestructeur. J'ai fumé comme un sapeur de l'adolescence jusqu'au début de la quarantaine, où je me suis enfin débarrassé de cette habitude, et pendant des années j'ai bu bien plus que de coutume chez les intellectuels juifs d'âge moyen de ce côté-ci de l'Atlantique. Bref, avec un tel passé j'avais à répondre de quantité de neurotoxines.

En tant que neuroscientifique cognitif, j'ai l'habitude d'étudier le cerveau en laboratoire, de manière presque abstraite, détachée de toute émotion. En tant que neuropsychologue clinicien, je suis formé à repérer avec une extrême perspicacité les plus petites manifestations de dysfonctionnement du cerveau ou de lésions cérébrales – c'est-à-dire... les lésions cérébrales des autres ! Revers de la médaille, donc : avec cette IRM, j'allais être affreusement conscient de toutes les conséquences potentielles de l'état de mon propre cerveau. Or la perspective d'acquérir ce savoir-là m'effrayait.

Ce paradoxe ne concernait pas que moi. J'en avais discuté, à l'occasion, avec pas mal d'amis – des neuroscientifiques et des neurologues de renommée internationale, dont certains étaient aussi psychiatres. Ils m'avaient tous affirmé que leur curiosité, en ce qui concernait la santé de leur propre corps, s'arrêtait au niveau du cou. Le contenu de leur tête, ils ne voulaient tout simplement pas le connaître. Un déni d'agnostique toujours accompagné de gloussements névrotiques, et je comprenais bien pourquoi.

Reste que pour moi l'incertitude est en général source d'anxiété ; tandis que la vérité, quelle que soit sa nature, a toujours un effet mobilisateur. Parmi les noms d'oiseaux dont mes amis autant que mes ennemis m'ont affublé, l'*autruche* n'a jamais été évoquée. Je me suis toujours flatté d'être raisonnablement courageux, capable de faire front – aussi allais-je insérer ma tête dans l'anneau magnétique de l'IRM. Mon ami Jim Hughes, le neurochirurgien à qui j'avais demandé de me prescrire l'examen, s'était d'abord moqué de cette idée et avait essayé de m'en dissuader.

« Et si nous trouvons une tumeur bénigne ? me répétait-il. Ta vie deviendra un cauchemar ! » Il évoqua le cas de Harvey Cushing, le père de la neurochirurgie américaine, qui avait eu lui-même une tumeur bénigne au cerveau.

À quoi je répliquai sottement que j'étais solide, que j'avais bien assez de force de caractère pour affronter de telles découvertes de façon rationnelle, et que de toute façon le savoir était toujours préférable à l'ignorance.

« Dans ce cas, c'est *ma* vie qui deviendra un cauchemar si

nous trouvons un sale truc dans ton cerveau », répondit Jim avec exaspération.

Au terme de cette âpre discussion nous convînmes que la perspective de voir sa vie devenir un cauchemar était le prix, somme toute raisonnable, que Jim devrait payer pour satisfaire ma curiosité morbide – et il me donna son accord.

En tant que neuropsychologue clinicien et neuroscientifique cognitif, j'étudie depuis trente-cinq ans les effets des diverses formes de lésions cérébrales sur l'esprit humain ; j'ai vu et analysé des centaines de scanners et d'IRM. Pour la première fois, néanmoins, je m'apprêtais à voir les images de mon propre cerveau. Je savais mieux que la plupart des gens à quel point les lésions cérébrales, même mineures, peuvent avoir un effet dévastateur sur le moral, et sur l'esprit lui-même. Mais, en dernière analyse, je pensais à tout ce que j'avais dit à Jim. Je me considérais comme capable d'affronter n'importe quel résultat, y compris les mauvaises nouvelles, et je pensais qu'il était préférable de savoir la vérité, en toutes circonstances, que de rester dans l'ignorance. Un jour d'avril ensoleillé, je franchis donc la porte du centre de radiologie Columbus Circle MRI au cœur de Manhattan.

Le compte rendu et les images arrivèrent quelques jours plus tard (en général ils ne sont pas communiqués au patient, mais on me les transmit eu égard à mon statut de médecin). Ce que je vis n'avait rien d'effrayant, mais je n'étais quand même pas très heureux. De mes sillons corticaux (les plis qui donnent sa forme de noix au cerveau) et de mes ventricules (les cavités contenant le liquide céphalorachidien, qui baigne le cerveau), le radiologue disait qu'ils avaient une « taille normale ». Selon mes propres estimations c'était assurément le cas pour les sillons, mais les ventricules me paraissaient trop grands, même en tenant compte de la dilatation (terme technique pour « agrandissement ») attendue, normale, qui vient avec l'âge. Ce pouvait être le signe d'une atrophie cérébrale.

De plus, le rapport signalait, dans l'hémisphère gauche, deux minuscules zones porteuses d'un signal d'intensité élevée dans la substance blanche (de longues voies nerveuses, gainées d'un tissu blanc et gras appelé myéline, qui relient les parties distantes du cerveau). Je les voyais moi aussi. La signification de ces observations est incertaine. Dans mon cas, elles reflétaient très probablement des accès ischémiques : la mort locale de tissus cérébraux due à un mauvais apport en oxygène. Elles pouvaient aussi indiquer une perte de myéline dans certains secteurs – mais c'était une explication moins plausible. Selon ma propre définition de l'expression, j'avais de légères lésions cérébrales.

Les nouvelles n'étaient pas toutes mauvaises. Des zones normales de « vide de signal » apparaissaient pour mes carotides internes et pour mes artères basilaires, et les images de diffusion étaient elles aussi normales. Cela voulait dire que mes artères majeures étaient propres comme au premier jour, sans occlusion, sans être encombrées de débris graisseux, et que mes vaisseaux sanguins étaient en bon état. Ce qui correspondait au résultat normal du doppler, l'examen aux ultrasons de mes carotides que j'avais passé dans le cadre de mon bilan de santé quelques mois plus tôt. Ces découvertes, associées à une tension artérielle un peu trop élevée mais globalement normale, écartaient par bonheur le risque d'un accident vasculaire cérébral soudain, violent et catastrophique, ou d'une rupture d'anévrisme. La taille des hippocampes (les structures cérébrales en forme d'hippocampe marin connues pour leur importance dans la mémoire) se révélait normale – une bonne chose, à coup sûr, puisque l'atrophie de l'hippocampe est un signe avant-coureur classique de la maladie d'Alzheimer.

Pour apaiser mes inquiétudes, je rendis visite à l'un des meilleurs neurologues de New York, le Dr John Caronna, au célèbre Presbyterian Hospital (où il y a bien des années, à peine débarqué de mon bateau d'immigrant, j'avais occupé mon premier poste d'enseignant aux États-Unis). Le Dr Caronna, un homme des plus cordiaux et accommodants, m'examina avec attention, regarda mes coupes d'IRM puis les montra à un autre collègue, le patron de la neuroradiologie au Weil Medical College de l'université Cornell. Ils conclurent l'un comme l'autre que tout était normal pour mon âge, y compris les deux aires d'ischémie « punctiformes » (façon chic de dire « minuscules »).

« C'est un cerveau bien usagé, voilà tout », assura Caronna avec son sens de l'humour caractéristique.

Ayant vu moi-même des centaines d'IRM, cependant, j'avais encore le sentiment que mes ventricules étaient plus grands que ceux de beaucoup de gens de mon âge, et que les minuscules lésions ischémiques visibles sur les images n'étaient pas une condition *sine qua non* du vieillissement. Pour trancher la question, je montrai les images à un vieil ami, le Dr Sanford Antin. Sandy compte parmi les neuroradiologues les plus expérimentés de New York, et nous avons jadis collaboré sur certains des projets les plus formateurs de ma carrière scientifique.

Sandy examina les coupes, pour annoncer immédiatement qu'une des deux lésions punctiformes n'était qu'un artefact – en m'expliquant en détail, avec beaucoup d'assurance, comment de tels artefacts apparaissent sur les images. Il déclara ensuite que l'autre lésion punctiforme était « insignifiante », qualifia les sillons et les circonvolutions (les minuscules canyons entre les sillons) de « normaux pour un homme de n'importe quel âge », et me félicita pour mon « magnifique cerveau ».

J'étais donc enfin libéré de mes inquiétudes. Avec le recul, j'ai jugé mon exercice d'exploration du cerveau intéressant pour deux raisons : à la fois sur le plan neurologique et sur le plan névrotique. Neurologiquement et neuropsychologiquement parlant, on peut considérer que l'IRM devrait faire partie des bilans de santé de routine de toute personne au-delà d'un certain âge – peut-être pas chaque année, mais disons tous les trois ou cinq ans. Nous reconnaissons tous l'utilité des examens prophylactiques ; de même, nous savons qu'avec l'âge nous sommes de plus en plus vulnérables à toute une gamme de maladies. D'où l'acceptation universelle, et la promotion par l'establishment médical, de la coloscopie pour combattre le cancer du côlon, des examens de dépistage du cancer du sein et de la prostate, et ainsi de suite. Mais le cerveau, traditionnellement, est tenu à l'écart de cette rigoureuse surveillance prophylactique, comme s'il ne faisait pas partie du corps. Rien de logique à cela, puisque l'incidence de la démence dans la population âgée égale, et parfois dépasse, l'incidence de nombreuses autres maladies.

L'esprit, le cerveau, et le corps

Cette situation aussi irrationnelle que regrettable trouve probablement sa justification dans deux postulats implicites, l'un imputable au grand public, l'autre aux professionnels de santé. Jusqu'à une époque récente, pour la plupart des gens, leur esprit ne faisait pas partie de leur être biologique à soumettre à de minutieux examens médicaux et paramédicaux. Une conception héritée du dualisme cartésien corps/esprit bien sûr erronée. Aujourd'hui, les personnes instruites conviennent, en général, avec de plus en plus de facilité que l'esprit appartient au cerveau, et par conséquent au corps. Ce sera l'un des thèmes principaux de ce livre.

Les professionnels de la santé, eux, remettent souvent en doute l'utilité d'un diagnostic précoce des maladies susceptibles de provoquer la démence, sous prétexte que « de toute façon on n'y peut rien ». Pour le dire en termes militaires, de tels diagnostics ne sont pas considérés comme « exploitables » ; ils sont donc superflus, tout juste bons à bouleverser les patients ; en outre un diagnostic non suivi de traitement ne fait que peser plus lourdement sur les finances sociales. Cette hypothèse tacite – et parfois clairement exprimée – se vérifiait hélas il y a encore dix ans. Mais elle est rapidement devenue obsolète du fait de l'apparition de diverses méthodes pharmacologiques et non pharmacologiques pour protéger le cerveau du déclin. Autrement dit, l'idée simple selon laquelle « on n'y peut rien » n'est plus vraie aujourd'hui.

Voici pour l'argumentation rationnelle. Mais je reconnais aisément que j'ai agi en présentant tous les signes d'un comportement névrotique. Je suis sûr que ce genre de réaction face au vieillissement se retrouve chez des millions de mes contemporains, aussi bien informés soient-ils (et peut-être que plus ils sont informés, plus ils réagissent de la sorte). La névrose peut prendre de nombreuses formes. En tant que neuroscientifique, j'ai aussitôt réclamé une IRM de mon cerveau. D'aucuns affronteront autrement leur névrose de vieillesse. Souvent par le déni ou, pour le dire plus précisément, par le refus de savoir – comme j'ai pu le constater chez plusieurs collègues.

Cette expérience m'a fourni le point de départ d'une sérieuse réflexion sur le destin d'un esprit vieillissant dans un cerveau vieillissant au sein de la société moderne. Comme pour la plupart des choses de la vie ou de la nature, il n'y a pas de distinction simple, binaire, entre cerveau sain et cerveau malade. Il y a des nuances de gris... même quand il s'agit de matière grise, pour ainsi dire !

L'expression « baby-boom » a un parfum d'Amérique, mais le phénomène est universel. Durant la décennie d'après la Seconde Guerre mondiale, la natalité a explosé en Europe et en Russie tout comme en Amérique du Nord. Aujourd'hui, dans des sociétés de plus en plus inquiètes face au risque d'une « épidémie d'Alzheimer », mes angoisses sont partagées par des millions de mes contemporains bien informés à travers le monde. Beaucoup d'entre eux, peut-être la plupart, ont un vécu similaire au mien, sous une forme ou une autre. Dans quelle mesure leur anxiété relève-t-elle de la névrose, et dans quelle mesure est-elle justifiée ? Toute personne qui approche de la cinquantaine « bien tassée » éprouve en général une certaine angoisse, à la fois réelle et névrotique, concernant ses facultés mentales. Dans mon cas, mes connaissances professionnelles sur le fonctionnement du cerveau et ses possibles dysfonctionnements ont influencé mon état d'esprit pour le meilleur et pour le pire. Je diffère de la plupart de mes contemporains anxieux en ce que je suis un scientifique spécialiste du cerveau – un clinicien qui gagne sa vie en diagnostiquant et en traitant les conséquences des lésions cérébrales, en observant quotidiennement le vieillissement du cerveau et l'apparition de la démence. Toutes activités susceptibles de rendre mes réflexions sur mes propres angoisses très utiles à d'autres que moi. J'espère que les cogitations du neuroscientifique vieillissant que je suis seront donc instructives et profitables à mes contemporains de tous horizons.

Jeunes, nous sommes motivés par la soif de l'inconnu, par

l'envie d'aller de l'avant. Nous *osons*. Selon le cliché traditionnel, en vieillissant nous aspirerions à la stabilité. Mais « stabilité » signifie-t-elle inévitablement « stagnation » ? Sur le plan mental, les changements dus au vieillissement ne sont-ils que pertes, ou peut-on aussi parler de profits ? À force d'introspection, en étudiant mon propre paysage cognitif, je parviens à la conclusion que, malgré mon anxiété et le risque objectivement croissant de développer une maladie liée à l'âge, ma situation n'est pas si mauvaise. Je remarque avec satisfaction que je ne suis pas plus stupide, de manière générale et au sens intuitif du terme, qu'il y a trente ans. Mon esprit ne s'est pas affaibli ; à certains égards, en fait, il se peut même qu'il fonctionne mieux qu'avant. Enfin, en guise de bouclier psychologique (et réel aussi, je l'espère) contre les effets du vieillissement, je m'efforce en permanence d'aller de l'avant. Je mène en mon for intérieur une guerre interminable contre la stase. Une vie trop établie n'est plus une vie mais un ersatz de vie, et, cela, je n'en veux surtout pas.

Ce qui me frappe le plus dans cette exploration de mon propre esprit, c'est que le changement, puisque changement il y a, ne peut se définir en termes quantitatifs. Dans l'ensemble mon esprit n'est ni plus faible, ni plus fort qu'il ne l'était il y a plusieurs décennies. Il est différent. Ce qui autrefois impliquait des opérations complexes de résolution de problèmes s'apparente désormais davantage à de la reconnaissance de formes. Je ne suis plus aussi doué pour les opérations mentales laborieuses, pénibles, acharnées ; mais bon, je ne ressens plus le besoin de m'y livrer aussi souvent que jadis. Quand j'avais une vingtaine d'années, j'étais fier (avec pas mal de désinvolture) d'être capable de suivre un cours magistral sur tel ou tel point obscur de mathématiques supérieures sans prendre de notes et de réussir mes examens quelques mois plus tard. Je ne me risquerais même pas à tenter l'expérience maintenant que j'arrive à l'âge mûr de cinquante-sept ans. C'est tout simplement trop difficile !

Mais d'autres opérations mentales sont devenues plus faciles. Un phénomène assez fascinant se produit dans mon esprit, qui m'était inconnu par le passé. Fréquemment, quand je me trouve face à un problème difficile, et difficile même d'un point de vue extérieur, l'opération mentale pénible mais nécessaire à sa résolution est d'une certaine façon circonscrite, au point d'en devenir superflue, comme par magie. La solution vient sans effort, en douceur, apparemment d'elle-même. Ce que j'ai perdu avec l'âge en potentiel de travail mental ardu, il me semble que je l'ai regagné en capacité de perspicacité instantanée, d'une facilité presque honteuse.

À présent, un autre fragment d'introspection intéressant. Quand j'essaie de résoudre un problème épineux, une association d'idées surgit souvent dans ma tête comme un *deus ex machina*, de prime abord lointaine et sans rapport avec le problème en question, mais qui y apporte pour finir une solution merveilleusement efficace. Des choses qui, par le passé, semblaient distinctes, révèlent aujourd'hui leurs liens. Ce phénomène, lui aussi, se produit tout seul et sans effort – et je me vois davantage comme le bénéficiaire passif d'une manne intellectuelle que comme l'agent actif et surmené de sa propre vie mentale. Je me suis toujours efforcé de faire tomber les frontières entre mes divers domaines d'activités professionnelles et intellectuelles, mais en assistant aujourd'hui à l'apparition de plus en plus fréquente de tels *deus ex machina*, je trouve cette « magie mentale » productive et incroyablement satisfaisante. Je me sens comme un gosse qui jubile d'avoir découvert une boîte de biscuits dans une cachette et y plonge la main en toute impunité.

Et puis il y a une dernière chose, encore plus profonde, presque trop satisfaisante pour en parler : j'ai l'impression de maîtriser ma vie complètement, comme jamais auparavant. Au risque de paraître hypomaniaque (je ne le suis pas, c'est pourquoi je me sens libre de m'exprimer ainsi), j'ai de plus en plus le sentiment que la vie est une fête, alors que par le passé elle me semblait si souvent un combat. Bien sûr, j'ai conscience de l'impératif biologique qui veut qu'un jour la fête s'arrêtera. Mais peut-être justement à cause de cette prise de conscience, le désir m'envahit, puissant comme une force de la nature et gagnant en puissance avec l'âge, de faire durer la fête. Voilà le paradoxe existentiel du vieillissement : s'émerveiller de ses effets, et répondre pourtant au besoin de prolonger la fête. Parce que la vie ne suit pas une voie à sens unique vers la dégénérescence. Il y a des courants et des contre-courants à découvrir, à observer, à comprendre et à savourer.

Que sont-ils, ces étranges phénomènes de lévitation mentale qui font surgir les solutions instantanément et sans effort apparent ? Seraient-ils le signe de cet attribut si convoité du vieillissement, de cette étoffe réservée à certains hommes que l'on appelle la *sagesse* ? Au début, j'ai craint de m'emballer, de peur que mon incursion dans les mystères de la sagesse ne se révèle au contraire un bel exemple de sottise. Je me suis efforcé d'éviter ce vocable généreux et poétique, de m'en tenir à la langue austère de la science, celle qui m'a accompagné pendant la plus grande partie de ma vie – de parler non pas de « sagesse », mais de « reconnaissance de formes ».

Mais voilà : malgré toutes mes mises en garde contre les revendications extravagantes, je me sens inexorablement tenté. Et le paradoxe existentiel qui m'intrigue si fort prend peu à peu en moi un nouveau nom : le paradoxe de la sagesse. Nos esprits sont un produit de l'organisme naturel qu'est le cerveau. Si le cerveau vieillit et change, chaque phase de cette progression naturelle offre de nouveaux plaisirs et des avantages variés, en même temps qu'elle induit des pertes et des concessions, comme l'évolution des saisons. Si, pendant notre jeunesse, la curiosité et l'exploration sèment nos graines mentales, si l'expérience de la maturité entretient le champ où elles poussent, alors la sagesse est cette moisson de récompenses mentales dont nous ne pouvons vraiment profiter que pendant nos « années d'automne », pour reprendre l'expression célèbre de Frank Sinatra. Après avoir pris une grande inspiration, je plonge donc la tête la première dans mon nouveau projet, *ce* projet, un livre sur les saisons de l'esprit humain considérées comme le passage de l'audace à la sagesse. Ce faisant, je n'oublie en aucun cas que la sagesse, par ses dimensions cognitives, éthiques et existentielles, est un concept beaucoup trop riche pour être exploré entièrement dans un seul récit, ou par un unique explorateur tel que moi-même. Je limiterai donc délibérément la portée de ce livre à la dimension cognitive de la sagesse – une perspective étroite, je l'admets, mais éminemment digne d'intérêt.

Vue d'ensemble du livre

Le contenu éclectique et les thèmes entremêlés de ce livre sont le reflet des multiples facettes de son sujet. Dans mon récit, certains chapitres traitent d'histoire et de culture (chapitres 1, 4, 5 et 12) ; d'autres se concentrent sur la psychologie (chapitres 1, 4, 5, 8, 9, 10, 11 et 12) ; d'autres encore, un peu plus techniques, se penchent sur la structure du cerveau et ses connexions internes, ainsi que sur les modalités de son bon fonctionnement ou de son dysfonctionnement (chapitres 2, 6, 7, 13 et 14). Pour finir, je présente comment prévenir le vieillissement du cerveau (chapitres 14 et 15, puis l'épilogue). Ces motifs apparemment disparates sont rassemblés en une trame logique et cohérente tissée par une double question centrale : quels sont les facteurs qui permettent à un cerveau âgé d'accomplir encore et toujours de remarquables prouesses intellectuelles, et comment pouvons-nous favoriser ces facteurs ? Tous les noms des patients cités ont été modifiés pour protéger leur vie privée, mais leurs histoires sont authentiques, et ne sont jamais enjolivées. J'ai explicité au mieux les termes techniques quand ils apparaissent pour la première fois dans le texte.

Dans le chapitre 1, « La vie de votre cerveau », nous commencerons par une promenade facile à travers la machinerie cérébrale, elle-même pourtant si complexe, qui permet les activités apparemment banales de la vie quotidienne. Le développement du cerveau, sa maturation et son vieillissement constitueront les centres d'intérêt de la visite du chapitre 2, « Les saisons du cerveau ». Il s'y trouve la question centrale du livre : comment expliquer les remarquables prouesses dont l'esprit est capable lorsque son fonctionnement dépend d'un cerveau âgé ? Au chapitre 3, « Le vieillissement et les grands esprits de l'histoire », je développerai ce thème en examinant la vie de plusieurs personnalités historiques remarquables, pour le rôle de premier plan qu'elles ont joué dans la société en dépit de leur âge et, dans certains cas, en dépit de leur démence. La résilience du cerveau face aux effets de la dégénérescence due au vieillissement est plus importante que la plupart des gens ne le croient ; vous trouverez sans doute certains de ces exemples tout à fait stupéfiants.

Nous poursuivrons en examinant les qualités, ou caractéristiques, les plus convoitées de la vieillesse : la sagesse, l'expertise et la compétence – au chapitre 4, « La sagesse à travers les civilisations ». Nous serons prêts, à ce moment-là, à introduire un des concepts centraux du livre, le concept de la reconnaissance de formes[1]. Nous en étudierons divers types de systèmes et leur rôle dans les mécanismes de l'esprit. Le langage est un outil basé sur la reconnaissance de formes, mais il en existe de nombreux autres qui entrent en jeu dans la cognition humaine – à voir au chapitre 5, « Le pouvoir des formes ».

Alors, il sera temps d'observer comment les formes se créent dans le cerveau, et leur relation avec les souvenirs – chapitre 6, « Aventures sur les chemins de la mémoire ». Il se trouve que toutes les formes sont des souvenirs, mais tous les souvenirs ne sont pas des formes. En quoi, au juste, les formes se distinguent-elles des autres souvenirs ? et pourquoi les formes sont-elles moins vulnérables que ces autres souvenirs lorsque déclinent les capacités du cerveau : ce sera le sujet du chapitre 7, « Des souvenirs inaltérables ».

Comment la machinerie si bien développée de la reconnaissance de formes nous assiste-t-elle dans la vie quotidienne ? et par quoi l'émergence d'une telle machinerie mentale est-elle assurée ? Nous en discuterons au chapitre 8, « La mémoire, les formes et la machinerie de la sagesse ». Là, nous introduirons aussi une distinction essentielle entre le « savoir descriptif » (qui se rapporte à la question « qu'est-ce que c'est ? ») et le

---

1. En anglais, *pattern recognition*. « Reconnaissance de formes » est l'expression française la plus courante et la plus... française. Elle a été choisie pour l'ensemble de ce livre. Mais on trouve aussi « reconnaissance de patterns » dans une littérature plus technique ou spécialisée pour laquelle l'anglicisme « pattern » n'en est déjà plus un. (*N.d.T.*)

« savoir prescriptif » (qui se rapporte à la question « que dois-je faire ? »).

Le savoir prescriptif – « que dois-je faire ? » – joue un rôle crucial dans la réalisation de la quasi-totalité des tâches que nous entreprenons. La capacité du cerveau à accumuler et à stocker ce type de savoir repose sur les lobes frontaux, particulièrement sensibles au vieillissement et au déclin induit. L'importance considérable des lobes frontaux dans la cognition humaine constituera le cœur du chapitre 9, « Prise de décision "en haut, devant" ».

La dualité est l'une des principales caractéristiques de l'architecture du cerveau – et son énigme la plus persistante. Pourquoi le cerveau est-il divisé en deux hémisphères ? De nombreuses théories et conjectures ont tenté d'expliquer ce trait de conception fondamental, mais aucune n'a jamais vraiment réussi à élucider le mystère. Nous étudierons une idée radicalement nouvelle au sujet de la dualité du cerveau : l'hémisphère droit est l'hémisphère de la « nouveauté », et l'hémisphère gauche est le dépositaire des formes bien développées. Cela signifie qu'à mesure que nous vieillissons et que nous accumulons des formes, il se produit un changement graduel dans « l'équilibre des pouvoirs » hémisphériques : le rôle de l'hémisphère droit diminue, celui de l'hémisphère gauche augmente. Avec l'âge, nous nous reposons de plus en plus sur l'hémisphère gauche, et l'utilisons davantage. Cette façon absolument nouvelle d'envisager la dualité du cerveau tout au long de la durée de la vie sera abordée dans le chapitre 10, « Nouveauté, routines, et les deux moitiés du cerveau », ainsi que dans le chapitre 11, « La dualité du cerveau en action ».

La division du travail entre les deux moitiés du cerveau ne se limite pas à la cognition. Les émotions, elles aussi, sont latéralisées : les émotions positives sont associées à l'hémisphère gauche, les émotions négatives associées à l'hémisphère droit. Quel rapport tout cela peut-il avoir avec les différents styles cognitifs (ou types de personnalités), et avec le vieillissement ? Ce sera le sujet du chapitre 12, « Magellan sous Prozac ».

Le vieillissement affecte différemment les deux moitiés du cerveau : l'hémisphère droit « rétrécit », mais l'hémisphère gauche fait preuve de davantage de résilience. Cette question sera développée dans le chapitre 13, « Temps de chien en plein été ». Qu'y a-t-il derrière cette mystérieuse disparité ? La réponse se trouve dans la plasticité du cerveau, une caractéristique dont il bénéficie tout au long de la vie : c'est le thème du chapitre 14, « Utilisez votre cerveau et tirez-en davantage ». Contrairement à ce que la plupart des scientifiques ont cru jusqu'à une époque très récente, de nouvelles cellules nerveuses (neurones) naissent et se développent aussi longtemps que nous vivons. L'apparition de ces nouveaux neurones et le lieu où ils s'implantent dans le cerveau sont régulés par l'activité mentale. Plus nous cogitons, plus nous fabriquons de nouveaux neurones, qui s'installent dans les zones du cerveau les plus utilisées ! En vieillissant, nous nous servons de plus en plus de notre hémisphère gauche, ce qui a pour conséquence de le protéger de la dégénérescence.

D'où une conclusion surprenante, qui aurait été considérée comme invraisemblable il y a seulement quelques années : vous pouvez augmenter la longévité de votre cerveau en le faisant travailler. Dans le chapitre 15, « Gymnastique des formes », nous introduirons les divers types d'exercices cognitifs envisageables.

Nous terminons notre voyage au cœur du cerveau avec l'épilogue : « Le prix de la sagesse ». Vieillir, dans l'ensemble, ce n'est pas si mal que ça ! À vrai dire, c'est peut-être même une étape de la vie qu'on peut attendre avec une certaine impatience, et apprécier pleinement. Puisque nous accordons tant de valeur à la sagesse, le vieillissement n'est-il pas un prix raisonnable pour y parvenir ?

Et maintenant commençons notre exploration du paradoxe de la sagesse qui se révèle au fil des années...

1

La vie de votre cerveau

C'est le cerveau, idiot

D'ordinaire les gens n'envisagent pas la sagesse, ni même d'ailleurs la compétence ou l'expertise dans tel ou tel domaine, comme des catégories biologiques. Elles le sont pourtant. Les gens ont l'intuition, de façon générale et assez vague, que notre esprit est le produit de notre cerveau. Mais il n'est pas toujours facile de mesurer à quel point cette relation est profonde. Si est acceptée l'idée abstraite d'une connexion entre esprit et cerveau, ce que cela signifie dans la vie quotidienne n'est pas compris par la plupart des gens. C'est là un vestige récalcitrant du « dualisme corps/esprit », doctrine philosophique étroitement associée au nom de René Descartes (*à tort*, objectent cependant certains érudits). D'après Descartes, le cerveau et l'esprit sont deux entités distinctes, et l'esprit existe indépendamment du corps. Une littérature abondante a été écrite sur le sujet, dont récemment les deux excellents livres *L'Erreur de Descartes*, d'Antonio Damasio, et *Comprendre la nature humaine*, de Steven Pinker. Cette incapacité, depuis plusieurs siècles, à se faire à l'idée que l'esprit est *bel et bien* le produit du corps a inspiré des représentations frappantes comme celle de l'homoncule, la petite créature assise au milieu de notre cerveau et chargée de la lourde tâche de penser, ou celle, pour reprendre l'expression ironique du philosophe Gilbert Ryle, du « Fantôme dans la machine ». Dans mon précédent livre, *The*

Executive Brain, je constatais avec regret que même si « aujourd'hui nos sociétés instruites ne croient plus au dualisme cartésien entre le corps et l'esprit [...] nous n'effaçons que trop lentement, pas à pas, les conséquences de cette erreur simpliste ». Et nous avons encore bien des difficultés à accepter l'idée qu'il y a unité entre l'esprit et le cerveau quand il s'agit des strates supérieures de notre vie intellectuelle.

En maintes occasions j'ai été surpris, et même choqué, de constater à quel point cette notion d'unité entre cerveau et esprit peut être superficielle ou fragile. Cela m'est apparu de façon très frappante il y a quelques années, lorsqu'un petit groupe de collègues et moi-même avions lancé un programme pédagogique que nous avions baptisé « Le cerveau-esprit à l'étude ». L'objectif de cet atelier était d'informer le grand public sur les bases de la neuroscience, sur les problèmes susceptibles de survenir à l'intérieur du cerveau, avec leurs conséquences possibles pour l'esprit, ainsi que sur les traitements qui existaient alors pour pallier diverses maladies cérébrales. À notre grand étonnement, les gens réagissaient souvent par l'incompréhension la plus totale. « Mais quel rapport y a-t-il entre l'esprit et le cerveau ? » entendis-je plus d'une fois – question purement rhétorique, mais qui me plongea dans des abîmes d'incrédulité. Dans la même veine, un jour que je parlais du cerveau lors d'une conférence publique sur la mémoire, une question jaillit tout à coup de l'auditoire, sur un ton qui manifestait plus de consternation que de véritable curiosité : « Mais pourquoi mettez-vous dans le même panier le cerveau et la mémoire ? ! »

Encore plus incroyable : j'ai rencontré pareille incompréhension face à un public beaucoup plus élitaire, à l'occasion d'un colloque sur les secrets de l'extraordinaire réussite de certains individus. Les invités de cette réunion de très haut vol constituaient un véritable Bottin mondain international de surdoués : scientifiques de renommée mondiale, grands patrons de l'industrie, athlètes olympiques, artistes célèbres et personnalités politiques de premier plan. L'un après l'autre, ces « champions » incontestés dans leur domaine d'activité montèrent à la tribune pour livrer leurs idées personnelles sur les secrets de leurs exploits. Un consensus se dégagea assez vite pour dire que la clé de la réussite tient à la convergence de deux ingrédients : le talent dans tel ou tel domaine particulier fut, à l'unanimité, identifié comme le premier de ces ingrédients. Quant au second, il fut décidé de façon tout aussi unanime qu'il s'agissait de la présence, à des degrés élevés, de certains traits de personnalité spécifiques tels que la motivation, le dynamisme et la capacité à se concentrer de manière durable sur un objectif lointain. Les participants du colloque tombèrent d'accord que sans un talent quelconque il ne peut y avoir de réussite digne de ce nom, et que ce talent particulier est une chose qui apparaît à la naissance – la destinée biologique de quelques-uns. Après tout, c'est une évidence unanime qu'il ne suffit pas de travailler dur pour devenir Mozart, Shakespeare ou Einstein. En revanche, en ce qui concernait les autres ingrédients du succès le plus extraordinaire, comme par exemple le dynamisme et l'ambition, les orateurs affirmèrent l'un après l'autre qu'ils « ne dépendaient que de l'individu » – comme si l'individu en question était une entité platonique, désincarnée !

Quand vint mon tour à la tribune, j'essayai de faire passer l'idée que la « motivation » et la « capacité à se concentrer sur un objectif lointain » sont des attributs qui ont aussi une base biologique, au moins pour une part. Et l'une des raisons pour lesquelles ces attributs se manifestent de façon variable selon les individus, c'est que les *cerveaux* de ces individus sont différents les uns des autres. La personnalité, affirmai-je comme je l'avais déjà fait devant divers auditoires, n'est pas un attribut extracrânien. Elle est le produit de votre cerveau.

Cette proclamation fut accueillie par un silence de plomb, suivi bientôt par des murmures d'impatience. Au bout de quelques instants, l'un des participants, diplomate très illustre et de renommée internationale, me lança ce commentaire : « Professeur Goldberg, ce que vous dites là est tout à fait intéressant, mais notre conférence d'aujourd'hui porte *sur l'esprit, pas sur le cerveau.* »

Bouche bée, stupéfait d'entendre une remarque aussi affligeante dans une assemblée de si grande qualité, j'envisageai quelques secondes une réplique vigoureuse et piquante pour défendre le lien entre l'esprit et le cerveau, puis je décidai de jeter l'éponge – moins pour des raisons intellectuelles que par souci de bienséance.

Le message simple que j'essaie de faire passer est celui-ci : tout comme le plus petit mouvement de votre corps dépend du travail d'un ensemble particulier de muscles, n'importe quelle activité mentale, même la plus infime ou la plus indéfinissable en apparence, fait appel aux ressources de votre cerveau. Et même les activités mentales les plus élémentaires sont susceptibles d'être perturbées par les maladies du cerveau. Aussi, à présent que nous nous lançons avec humilité, mais non sans force d'âme, dans l'exploration des saisons de l'esprit aux différents stades de la vie, et dans l'exploration de la nature de la sagesse, devons-nous considérer esprit et sagesse comme relevant du cerveau – comme de la matière cérébrale, pour ainsi dire. En empruntant une expression de notre folklore politique, nous pourrions nous exclamer : « C'est le cerveau, idiot[1] ! » pour définir le thème principal de ce livre. Mais s'il vous plaît, ne prenez pas cela pour vous.

Le vieillissement du cerveau n'est-il synonyme que de morosité, sans la moindre victoire en vue ? Je ne le pense pas. À vrai dire, je vais puiser dans toute la vigueur mentale qu'il reste dans mon propre cerveau d'homme vieillissant pour défendre la thèse suivante : la sénescence de l'esprit a ses propres satisfactions, et ses triomphes, que seul l'âge peut apporter. C'est là le message central de ce livre.

Il est temps de cesser de penser au vieillissement de nos esprits et de nos cerveaux uniquement en termes de pertes des facultés intellectuelles – et de pertes à l'exclusion de toute autre chose. Le vieillissement de l'esprit a ses gains. Au fil des années, certes, nous voyons sans doute diminuer le pouvoir de notre mémoire, et notre capacité de concentration. Mais en pre-

---

1. L'auteur fait référence à l'expression « *It's the economy, stupid* », attribuée à James Carville, conseiller de Bill Clinton pendant la campagne de 1992. Expression souvent reprise depuis lors aux États-Unis, avec différents termes à la place du mot « économie ». (*N.d.T.*)

nant de l'âge, nous sommes susceptibles d'atteindre à la sagesse, ou bien au minimum à une réelle compétence ou expertise dans un ou plusieurs domaines – un acquis qui n'a rien de risible ! Les pertes et les gains, quand l'esprit vieillit, ne se manifestent pas de façon brutale, mais graduelle. Ils dépendent, profondément, de ce qui se passe à l'intérieur de nos cerveaux. Cependant, bien assez de livres ont été écrits sur les pertes subies par l'esprit âgé. Celui-ci est consacré à ses gains, et à l'équilibre entre pertes et gains.

Notre culture exige pour toute histoire un *happy end*. Moi qui suis le produit d'un environnement de jeunesse très brutal, aujourd'hui encore (bien que je vive de ce côté de l'Atlantique depuis trois décennies) je trouve cet impératif plutôt amusant. Je me souviens d'une certaine interview télévisée, il y a quelques années, à la suite d'un événement cataclysmique survenu aux États-Unis. Un consultant « expert » venait de dépeindre un tableau excessivement sombre, et hélas plutôt juste, de la situation. Le journaliste qui l'interrogeait, une célèbre personnalité du petit écran, répliqua alors avec une pointe d'impatience, voire d'exigence : « Mais qu'avez-vous à dire pour rassurer le public américain ? » *Quel fascinant idiome culturel*, me dis-je en mon for intérieur. *Faites que ça se termine bien, sinon gare !*

Le réconfort n'est pas toujours une bonne chose. En certaines circonstances, le fait d'attraper les gens par la peau du cou, pour ainsi dire, et de les secouer pour donner l'alerte, sera bien plus bénéfique sur le long terme. Mais sur la question du vieillissement le grand public a déjà reçu sa dose d'électrochoc thérapeutique. Nous entendons constamment parler des fléaux de la démence et de la maladie d'Alzheimer, des symptômes de la neuroérosion[1], de la façon dont la mémoire s'affaiblit et le

---

1. J'ai inventé le mot *neuroérosion*, et par extension l'adjectif *neuroérosif*, pour combler ce qui m'apparaissait comme un manque terminologique. Il est courant de qualifier certains troubles, qui finissent par conduire à la démence, de *neurodégénératifs*. Mais ce terme est à la fois trop étroit et trop sinistre ; il se rapporte à une gamme précise de maladies qui se caractérisent par une atrophie des neurones primaires. Les expressions *accident vasculaire cérébral* ou *démence vasculaire*, souvent utilisés pour d'autres troubles qui provoquent, *in fine*, la démence, ont aussi des connotations étroites, très spécifiques, liées à des affections primaires des vaisseaux sanguins du cerveau. Le mot « neuroérosif » est voulu comme un terme générique, à même de couvrir

mental s'épuise irrésistiblement. Hélas, ces maux sont réels. Cependant il est temps de chercher des bonnes nouvelles – dans la mesure, bien sûr, où elles seront réelles, et pas de simples divagations « réconfortantes ».

Expliquer la sagesse

La sagesse : voilà la bonne nouvelle. Dans la tradition populaire de toutes les sociétés à travers l'histoire, la sagesse est associée aux âges avancés de la vie. Elle est la précieuse récompense de la vieillesse. Mais peut-elle résister à l'assaut de la neuroérosion, et pendant combien de temps ?

Ce problème soulève une autre question importante sur la nature de la sagesse. Dans notre culture nous utilisons le mot *sagesse* de manière fréquente, et avec déférence. Mais la sagesse a-t-elle été suffisamment définie ? Ses fondements neuronaux sont-ils compris ? Le phénomène de la sagesse *peut-il*, en principe, être interprété en termes biologiques et neurologiques ? Ou bien est-il trop insaisissable, a-t-il de trop nombreuses facettes, pour être abordé avec un degré quelconque de précision scientifique ?

Avec l'âge, le nombre des tâches cognitives réelles, celles qui exigent la création délibérée, par un effort pénible, de nouvelles constructions mentales, semble diminuer. La résolution de problèmes (au sens le plus large de l'expression) en appelle de plus en plus à la reconnaissance de formes. Cela signifie qu'au fil des années nous accumulons des « modèles » cognitifs – des formes prêtes à l'emploi. Par conséquent, un nombre toujours croissant d'épreuves cognitives potentielles est relativement bien couvert par un modèle préexistant, ou ne demande qu'une légère modification d'un modèle disponible. De plus en plus souvent, la prise de décision fait davantage appel à un simple processus de reconnaissance de formes qu'à une réelle

---

tous les sens possibles, du plus général au plus précis, sans dégager pour autant l'impression d'irrévocabilité inhérente aux autres termes. Il est similaire, par sa portée et ses implications, à l'expression « déficience cognitive légère » (DCL), devenue très populaire depuis quelque temps, mais sans en avoir la sonorité clinique et aseptisée.

résolution de problèmes. Comme l'ont montré les travaux de Herbert Simon et d'autres, la reconnaissance de formes est le mécanisme le plus puissant de la cognition efficace.

Au fil de l'évolution s'est développée une architecture multi-couche du cerveau, qui se compose aujourd'hui d'anciennes structures sous-corticales et d'un cortex relativement jeune – lequel comporte une subdivision particulièrement jeune appelée, à juste titre, le néocortex. Le cortex cérébral est ensuite divisé en deux hémisphères : droit et gauche. La transition de la résolution de problèmes à la reconnaissance de formes modifie la façon dont ces différentes régions du cerveau contribuent aux processus cognitifs. Premièrement, la cognition devient, par nature, plus exclusivement corticale, et s'affranchit de la machinerie sous-corticale comme de la machinerie contenue dans le vieux cortex. Deuxièmement, la répartition de l'usage des deux hémisphères cérébraux se modifie. Comme je le montrerai, en termes neuronaux cela signifie sans doute une dépendance décroissante par rapport à l'hémisphère droit, et une dépendance croissante par rapport à l'hémisphère gauche.

Dans les publications neuroscientifiques, les modèles cognitifs qui permettent la reconnaissance de formes sont souvent appelés *attracteurs*. Il s'agit de constellations délimitées de neurones (les cellules nerveuses essentielles pour le traitement de l'information à l'intérieur du cerveau) reliés entre eux par des connexions puissantes. L'une de leurs propriétés les plus spécifiques, c'est qu'ils peuvent être activés automatiquement et facilement par une gamme très large de stimuli extérieurs. C'est cela, en quelques mots, le mécanisme fondamental de la reconnaissance de formes.

J'ai la conviction que ceux d'entre nous qui auront été capables, au cours de leur vie, de se fabriquer un grand nombre de ces modèles cognitifs, chacun d'eux exprimant la quintessence d'un grand nombre d'expériences pertinentes, atteindront à la « sagesse » – ou, à tout le moins, à l'un de ses ingrédients cruciaux. (En écrivant ces mots j'entends les critiques, sinon les hurlements indignés, de divers scientifiques ou chercheurs en sciences humaines qui m'accusent de simplification scandaleusement excessive, alors je prends mes précautions.)

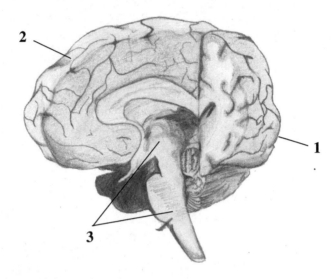

Fig. 1. **Cerveau humain.** Hémisphères cérébraux (1 et 2) et structures sous-corticales (3). La portion frontale de l'hémisphère gauche a été effacée pour faire apparaître le tronc cérébral et le diencéphale.

Par la nature même des processus neuronaux concernés, la « sagesse » (en tout cas dans la définition restreinte que je reconnais en donner) porte ses fruits au cours de la vieillesse en permettant des prises de décision relativement aisées, qui ne demandent que de modestes ressources mentales. C'est-à-dire : modestes à condition que les modèles cognitifs aient été préservés sous la forme d'entités neuronales. Jusqu'à un certain point, la sagesse et ses qualités filles, la compétence et l'expertise, peuvent être imperméables à la neuroérosion. Ces idées constituent les thèmes principaux du livre.

Mais avant de nous plonger dans les mécanismes cérébraux des avantages de la vieillesse sur le plan intellectuel, il nous faut passer par plusieurs préliminaires. Nous devons étudier la nature de la sagesse en tant que phénomène psychologique et social. Nous devons déterminer, de façon satisfaisante, s'il est vraiment exact qu'un esprit puissant peut continuer de fonctionner normalement face aux assauts de la neuroérosion, et même, jusqu'à un certain point, résister et emporter la victoire. Ce sera le fondement humaniste du livre et son point de départ.

Un matin dans la vie de votre cerveau

Il est temps de découvrir votre cerveau. Comment cette splendide machine biologique fonctionne-t-elle, et comment l'utilisez-vous dans vos activités quotidiennes ? Commençons par le commencement, pour ainsi dire, en observant la vie de votre cerveau le matin.

Le réveil vient de sonner : une agression brutale contre votre *tronc cérébral*, votre *thalamus* et votre *cortex auditif*. Le bruit de l'appareil vous arrache à un profond sommeil, ce qui signifie qu'il a activé une zone particulière du tronc cérébral, la *formation réticulaire*, chargée de manière générale d'assurer l'éveil du cerveau. Si c'était un son différent – un chien qui aboie, le mugissement d'une sirène de pompiers, la pluie – vous auriez poussé un soupir agacé et vous vous seriez rendormi. Mais là, à contrecœur, vous ouvrez les yeux. Votre cortex auditif, avec l'aide de certains *noyaux du thalamus*, a reconnu la source du bruit : c'est bien du réveil qu'il s'agit. Et vos lobes frontaux, le surmoi du cerveau, vous disent que c'est important et que vous devez vous lever.

Vous vous approchez de la fenêtre. Vous êtes encore mal réveillé, mais votre *cortex visuel*, qui travaille déjà à plein, vous permet d'apprécier le temps magnifique qu'il fait dehors. Ne prenez pas cela comme une évidence. Quand le cortex visuel a des lésions, la *cécité corticale* se développe alors que les yeux continuent de fonctionner tout à fait bien. Un malade souffrant de cécité corticale (à cause d'un accident vasculaire cérébral ou d'une grave blessure à la tête) sera en mesure de distinguer la lumière à divers degrés, sera même capable de dire que quelque chose se déplace dans son champ de vision, mais ne pourra pas identifier le moindre objet. Dans certains cas, quand les lésions sont particulièrement sérieuses, le patient perdra même la capacité de se rendre compte qu'il a perdu la vision ! Une affection connue sous le nom de syndrome d'Anton.

Le soleil brille derrière la fenêtre et vous vous sentez bien. « Se sentir bien » signifie que votre *lobe frontal gauche* est actif, car c'est lui qui est responsable des affects positifs. Cela signifie aussi, sans doute, que dans un système biochimique particulier du cerveau, le *neurotransmetteur dopamine* commence à agir.

En entrant dans la salle de bains, vous embrassez du regard toute une série d'objets familiers : brosse à dents, dentifrice, bain de bouche, rasoir. Familiers ? Bien sûr, vous savez précisément ce qu'ils sont. Mais il vous serait impossible de les reconnaître comme objets, et de leur donner une signification, sans une région cérébrale de l'hémisphère gauche, située à peu près entre le lobe occipital et le lobe temporal, qu'on appelle le *cortex visuel associatif.* Celui-ci travaille dur – même si vous, vous faites vos ablutions sans effort particulier, avec détachement, peut-être même sans être encore complètement réveillé. Si cette région de votre cerveau était abîmée, vous continueriez de voir brosse à dents, rasoir et ainsi de suite, mais sans réussir à les identifier en tant qu'objets usuels et signifiants.

C'est exactement ce qui est arrivé à l'une de mes patientes, une femme d'âge moyen qui, en entrant dans sa salle de bains un matin, regarda autour d'elle et fut incapable de reconnaître le moindre objet. Très inquiète, elle se fit conduire à l'hôpital le plus proche, où on lui fit aussitôt passer un scanner. Il s'avéra qu'elle avait eu pendant la nuit un accident vasculaire cérébral qui avait produit des lésions dans son cortex visuel (occipital), avec pour conséquence un trouble qu'on appelle *agnosie des objets.* Il peut aussi apparaître en cas de blessure à la tête, ou en cas de démence. Pour aider cette femme à refaire fonctionner son cerveau, un programme complet de rééducation cognitive lui fut prescrit ; c'est ainsi qu'elle devint ma patiente.

Par chance, votre cortex visuel associatif fonctionne bien. Vous tendez la main vers la brosse à dents. Il y a à peu près neuf chances sur dix pour que ce soit votre main droite, parce que environ quatre-vingt-dix pour cent des gens sont droitiers. Le *cortex moteur* de votre hémisphère gauche entre vite en action (la plupart des voies de communication entre le cerveau et le corps sont croisées), ainsi que votre *cervelet* et vos *ganglions de la base.* Sans ces structures cérébrales, les plus basiques, les plus automatiques, les plus naturels des mouvements vous seraient impossibles.

Vous saisissez la brosse à dents entre vos doigts – une action tellement simple, n'est-ce pas, malgré tout ce charivari cérébral ? Et en plus vous avez fait ça bien : vous avez attrapé l'objet par sa tige en plastique, et non par la brosse ! Mais pour accomplir cette prouesse d'une facilité ridicule, il a fallu que s'active une machinerie neuronale complexe. Il ne suffit pas de reconnaître l'objet, il faut aussi savoir comment s'en servir. Les instructions des programmes moteurs correspondant à l'utilisation d'objets courants sont consignées dans le *lobe pariétal*, en particulier dans celui de l'hémisphère gauche. Les lésions dans cette partie du cerveau, provoquées soit par un accident vasculaire cérébral, soit par la maladie d'Alzheimer, ont souvent pour conséquence l'*apraxie idéatoire*. Le patient perd la capacité à se servir d'objets courants selon leur fonction désignée et commence à les manipuler de façon aléatoire. Un peu comme un nouveau venu dans une culture qui lui est étrangère, pour qui les objets de cette culture n'existent pas et qu'il ne sait donc pas identifier correctement. Parfois ce trouble prend la forme un peu bizarre de l'*apraxie de l'habillage* : le patient perd la capacité à enfiler ses vêtements normalement. Ces symptômes sont souvent observés dans les démences.

Mais votre machinerie neuronale est en grande forme. Après en avoir terminé avec la salle de bains, vous avez enfilé votre costume ou votre tailleur en un rien de temps. Dehors, la ville s'éveille. Une musique tonitruante, venue du chantier de construction proche de votre immeuble, se fait soudain entendre par la fenêtre de la cuisine. « Quelle saloperie », grommelle votre *lobe temporal droit*, chargé du traitement de la musique, en vous faisant grimacer. Strictement parlant, le lobe temporal droit génère les jugements esthétiques ; c'est votre hémisphère gauche qui les retranscrit en mots.

C'est l'heure d'une rapide tasse de café, avec le journal du matin. Quand vous parcourez la une des yeux, votre hémisphère gauche s'agite. Le *lobe temporal gauche* traite et comprend les noms, le *lobe frontal gauche* traite et comprend les verbes, et le *lobe pariétal gauche* analyse la grammaire. En cas de lésions dans ces zones, diverses formes d'*aphasie* se manifestent. Dans l'immédiat, votre *cortex préfrontal* s'efforce frénétiquement de déterminer, d'après la lecture du journal, ce que l'annonce d'une récession imminente peut impliquer pour votre situation professionnelle. Le Nasdaq est en chute libre depuis trois jours, de même que le Dow Jones. Vous vous souvenez de ce que les journaux imprimaient il y a quelques jours quand les marchés étaient encore à la hausse : cela signifie que contrairement à votre portefeuille d'actions, vos *hippocampes* n'ont encore aucun problème. Les hippocampes, bien sûr, sont cruciaux dans l'apprentissage de nouvelles informations.

Malgré le temps magnifique de cette matinée printanière, l'état des marchés vous met pendant quelques minutes de fort mauvaise humeur ; vous fulminez et votre *amygdale*, responsable des émotions, s'excite brièvement. Pour certaines raisons qui seront expliquées plus loin, il est probable qu'il s'agit de votre *amygdale droite*.

Vous vous précipitez dehors, fébrile, en vous demandant comment vous réussirez à jongler avec les cinq réunions et les trois téléconférences que vous avez prévues aujourd'hui. Votre *cortex préfrontal*, responsable de l'organisation des processus en temps et heure, travaille dur pour essayer de résoudre ce problème monumental : coordonner huit activités avec une précision d'horloger, et sans aucun temps mort.

Dans l'ascenseur, vous voyez un visage qui ne vous est pas familier. Un nouveau locataire dans l'immeuble ? C'est votre *hémisphère droit* qui a analysé ce visage pour conclure qu'il vous était inconnu.

Vous hélez un taxi et regardez votre montre. Votre *lobe pariétal* traite instantanément les informations du cadran. A priori, vous devriez arriver au bureau juste à l'heure. Mais au moment où vous poussez un soupir de soulagement, vous vous apercevez que le chauffeur s'est engagé dans la mauvaise rue. Pas étonnant, songez-vous en soupirant, ce type vient sûrement d'arriver aux États-Unis et il ne connaît pas la ville ! Vous reprenez en vitesse le contrôle de la situation, pour remettre le taxi sur la bonne route. Un effort qui demande une action coordonnée du *lobe frontal* (organisation) et du *lobe pariétal* (information spatiale). Mais le brave homme ne comprend pas ce que vous dites, car il ne parle pas l'anglais ! Vous improvisez en ayant recours, pour le diriger correctement, à la langue universelle des signes (vos lobes *frontaux*, *pariétaux* et *temporaux* travaillent ensemble avec frénésie).

Vous voilà enfin arrivé à destination. Vous payez en vitesse le chauffeur et vérifiez la monnaie qu'il vous tend (secteur *pariéto-temporal gauche* du cerveau, dont les lésions entraînent un trouble appelé *acalculie* : perte de la capacité à effectuer des opérations mathématiques). Vous avez réussi ! Votre cerveau peut s'accorder un moment de répit bien appréciable pendant que vous attendez l'ascenseur.

Eh bien ! Votre journée de boulot n'a même pas encore commencé que votre cerveau a déjà été mis lourdement à contribution. Quelques activités routinières, banales, très faciles, ont nécessité la participation de quasiment toutes ses composantes. Et je suis le premier à reconnaître que mon exposé sur ce début de matinée dans la vie de votre cerveau était une simplification grossière, qui n'a fait apparaître que quelques acteurs principaux de la troupe cérébrale. En réalité, chaque étape de mon récit impliquait une myriade de seconds rôles, aux côtés des premiers, qui tous participent à des ensembles cognitifs complexes et sophistiqués, en perpétuelle mutation à chaque instant de notre vie, et en communication fluide les uns avec les autres.

En termes scientifiques, ces ensembles sont appelés *systèmes fonctionnels*, une expression inventée par le grand neuropsychologue juif russe Alexandre Romanovitch Luria (dont nous allons bientôt reparler). Les neuroscientifiques soupçonnaient depuis longtemps l'existence de processus dynamiques complexes, mais ce n'est que récemment qu'il est devenu possible de les observer. Et ce, grâce à l'avènement de nouvelles technologies puissantes de neuro-imagerie fonctionnelle – qui nous ouvrent une fenêtre, presque au sens propre, sur les mécanismes internes du cerveau vivant, actif, pensant.

Rien qu'en regardant la télévision

Pour mieux cerner le concept de système fonctionnel – de nombreux aspects de l'esprit, et donc de nombreuses régions du cerveau, travaillant en coopération étroite –, examinons la situation familière suivante : regarder la télévision.

Ce samedi, en fin d'après-midi, vous êtes vautré sur le canapé du salon. Le chien somnole à vos pieds. Vous sirotez une tasse de café, ou toute autre boisson que vous aimez vous préparer pour ces moments de détente. Et donc, vous ne faites pas grand-chose – vous regardez CNN.

Au milieu de cette bienheureuse oisiveté, votre cerveau, lui, travaille dur ! Il se livre, pendant que vous fainéantez ostensiblement, à un ensemble d'activités complexes et fluides. Vos cortex visuels et auditifs sont en effervescence pour traiter les images à l'écran et la voix de Christiane Amanpour[1] qui commente l'information essentielle de la journée. S'il s'agissait de détecter des signaux simples, les structures sous-corticales, plus anciennes, du tronc cérébral et du thalamus, pourraient suffire ; inutile de réquisitionner le néocortex. Mais là, les nouvelles sont importantes et riches de sens : le néocortex doit être impliqué.

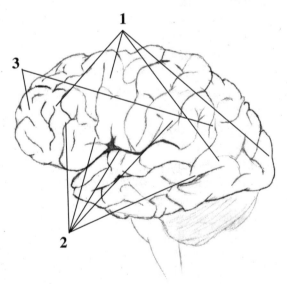

Fig. 2. **Régions cérébrales stimulées quand on regarde la télévision.** Les systèmes fonctionnels à l'œuvre. Traiter des images visuelles (1) ; comprendre les propos du commentateur (2) ; mettre tout ça ensemble (3).

---

1. Christiane Amanpour : célèbre journaliste de CNN. (*N.d.T.*)

De fait, assimiler des informations sur un conflit douloureux qui a lieu à l'autre bout de la planète mobilise les ressources de la plus grande partie du cerveau. Le contenu verbal du récit d'Amanpour fait travailler la presque totalité de votre hémisphère gauche. (En supposant que vous êtes droitier ; et si vous êtes gaucher, il y a encore six chances sur dix environ pour que votre hémisphère gauche soit le principal gestionnaire du langage.) Après avoir d'abord stimulé la partie du lobe temporal qui s'appelle le *gyrus temporal supérieur*, essentiel dans la perception des sons de la parole, le récit de la journaliste active dans la foulée les autres régions de l'hémisphère gauche.

Le langage est un outil culturel d'une complexité et d'une souplesse incroyables. Nous le considérons le plus souvent comme un moyen de communication. C'est certainement le cas, mais il est aussi bien davantage. Ainsi que nous le verrons plus loin, le langage est un outil de conceptualisation et de compression de l'information qui nous permet de représenter des informations complexes sous forme de codes compacts. La machinerie du langage est très distribuée. Comme je l'ai déjà indiqué, la signification des mots désignant des objets (les noms) est stockée dans le lobe temporal gauche, près du cortex visuel. C'est assez logique : les représentations mentales que nous avons des objets sont basées, pour l'essentiel, sur la vision. Le sens des mots d'action (les verbes) est stocké dans le lobe frontal gauche près du cortex moteur. Là encore, c'est logique : nos représentations mentales des mouvements et de leur réalisation concernent ces régions. Les énoncés complexes qui établissent des relations entre les choses sont produits dans la partie de l'hémisphère gauche où se rejoignent les lobes temporaux et pariétaux : le *gyrus angulaire gauche*.

Diverses manifestations de détérioration du langage apparaissent en cas de lésions dans ces régions. Pour utiliser un terme technique, il s'agit de différentes formes d'*aphasie*, variables selon l'emplacement exact de la lésion dans l'hémisphère gauche. Les causes de ces lésions, elles aussi, sont variables : accident vasculaire cérébral, blessure à la tête ou démence. Par exemple, une forme particulière de trouble du langage, l'*anomie* (perte de l'usage des mots), compte parmi les premiers symptômes de la maladie d'Alzheimer.

Mais l'hémisphère droit n'est pas privé d'action ! Quand la voix de Christiane Amanpour s'élève et devient plus insistante, c'est lui qui détecte le sentiment d'inquiétude exprimé par cette intonation. Tandis que l'hémisphère gauche est responsable de la plupart des aspects du langage (dans le cerveau adulte), l'hémisphère droit s'occupe de la *prosodie*. La prosodie, c'est de l'information transmise via la communication verbale, mais par le truchement de l'intonation et de l'inflexion plus que par le sens littéral des mots. C'est ce que nous appelons le « ton émotionnel ». (Le dysfonctionnement de l'hémisphère droit, comme par exemple dans le cas du syndrome d'Asperger, entrave la capacité à produire de telles informations contextuelles, « extralinguistiques ». En conséquence, le comportement du patient manque de naturel ; il paraît « mécanique », souvent gauche, sans subtilité ni fluidité.)

Votre chien a lui aussi perçu le ton pressant de la journaliste (je ne sais pas avec quel hémisphère ; la spécialisation hémisphérique n'a pas encore été beaucoup étudiée chez les animaux, bien que je prêche depuis longtemps en faveur de telles recherches), et il se met à gronder. Vous reconnaissez ce grognement canin, identifiable entre tous les autres bruits de votre environnement, sans quitter la télévision des yeux. Cette opération est effectuée par l'hémisphère gauche – par le *lobe temporal gauche*, pour être précis. Les lésions du lobe temporal gauche ont pour conséquence non seulement l'aphasie, mais aussi l'incapacité à identifier les bruits de l'environnement d'après leurs sources. Ce trouble, souvent mal pris en compte, est appelé *agnosie auditive associative*.

Pendant ce temps-là, néanmoins, votre *cortex visuel* n'a cessé de trimer pour traiter les images qui se succèdent à la télévision. Comme vous êtes en excellente santé neurologique, vous assimilez avec une parfaite aisance les informations de la moitié gauche de l'écran comme celles de la moitié droite. Vous êtes capable de réaliser cette prouesse parce que les deux hémisphères de votre cerveau fonctionnent bien, et parce que l'épais faisceau de voies de communication qui les réunit, le *corps calleux*, est intact (le second mot vient du latin *callosus*, « dur »). Certaines lésions dans l'un des hémisphères, en particulier dans le lobe pariétal, provoquent l'*hémi-inattention visuelle*, voire carrément l'*héminégligence visuelle*. Une personne qui souffre d'hémi-inattention visuelle a des difficultés à prêter attention aux informations qui apparaissent dans une moitié de son champ de vision – la moitié *opposée* au côté des lésions cérébrales. L'héminégligence visuelle est encore plus sévère que l'hémi-inattention, puisque la moitié du champ de vision est complètement ignorée. L'hémi-inattention ou l'héminégligence gauches (provoquées par des dégâts dans l'hémisphère droit) sont en général beaucoup plus graves que l'hémi-inattention ou l'héminégligence droites (provoquées par des dégâts dans l'hémisphère gauche).

Détail assez fascinant, le malade n'a souvent pas conscience de souffrir d'hémi-inattention gauche ou d'héminégligence gauche. L'incapacité à se rendre compte de cette déficience est elle-même un symptôme neurologique, généralement dû à des lésions dans l'hémisphère droit, que l'on appelle *anosognosie*. L'anosognosie est source de nombreux dangers, car le patient est susceptible de n'avoir pas conscience de *quelque trouble* que ce soit, pas seulement de l'héminégligence ou de l'hémi-inattention. Imaginez un conducteur souffrant d'hémi-inattention visuelle, mais qui l'ignore ! Malheureusement, ce n'est pas si rare chez certaines personnes ayant subi un accident vasculaire cérébral dans l'hémisphère droit. Même si le trouble est évident aux yeux de leur entourage, tous les efforts pour convaincre ces patients qu'ils souffrent d'hémi-inattention ou d'héminégligence se heurtent à un mur d'incompréhension. On parle souvent à ce sujet de « déni », mais strictement parlant c'est une erreur. Le « déni » suppose d'avoir la capacité de savoir, une capacité cognitive pleine et entière, et de choisir de ne pas savoir. Dans le cas de l'anosognosie, le malade perd véritablement, à cause de lésions cérébrales, cette capacité à avoir conscience de son propre trouble. Il insistera alors pour prendre le volant et continuer de mener d'autres activités susceptibles de le mettre lui-même en danger, ou de faire courir des risques à d'autres personnes.

Dans un environnement très protégé, les effets de l'héminégligence ou de l'hémi-inattention peuvent se révéler plus comiques que dramatiques. Je n'oublierai jamais ce vieux monsieur, dans une maison de retraite, qui souffrait d'héminégligence gauche à la suite d'un accident vasculaire cérébral de l'hémisphère droit, et qui se lançait dans des diatribes pleines d'indignation contre la « conspiration des infirmières ». Il était furieux que le retraité assis en face de lui à la table de la salle à manger ait droit à un steak, alors que lui-même n'avait que de la purée dans son assiette – une iniquité scandaleuse, n'est-ce pas ? Le secret de cette apparente injustice était simple : le personnel de cuisine avait l'habitude de placer le steak sur le côté gauche du plateau, la purée de pommes de terre à droite. Donc le vieux monsieur voyait la purée à droite de son propre plateau, et le steak à gauche du plateau de l'homme assis en face de lui. Il fut impossible de lui faire entendre que le problème était *dans sa tête*, et non dans la réalité, jusqu'à ce que les infirmières aient l'idée de retourner le plateau devant lui. Après quoi il resta tout de même convaincu d'être la victime de quelque vilain tour et d'être, *lui*, tout à fait lucide. Mis à part cette manifestation de colère à l'heure des repas, cependant, c'était l'un des pensionnaires les plus optimistes et les plus faciles à vivre de l'établissement.

Contrairement à ceux de ce vieux monsieur, vos champs visuels sont en parfait état de fonctionnement : à gauche, à droite, au centre. Vous êtes donc en mesure de scruter l'intégralité de l'écran de la télévision et d'y capter tous les éléments importants. La capacité à embrasser du regard une scène riche en détails, en y dégageant les informations pertinentes où qu'elles soient susceptibles d'apparaître, est assurée par deux zones des lobes frontaux qu'on appelle les *champs oculomoteurs frontaux*. Ils turbinent, en ce moment, pour vous permettre de faire le lien entre le commentaire de Christiane Amanpour et les images de l'écran.

Vous traitez individuellement les différentes images que vous voyez. Vous les reconnaissez comme des représentations d'objets significatifs : maisons, voitures, arbres... et, malheureusement, tanks, mitrailleuses et ainsi de suite. Cela éveille, comme nous l'avons déjà vu, une autre zone du cortex visuel : votre cortex visuel associatif, principalement dans l'hémisphère gauche.

Vous distinguez aussi des visages – visages souriants, visages inquiets, visages heureux, visages en colère, visages d'inconnus dans un pays lointain. Pendant que vous les contemplez en essayant de décrypter les personnalités qui accompagnent chacun de ces visages, le lobe temporal de votre hémisphère droit travaille intensément. Il a été démontré que cette partie du cerveau est chargée de la reconnaissance faciale.

Mais, curieusement, le traitement du visage de Christiane Amanpour est assuré pour l'essentiel par votre hémisphère gauche. Une division du travail assez particulière caractérise le cerveau. L'hémisphère droit est mieux adapté au traitement des informations nouvelles, inconnues, et l'hémisphère gauche est plus doué pour les informations familières. C'est valable pour la plupart des données entrantes, quelle que soit leur nature. Ainsi, les visages inconnus sont traités à droite et les visages de personnalités célèbres, de membres de la famille, d'amis, de gens que vous voyez tout le temps, sont traités à gauche.

Le reportage sur la nouvelle importante du jour continue. Une carte apparaît dans le coin supérieur droit de l'écran, pour situer la zone géographique où se déroulent les événements. Cela provoque l'activation de votre *lobe pariétal, spatial*, à l'endroit où il rejoint le *lobe occipital, visuel*. Les neuroscientifiques font la distinction, à l'intérieur du cerveau, entre les systèmes visuels du « quoi » et ceux du « où ». Le système du « voir quoi », à la jonction des lobes occipitaux et temporaux, est responsable de la reconnaissance des objets. Le système du « voir où », à la jonction des lobes occipitaux et pariétaux, s'occupe des informations de positionnement.

Pendant que les images et le commentaire de la journaliste s'enchaînent avec fluidité tout au long du reportage, vous ne vous posez absolument pas la question de savoir quelles informations vous arrivent par les yeux et par les oreilles. Toutes ces données s'associent et s'entremêlent dans votre esprit parce que votre *cortex associatif hétéromodal* fait son boulot correctement, de manière efficace. Cette partie du cerveau a pour mission de rassembler les divers flux d'informations qui lui parviennent par le biais des différents sens et de les intégrer en un unique théâtre multimédia neuronal. Cette partie du cerveau, l'une des dernières à s'être développée au cours de l'évolution, est aussi particulièrement vulnérable face à la maladie d'Alzheimer et aux autres démences.

C'est la troisième fois cette semaine qu'on parle de cette région du monde, pensez-vous à propos du reportage en cours. Pour parvenir à cette conclusion, vous devez être capable de faire le lien entre les événements actuels, tels qu'ils sont présentés aujourd'hui, et les souvenirs que vous avez conservés des journaux télévisés des derniers jours. À cette fin vous avez fait appel avec succès à votre mémoire récente, pour laquelle les hippocampes jouent un rôle très important. Les hippocampes sont aussi particulièrement vulnérables en cas de maladie d'Alzheimer. Mony de Leon et ses collègues du Centre de recherche sur le vieillissement et la démence, à l'école de médecine de l'université de New York, ont développé des techniques innovantes de mesures très précises des hippocampes, grâce à l'imagerie par résonance magnétique (IRM), qui permettent de définir des indices de plus ou moins grande vulnérabilité face à la maladie d'Alzheimer.

La recherche de pointe en neuroscience nous a apporté une bonne nouvelle : de nouveaux neurones tendent à se développer dans les hippocampes. Ce qui est particulièrement excitant, en l'occurrence, c'est que le rythme de production des nouveaux neurones peut être influencé par l'activité cognitive – et en faisant faire des exercices à votre cerveau ! Nous nous pencherons sur ces questions dans les derniers chapitres.

Toujours vautré devant la télévision, vous vous demandez ce qui va bien pouvoir se passer dans le proche avenir dans cette région du monde où les conflits font si souvent rage. Le jeu des prédictions, comme les échecs, est une affaire délicate. Il vous faut évaluer le contexte général, et vous mettre à la place de chacun des principaux joueurs. Vous devez produire une estimation plausible de ce que *eux*, vos adversaires, pensent de la situation. Napoléon l'avait très bien compris, quand il faisait la leçon à ses maréchaux : pour anticiper les mouvements de l'ennemi, ne vous attendez pas à le voir faire ce que *vous*, vous considérez être sa meilleure manœuvre ; essayez de déterminer ce que *lui*, il considère comme sa manœuvre optimale, de son propre point de vue, en tenant compte de sa propre histoire, et avec des informations qui ne seront probablement disponibles que pour lui, pas pour vous. Cette capacité à vous mettre à la « place mentale » de quelqu'un, les neuroscientifiques cognitifs l'appellent la capacité à former la *théorie de l'esprit*.

Ces aptitudes complexes – planifier, anticiper, former la théorie de l'esprit – sont toutes très récentes sur le plan de l'évolution. Elles n'existent, sous leur forme développée, que chez l'homme. Elles sont, pourrait-on dire, ce qui nous rend humains. Toutes ces fonctions, que nous ne commençons à comprendre que depuis très peu de temps, sont contrôlées par le cortex préfrontal. Plus jeune et plus complexe partie du cerveau humain, le cortex préfrontal est aussi le dernier à se développer chez l'individu. Sa croissance ne s'achève pas avant l'âge de dix-huit ans, et peut-être pas même avant trente ans. Une réalité qui donne raison à la plupart des cultures modernes, où la coutume veut que l'âge de dix-huit ans (environ) soit l'âge de la maturité légale, et où l'éligibilité aux plus hautes fonctions représentatives exige un âge encore plus avancé. Le cortex préfrontal est très vulnérable face à une large gamme de troubles neurologiques et psychiatriques, tels que la démence, la schizophrénie ou les lésions traumatiques. Le dysfonctionnement du cortex préfrontal est aussi lié à des maladies moins dévastatrices, mais néanmoins perturbantes, comme le trouble du déficit de l'attention/hyperactivité ou le syndrome de Gilles de La Tourette.

Quant à vous, votre cortex préfrontal a été arraché à son sommeil à l'instant où vous avez commencé à jouer à la boule de cristal – pour essayer de faire des prédictions politiques. Ce fut aussi le cas de votre *cortex cingulaire antérieur*, une structure cérébrale très liée au cortex préfrontal, particulièrement active dans les situations d'incertitude.

Mais vous connaissez vos propres limites, et vous renoncez bientôt à vous prendre pour un devin stratège – un jeu auquel Napoléon lui-même a fini par perdre. Votre attention se relâche, vous commencez à éprouver l'envie de dormir. Cela signifie que votre *formation réticulaire activatrice ascendante*, une structure très importante, chargée de maintenir le cerveau en éveil et sur le qui-vive, a son compte pour le moment.

Vous bâillez, vous vous étirez, vous éteignez la télévision. L'idée de sortir promener le chien vous traverse l'esprit, mais vous décidez de rester à la maison et de vous resservir à boire. Là, votre hypothalamus, votre amygdale et votre *cortex orbito-frontal* s'excitent tous ensemble – ce sont eux qui traitent les sensations de satisfaction... La vie est aussi simple que cela, le samedi après-midi.

2

Les saisons du cerveau

L'esprit est touché par tout ce qui touche le cerveau

Maintenant que nous avons terminé cet examen distrayant de votre cerveau en action, prenez du recul et réfléchissez une minute (votre cerveau, encore et toujours) : si des activités aussi banales que les routines de début de journée ou le journal télévisé sont à ce point gourmandes en ressources cognitives, imaginez-vous la machinerie cérébrale qui se trouve derrière les activités professionnelles complexes du médecin ou de l'ingénieur, derrière la rigueur intellectuelle du mathématicien ou du joueur d'échecs, derrière les élans artistiques du violoniste ou du danseur ? La neuroscience cognitive commence tout juste à aborder ces questions, mais d'ores et déjà il n'est plus possible de parler de l'esprit sans le cerveau, ou du cerveau sans l'esprit.

Comme la plupart des lecteurs de ce livre, vous n'êtes pas un scientifique spécialiste du cerveau. Par contre vous êtes un utilisateur de cerveau – un consommateur de facultés intellectuelles, pour ainsi dire. Et il est probable que vous n'avez jamais été particulièrement curieux, jusqu'à aujourd'hui, de connaître les mécanismes internes de votre cerveau. C'est un phénomène étonnant, mais il nous concerne tous et il est valable pour tout le corps humain, pas seulement le cerveau. Ironiquement, nous ne nous soucions pas beaucoup de notre corps, en général, tant qu'il nous fiche la paix, qu'il ne nous inflige ni blessure, ni souffrance, ni démangeaison, tant qu'il fonctionne correctement et nous permet de nous sentir en forme. Si Jean contracte l'hépatite A à cause d'une mauvaise huître, il ne va pas chez le médecin parce que ses enzymes hépatiques sont élevés ou parce que des antigènes viraux sont présents dans son organisme ; il consulte parce qu'il est mal en point, fatigué, et parce que son visage et ses yeux ont jauni – des caractéristiques qui ne le rendent pas très séduisant auprès de la gent féminine.

Même s'il se contrefiche de connaître les mécanismes internes de son corps, Jean accepte comme principe général que l'état dans lequel il se sent dépend, entre autres choses, de la santé de son foie – santé qu'il faut rétablir afin que ses forces lui reviennent et qu'il retrouve le teint approprié pour plaire aux filles. Quand il s'agit de l'esprit et du cerveau, par contre... Jean ne semble pas avoir encore pris conscience que les deux sont étroitement liés. Comme le grand public, il commence seulement à se rendre compte que toute agression contre le cerveau est susceptible d'avoir des conséquences sur l'esprit.

Mais l'inverse est-il vrai ? Pouvons-nous *améliorer* la qualité de l'esprit en améliorant les fonctions du cerveau ? Si la réponse à cette question est « oui », Jean devrait commencer à apprendre à s'occuper de son cerveau, tout comme, depuis quelques décennies, il a adopté les notions de bonne santé et d'exercice pour le corps (huîtres crues mises à part). Dans ce livre, je soutiens l'idée que les changements qui affectent le cerveau au fil des années, surtout dans la vieillesse, dépendent dans une large mesure de l'utilisation que l'on en fait tout au long de la vie. Il est sans doute possible d'améliorer le fonctionnement de l'esprit en améliorant le cerveau – même à un âge avancé. J'expliquerai comment cela se passe au quotidien et comment obtenir de meilleurs résultats, avec des méthodes précises.

Au préalable, cependant, il nous faut comprendre les processus naturels qui se déroulent dans le cerveau au fil de l'existence. Parler de *saisons de l'esprit*, ou de *saisons du cerveau*, c'est bien sûr une métaphore, mais une métaphore pas trop extravagante. Le cerveau et l'esprit passent par différents stades entre le début et la fin de la vie. Comme les saisons de l'année, les saisons de l'esprit ne sont pas séparées les unes des autres par des démarcations rigoureuses, claires, abruptes, mais connaissent une transition graduelle, en douceur. Leur associer une chronologie précise est davantage affaire de conventions que de ruptures biologiques réelles. Tout comme l'enchaînement des saisons peut varier d'une année à l'autre (été précoce une année, printemps tardif l'année suivante), le calendrier du passage d'une « saison de l'esprit » à la suivante varie plus ou moins d'une personne à l'autre. Pour compliquer encore un peu plus les choses, tous les aspects du fonctionnement de l'esprit et du cerveau ne changent pas de stade de manière parfaitement synchrone. Autrement dit les démarcations que l'on trace entre ces différents stades dépendent dans une large mesure des critères que l'on privilégie. Enfin, contrairement aux quatre saisons de l'année, il est courant de parler pour le cerveau de trois saisons : *développement*, *maturité*, et *vieillesse*.

Le cerveau en développement

La première saison, *saison du développement*, est celle de l'apparition, de la constitution des principales aptitudes cognitives. Elle se caractérise par des changements spectaculaires dans le cerveau et commence avant la naissance pour s'étendre jusqu'à la troisième décennie. Le développement cérébral est un processus compliqué, qui présente de très nombreux aspects. Il commence par la *neurogenèse*, la naissance des neurones – les cellules cérébrales les plus directement impliquées dans le traitement de l'information –, qui doivent migrer à l'intérieur du cerveau, selon un plan d'organisation terriblement complexe, pour y prendre leurs positions respectives. La neurogénèse se produit pour l'essentiel au cours de la gestation, à des périodes variables pour les différentes structures cérébrales. Il y a encore peu de temps, on pensait qu'elle survenait d'une seule traite, et puis s'arrêtait une fois pour toutes durant les premières années de la vie. La plupart des structures, à ce

51

moment-là, ont acquis leurs formes caractéristiques. Aujourd'hui, nous savons que la neurogenèse se prolonge tout au long de l'existence, quoique de façon moins vigoureuse que pendant la première période.

Pendant que les neurones naissent et migrent jusqu'aux emplacements appropriés, les connexions entre eux commencent à se développer. Ces connexions, constituées par des prolongements qui poussent à partir du corps des neurones, sont appelées *axones* et *dendrites*. Elles apparaissent et se multiplient pendant la gestation. La croissance des dendrites, l'*arborisation*, arrive à son point culminant durant les premières années de la vie.

Les synapses, minuscules zones d'interface entre les dendrites et les axones, jouent un rôle fondamental dans la communication entre les neurones. La durée de leur formation, qu'on appelle *synaptogenèse*, varie considérablement selon les différentes zones du cerveau. Dans le cortex visuel, par exemple, la synaptogenèse est en grande partie terminée à la fin des premières années de la vie. En revanche, la synaptogenèse du cortex préfrontal s'étend jusqu'à la fin de l'adolescence et même au-delà, jusqu'au début de l'âge adulte.

Le développement des structures neuronales est complété par l'élimination des neurones, dendrites et axones superflus. Ce processus, connu sous le nom d'*élagage* ou *apoptose*, démarre après la naissance, pour se produire à diverses périodes, et à des rythmes variables, dans les différentes parties du cerveau – et pour toucher le cortex préfrontal en dernier. L'élagage est un peu analogue à la sculpture, une activité dont le grand artiste Auguste Rodin disait qu'elle consiste à « éliminer tout ce qui n'a pas sa place ». L'élagage ne se fait pas au hasard : il est la conséquence du renforcement des structures neuronales très utilisées, et de l'abandon des structures sous-utilisées ou pas utilisées du tout. Ces processus de compétition interne grâce auxquels le cerveau se façonne lui-même évoquent la sélection naturelle ; c'est pourquoi on y fait parfois référence avec l'expression « darwinisme neuronal », inventée par Gerald Edelman.

Les neurones ne sont pas les seules cellules présentes dans le cerveau. En fait, ils ne représentent qu'environ trente pour cent de toutes les cellules cérébrales. Les deux tiers restants sont constitués par les *cellules gliales*, qui remplissent diverses fonctions de support pour les neurones, et se répartissent en deux catégories : les astrocytes et les oligodendrocytes. À un certain moment, dans le développement du cerveau, démarre le processus de *myélinisation* : les oligodendrocytes recouvrent les axones issus des neurones pour y former une gaine protectrice grasse qu'on appelle la *myéline*. La myéline est blanche, ce qui a donné naissance à l'expression *substance blanche*, qui se compose donc de toutes les longues voies de connexion couvertes de myéline. Elle est opposée à la *substance grise*, qui désigne l'ensemble des neurones et des connexions locales, courtes, non myélinisées. La myéline facilite la transmission des signaux le long de l'axone ; par conséquent elle améliore considérablement la diffusion de l'information à l'intérieur de vastes ensembles neuronaux coordonnés. La spectaculaire augmentation de poids du cerveau pendant les premières années de la vie est en grande partie due à la myélinisation. Les structures cérébrales ne sont pas complètement fonctionnelles tant que les axones qui en composent les connexions internes ne sont pas gainés de myéline, et la durée de la myélinisation varie beaucoup selon les structures. Comme vous l'avez sans doute déjà deviné, c'est dans le cortex frontal qu'elle prend le plus de temps : elle s'effectue jusque très tard dans l'adolescence et au début de l'âge l'adulte – peut-être même jusqu'à trente ans. Le volume des lobes frontaux, en particulier celui du cortex préfrontal, continue de croître au moins jusqu'à l'âge de dix-huit ans, voire plus tard, une croissance qui est le reflet direct de l'augmentation de masse de la substance blanche.

Ce bref exposé montre que le développement cérébral se caractérise par l'interaction de nombreux processus qui se déploient sur différentes échelles temporelles. C'est une époque de grande fluctuation dans la vie du cerveau. C'est aussi une époque de grande fluctuation dans la vie de l'esprit – époque de l'apprentissage, de la constitution des fondements de nos capacités mentales et de notre savoir, et, en définitive, de la formation de nos identités individuelles.

Vous avez peut-être remarqué que les lobes frontaux, et les cortex préfrontaux en particulier, sont les derniers à achever leur maturation biologique : pas avant le début de l'âge adulte, quelque part vers la fin de la seconde décennie, peut-être même plus tard, durant la troisième décennie. Pour définir l'âge de la maturité, la société moderne se base sur diverses hypothèses plus ou moins explicites. C'est l'âge de l'émergence des caractéristiques cognitives et des traits de personnalité « adultes », comme par exemple la capacité à contrôler ses pulsions, la prévoyance et l'évaluation critique de soi-même. À l'instar de la maturation biologique des lobes frontaux, ces composantes « adultes » n'atteignent leur plein épanouissement qu'aux alentours de la fin de la seconde décennie, voire au début de la troisième décennie. Et comme on peut s'y attendre, c'est l'âge qui est codifié dans presque toutes les sociétés modernes comme l'âge de transition entre l'immaturité et la maturité. C'est l'âge approximatif (à plus ou moins quelques années d'écart) où vous êtes prêt à assumer toute une série de droits et de responsabilités tels que conduire, voter, vous marier, acheter de l'alcool, servir dans l'armée, et enfin être traité par le système judiciaire comme un majeur. Ce dont la plupart des gens ne se rendent pas compte, c'est que l'émergence de ces caractéristiques « adultes » est très probablement due à la maturation des lobes frontaux. Un nombre croissant de neuroscientifiques en sont convaincus. Ainsi, beaucoup de chercheurs estiment qu'il est approprié de considérer l'achèvement de la maturation des lobes frontaux, et en particulier la fin de la myélinisation, comme le tournant entre la première et la seconde saison du cerveau : entre le stade du développement et le stade de la maturité.

Le cerveau mature

La seconde saison, *saison de la maturité*, se caractérise par une moindre mobilité neuronale et une plus grande stabilité des structures cérébrales. C'est l'âge de l'activité productive : l'accent n'est plus mis sur l'apprentissage, mais sur le fait d'apporter sa propre contribution au monde, de le modeler à travers ses occupations professionnelles et ses capacités individuelles. C'est la saison de l'esprit et du cerveau qui est à ce jour la mieux étudiée. À vrai dire, il y a encore dix ou vingt ans, nos connaissances se limitaient presque uniquement à cette période-là. Les textes canoniques de neuroanatomie, de neurologie ou de neuropsychologie, ainsi que des dizaines de livres destinés au grand public, portent pour l'essentiel sur cette étape de la vie du cerveau. Il est inutile de répéter ici ce savoir normatif. Je me contenterai de dire que nous, les scientifiques, dans notre empressement à tout généraliser, nous avons traité le cerveau mature en termes très génériques. C'est sans doute une opération nécessaire, et un point de départ raisonnable pour la recherche – mais jusqu'à un certain point seulement. Si vous consultez n'importe lequel de ces textes standard, il est peu probable que vous y trouviez la moindre référence, concernant l'organisation du cerveau, aux différences entre les sexes. Et encore moins aux différences entre les individus. Mais ces différences existent bel et bien, et nous commençons à peine à les comprendre ! En partant d'une vue globale de l'humanité tout entière, définie par un « cerveau modèle », nous sommes petit à petit en train de nous diriger vers une meilleure intelligence des fondements neuronaux de l'individualité.

Le cerveau vieillissant

Et puis vient la troisième époque, ou *saison du vieillissement*. Que se passe-t-il à l'intérieur de la merveilleuse machinerie cérébrale lorsque les années s'accumulent ? L'« âge d'or » mérite-t-il vraiment son nom ? Curieusement, il y a peu de temps que les scientifiques ont commencé à aborder ces questions. Hippocrate lui-même, dans ses *Aphorismes*, ne citait pas le cerveau dans la litanie des malheurs de la vieillesse. Et Naftali Raz, le plus grand neuroscientifique du vieillissement, observe à ce sujet :

> Si accablantes sont les transformations que subit le corps vieillissant, et si profonds sont les changements de ses fonctions de base,

55

qu'il ne faut guère s'étonner, sans doute, que le plus célèbre des anciens serviteurs d'Esculape n'ait pas jugé le cerveau et les hautes fonctions cognitives suffisamment importants pour les inclure dans sa liste des problèmes gériatriques.

Mais le cerveau est *bel et bien* affecté par le vieillissement, même chez les personnes âgées en bonne santé et dynamiques. Le contraire serait étrange, car comme n'importe quel organe, le cerveau appartient au corps. Grâce aux recherches approfondies menées durant les deux dernières décennies, nous avons aujourd'hui une image assez détaillée de ce qui se passe à l'intérieur du cerveau à mesure qu'il vieillit, même quand il n'est pas troublé par une maladie neurologique ou par la démence. Une bonne partie de l'argumentation présentée dans ce chapitre est basée sur les travaux de Naftali Raz et sur ses puissants comptes rendus sur l'état de la recherche dans le domaine du vieillissement du cerveau.

D'abord, il se produit certains changements généraux. Le poids et le volume du cerveau diminuent d'environ deux pour cent tous les dix ans à l'âge adulte. La taille des ventricules (les cavités qui contiennent le liquide céphalorachidien) augmente. Les sillons (les espaces entre les circonvolutions du manteau cortical, qui font ressembler le cerveau à une noix) deviennent moins profonds. Tous ces changements sont le signe d'une légère atrophie – ou rétrécissement – du tissu cérébral qui fait partie du processus normal de vieillissement. Le nombre de connexions entre les neurones diminue (un processus déjà cité, connu sous le nom de « débranchement »), de même que la densité des synapses (les sites des transmissions de signaux chimiques entre les neurones). La circulation sanguine dans le cerveau est moins vigoureuse, et l'apport en oxygène moins abondant.

Le vieillissement affecte la substance grise et la substance blanche. Dans la substance blanche apparaissent des petites lésions focales, parfois appelées « hyperintensités » par les neuroradiologues. Dans la plupart des cas, elles sont le reflet de troubles vasculaires liés au vieillissement, mais elles peuvent aussi indiquer une démyélinisation des voies de connexion. Et elles tendent à se multiplier avec l'âge. La relation entre l'apparition des lésions focales de la substance blanche et le déclin cognitif n'est pas linéaire ; elle se manifeste plutôt par paliers : jusqu'à un certain point les lésions demeurent bénignes, sans conséquences réelles, mais quand leur volume global atteint un seuil donné, les processus cognitifs commencent à en pâtir. Certains scientifiques pensent que le vieillissement affecte davantage la substance blanche que la substance grise.

Une fois défini l'arrière-plan de ces changements généraux, il faut observer que certaines parties du cerveau résistent mieux que d'autres au vieillissement. Un certain nombre de structures corticales et sous-corticales sont touchées, mais à des degrés divers. Dans le néocortex, la règle neurologique classique de l'« évolution et dissolution », introduite par John Hughlings Jackson, semble fonctionner : les subdivisions corticales phylogénétiquement (évolutionnairement) les plus jeunes (qui ne se développent qu'aux derniers stades de l'« évolution »), comme par exemple le fameux cortex associatif hétéromodal, sont les plus affectées par la « dissolution » due au vieillissement. Parmi ces structures il faut aussi compter le cortex inférotemporal, le cortex inféropariétal, et en particulier le cortex préfrontal qui est apparu le dernier au cours de l'évolution mammifère. En revanche, les subdivisions corticales phylogénétiquement plus anciennes, qui comprennent le cortex moteur et les zones impliquées dans la réception des informations sensorielles brutes, sont moins concernées. Le cortex préfrontal (une subdivision du lobe frontal), chargé de la planification et de l'organisation des comportements complexes sur le long terme, est la partie du cerveau la plus sensible au vieillissement.

Une relation similaire existe entre le développement ontogénétique (qui se produit tout au long de la vie) et la dégénérescence : les structures cérébrales qui sont les dernières à se développer durant les divers stades de croissance de l'organisme sont les premières à succomber à la sénescence. Quand on étudie la vulnérabilité relative des diverses structures cérébrales, il est très instructif d'observer le destin des voies de connexion entre ces structures. Par conséquent la chronologie de la myélinisation des voies neuronales est un indicateur particulièrement utile, aussi bien pour le développement du cerveau que pour son déclin. Dans cette optique, plus il faut de temps pour terminer la myélinisation d'une voie de connexion, plus la structure qui lui correspond sera fragile face au vieillissement. C'est le cortex préfrontal, là encore, qui se révèle le plus vulnérable, en particulier dans sa partie *dorsolatérale*. Les changements qui surviennent dans les lobes frontaux entraînent la détérioration de la substance grise comme celle de la substance blanche, de même qu'une diminution des principaux neurotransmetteurs : dopamine, noradrénaline et sérotonine (les substances chimiques chargées de la transmission du signal entre les neurones). Comme on l'a vu à la fin de la saison du développement, le destin des lobes frontaux sert de point de repère entre la seconde et la troisième saison du cerveau, entre le stade de la maturité et le stade du vieillissement.

Extérieurs au néocortex, l'hippocampe et l'amygdale ne sont que modérément affectés par le vieillissement, bien moins en tout cas que les lobes frontaux. Les hippocampes se trouvent à la face interne du lobe temporal de chaque hémisphère et jouent un rôle important dans la formation des nouveaux souvenirs. Les amygdales (le nom vient du mot grec qui signifie « amande », et reflète donc leur forme) se placent juste devant l'hippocampe, dans la partie interne des lobes temporaux ; elles sont importantes pour la gestion et l'expression des émotions.

Il est intéressant de remarquer que l'hippocampe n'est pas affecté par le vieillissement chez les autres mammifères, par exemple les singes et les rongeurs. Cette différence est peut-être le simple fait du hasard, mais il est bien possible que les pressions évolutives aient favorisé le cerveau humain en lui donnant cet hippocampe légèrement dégénérant. Pour ceux d'entre nous qui croient sans restriction en la nature adaptative de l'évolution (mais restent assez prudents pour ne pas sombrer dans une disposition d'esprit carrément téléologique), quelle pourrait être la nature de ces pressions ? Envisageons simplement cette hypothèse : la fragilité de l'hippocampe est peut-être liée au fait que l'homme dépend beaucoup plus que les autres espèces des modèles cognitifs qu'il a acquis dans le passé. De là, le cerveau humain vieillissant, contrairement au cerveau vieillissant du singe ou du rongeur, peut avoir avantage à ralentir la formation de nouvelles informations et de nouveaux souvenirs – lesquels entreraient en compétition, pour ainsi dire, avec les modèles acquis.

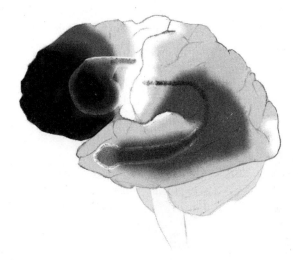

Fig. 3. **Carte des régions du cerveau touchées par le vieillissement.** Plus la couleur est sombre, plus la structure cérébrale correspondante est sensible aux effets du vieillissement normal.

Il y a une autre observation intéressante sur la différence de vulnérabilité relative de certaines structures cérébrales face au vieillissement normal et face à la démence. Contrairement à ce qui se passe dans le vieillissement normal, en cas de maladie d'Alzheimer, l'hippocampe et le néocortex hétéromodal postérieur des lobes temporaux et pariétaux se détériorent plus rapidement que le lobe frontal. Par conséquent, une éventuelle disparité de détérioration des lobes frontaux et de l'hippocampe visibles sur l'IRM d'un cerveau âgé peut nous dire si ce cerveau connaît un vieillissement normal, ou s'il montre les premiers signes de la maladie d'Alzheimer.

Plusieurs autres structures sous-corticales connaissent, de manière générale, le sort exprimé par le principe jacksonien de l'« évolution et dissolution ». Les ganglions de la base et le cervelet (deux structures importantes pour divers aspects du contrôle moteur) sont modérément touchés, de même que le mésencéphale. Le pont (la zone chargée de maintenir le cerveau en éveil) et le tectum (la première station de traitement de l'influx sensoriel) semblent très peu touchés, voire pas du tout.

Comment ces profonds changements dans l'anatomie du cerveau s'expriment-ils en termes de changements pour son *fonctionnement* – en termes de changements cognitifs ? Une fois encore, de nombreuses études ont déjà recensé minutieusement les pertes qui signent le vieillissement normal. Il apparaît que la vitesse moyenne des opérations cognitives décline, de même que les fonctions sensorielles (la capacité à recevoir et à traiter les données venues du monde extérieur). Les fonctions qui dépendent des lobes frontaux semblent particulièrement faiblir. Il s'agit, entre autres, du contrôle inhibiteur, la capacité à éviter les distractions ou les réactions purement réflexes, les automatismes émotionnels. Il s'agit aussi de la « mémoire de travail », une expression à la signification quelque peu fluctuante, employée par la plupart des scientifiques pour désigner l'aptitude à garder certaines informations à l'esprit tout en s'engageant dans un processus cognitif quelconque pour lequel ces informations sont pertinentes. La flexibilité mentale (la capacité à passer rapidement d'un processus mental à l'autre, ou d'une disposition d'esprit à l'autre) a aussi été répertoriée parmi les fonctions des lobes frontaux qui déclinent à cause du vieillissement.

Certaines formes d'attention sont également affaiblies, en particulier l'attention sélective (la capacité à sélectionner un ou plusieurs événements particuliers, fondamentaux, dans l'environnement, et à se concentrer dessus), et l'attention divisée (la capacité à faire alterner l'attention, dans un sens ou dans l'autre, entre plusieurs activités qui se déroulent en parallèle). La mémoire n'est pas non plus épargnée : le déclin concerne en particulier l'aptitude à apprendre de nouveaux faits (mémoire sémantique) et l'aptitude à constituer des souvenirs à partir d'événements spécifiques (mémoire épisodique). À vrai dire, l'érosion de l'aptitude à apprendre *quoi que ce soit* compte parmi les manifestations les plus précoces du vieillissement cognitif.

Le cerveau sans âge

Cette litanie épouvantable de changements négatifs pour la cognition a été dressée en faisant passer de nombreux tests neuropsychologiques en laboratoire, et en comparant les résultats par tranches d'âge. Manifestement, les fléaux cognitifs vont de pair avec les fléaux morphologiques et biochimiques subis par le cerveau – et tout cela a le goût d'une bien mauvaise nouvelle !

Mais en observant de plus près les facultés intellectuelles du cerveau vieillissant, force est de conclure que la nouvelle n'est pas aussi mauvaise qu'on le croit. Ce phénomène curieux n'a pas échappé à l'attention des scientifiques : malgré un déclin neurologique et cognitif solidement documenté, aux manifestations multiples, il est assez courant, voire banal que les personnes âgées continuent de faire preuve de remarquables compétences mentales dans les situations de la vie réelle, aussi bien dans la vie quotidienne qu'au travail. Il faut aussi évoquer comment des professionnels et des dirigeants d'entreprise de très haut niveau assument leurs responsabilités sans faillir malgré la vieillesse, de même que, souvent au niveau international, des artistes, des scientifiques et des personnalités politiques accomplissent des prouesses.

Les scientifiques désignent souvent cette mystérieuse capacité par l'expression « expertise cognitive ». Pendant fort longtemps, ses mécanismes sont demeurés obscurs : leur examen comptera parmi les thèmes fondamentaux de ce livre. Maintenant tournons-nous vers les bonnes nouvelles ! Cette mystérieuse *expertise cognitive*, qui a le pouvoir troublant de résister aux effets malencontreux du passage du temps, est en harmonie avec deux autres caractéristiques très prisées de l'âge mûr : la compétence et la sagesse.

Là, il semble y avoir un paradoxe. Et vu que l'expertise cognitive, la compétence et la sagesse ne sont pas des phénomènes extracrâniens qui planent au-dessus de nos têtes comme des auréoles de saint, mais qu'elles sont bien au contraire les produits de nos cerveaux, ce paradoxe devient une affaire de neurobiologie. Réfléchissons donc au paradoxe lui-même, et voyons comment de très puissantes facultés intellectuelles peuvent perdurer dans des cerveaux frappés par le vieillissement et la neuroérosion. À cette fin, nous allons nous pencher sur la vie de plusieurs personnalités historiques, dans divers domaines du génie humain.

3

Le vieillissement
et les grands esprits de l'histoire

Des succès tardifs

L'espèce humaine compte parmi les espèces relativement rares dont la durée de vie moyenne s'étend bien au-delà de l'âge de procréation. Pourquoi l'évolution s'est-elle ainsi débrouillée (pardonnez la tournure anthropomorphique et téléologique de la phrase) pour prolonger la vie d'individus qui n'apporteront plus la moindre contribution à la propagation de l'espèce par la voie biologique ? Quelles sont les pressions évolutives à l'origine de ce curieux phénomène ? Il est possible que les personnes âgées apportent un soutien essentiel à la survie de l'espèce par d'autres moyens que la reproduction : en particulier, par l'accumulation du savoir et par sa transmission aux générations suivantes via divers outils culturels tels que le langage. Évidente pour de nombreux chercheurs, cette idée est peu connue du grand public.

Dans notre culture, on associe en général la vigueur de l'intellect à la jeunesse et son déclin à la vieillesse. On nie le plus souvent le potentiel créatif des aînés. Jaan, dix-neuf ans, fils d'un de mes amis, l'exprima un jour devant nous dans une formule emblématique de notre préjugé culturel : « Je suis étonné que des gens de votre âge soient capables d'apprendre quoi que ce soit de nouveau ! » Que son père, justement, ait compté parmi les plus importants innovateurs de son temps dans le domaine de l'éducation, qu'il ait dirigé une grande université, qu'il ait été candidat à la présidence de son pays, et qu'il soit, au moment de la rédaction de ce livre, l'un des parlementaires les plus influents de son pays d'Europe du Nord – tout cela ne semblait absolument pas impressionner le jeune homme.

Aujourd'hui, la remarque dédaigneuse de Jaan est réfutée par de nombreux exemples d'individus relativement âgés mais couronnés de succès et, oui, encore capables d'apprendre et d'innover – comme son père, l'ami de son père (j'aime le croire), et un certain nombre, peut-être la plupart, des lecteurs de ce livre. Il s'agit là d'un phénomène trop largement accepté, et corroboré par de trop nombreux exemples, pour que je le martèle davantage dans ces pages. Si je le présentais sous une autre forme, en vous l'offrant comme une révélation miraculeuse, j'insulterais votre intelligence. Je vais donc me concentrer sur deux points moins évidents, qui présentent l'avantage d'étayer mon idée principale.

Le premier, c'est qu'il est non seulement possible d'avoir une activité mentale vigoureuse tout au long de la vie, mais que chez certaines personnes cette vigueur atteint son point culminant à un âge relativement avancé. J'appelle ces individus-là les *épanouis tardifs et lumineux*. L'histoire regorge d'exemples de génies créatifs et de grands dirigeants politiques qui ne sont arrivés au « sommet » qu'à l'âge de soixante, soixante-dix ou même quatre-vingts ans. Ces individus remarquables, qui ont accompli tard dans leur existence leurs plus grandes réalisations désormais éternellement associées à leurs noms, se trouvent dans les domaines de la littérature, de l'architecture, de la peinture, des sciences et de la politique. Voici six exemples qui récusent notre parti pris culturel selon lequel la vieillesse équivaut invariablement au déclin.

Johann Wolfgang von Goethe (1749-1832), le grand écrivain allemand, est sans conteste un modèle parfait de carrière « ascendante » en littérature. Il publia la première partie de *Faust* à l'âge de cinquante-neuf ans, et la seconde à quatre-vingt-trois. Goethe fut très prolifique tout au long de sa vie adulte. Néanmoins c'est à *Faust*, écrit dans la dernière partie de son existence, que son nom est lié. Antonio Gaudí y Cornet (1852-1926), le grand architecte et visionnaire catalan, a suivi une trajectoire similaire. Il entama relativement jeune son œuvre majeure, la cathédrale de la Sagrada Familia à Barcelone – en explorant des formes architecturales alors sans précédent dans la tradition occidentale. Mais le développement du projet n'a culminé que vers la fin de sa vie, lorsqu'il s'est consacré exclusivement à cette église qu'il aimait tant. Gaudí est hélas mort dans un accident de voiture, alors qu'il était au sommet de sa puissance créatrice, à l'âge de soixante-quatorze ans, et la Sagrada Familia est restée inachevée. Ici en Amérique, Anna Mary Robertson (1860-1961), plus connue sous le nom de Grandma Moses, n'a commencé à peindre qu'après soixante-dix ans. Quand ses tableaux de scènes rurales et agricoles ont enfin gagné l'admiration du public, elle avait presque quatre-vingts ans. Elle a continué à créer jusqu'à la toute fin de sa très longue existence et elle est considérée aujourd'hui comme l'une des plus éminentes représentantes de l'art populaire américain.

Dans un domaine très différent du génie humain, Norbert Wiener (1894-1964) a contredit sa propre affirmation selon laquelle « les mathématiques sont essentiellement un jeu de jeune homme ». Wiener est le père de la cybernétique. En postulant l'existence de principes d'organisation complexes à la base de tous les systèmes biologiques et artificiels, il a donné forme nouvelle à la science contemporaine. Mélange exceptionnel de mathématicien et de philosophe, Wiener a publié *Cybernétique* à l'âge de cinquante-quatre ans, et son second livre le plus important, *God & Golem Inc.*, à soixante-dix ans. La science moderne des principes généraux qui gouvernent les systèmes complexes, connue sous le nom de « science de la complexité », doit en grande partie ses fondations aux idées perspicaces de Wiener – dont beaucoup furent formulées alors qu'il était déjà relativement âgé.

Les exemples d'ascension au sommet du pouvoir politique à un âge avancé ne sont pas moins remarquables. Golda Meir (1898-1978), Premier ministre d'Israël de 1969 à 1974, guida son pays à travers certaines de ses crises les plus graves. Elle devint chef d'État à soixante et onze ans – plus âgée, donc, que Winston Churchill au début de son premier mandat de Premier ministre (soixante-cinq ans), ou que Ronald Reagan au début de sa première présidence (soixante-neuf ans). Elle était considérée, vers la fin de sa vie, comme la « Mère d'Israël ». Nelson Mandela (né en 1918), l'une des personnalités politiques les plus fascinantes du vingtième siècle, fut de 1994 à 1999 le premier président d'Afrique du Sud démocratiquement élu. Il commença d'assumer cette fonction à l'âge de soixante-seize ans, avec une lucidité et une force de caractère que ses vingt-huit années d'emprisonnement n'avaient pas entamées. Il joua un rôle essentiel dans le façonnement de la nouvelle identité de son pays ; au moment de l'écriture de ce livre, il demeure le symbole de l'Afrique du Sud libre.

D'aucuns répliqueront peut-être que ces réussites exceptionnelles ou ces pics de créativité à un âge avancé tels que nos huit exemples en donnent la preuve, ne sont qu'affaire de hasard génétique. Certaines personnes, voilà tout, auraient la chance de conserver toute leur acuité mentale jusqu'à la fin de leur vie. Et, s'ils sont encourageants, les exemples cités ne sont pas particulièrement étonnants, puisque toute courbe statistique a ses valeurs extrêmes ! Certes. Mais maintenant nous sommes prêts à parvenir à une autre conclusion, véritablement inattendue – et cela m'amène à mon second point.

Ce second point est que la perte partielle des facultés intellectuelles, si elle survient, n'annonce pas nécessairement un « désastre cognitif ». Un individu peut rester productif et compétent malgré un déclin mental réel (et mesurable), voire malgré un début de démence. J'appelle ces individus-là les *esprits érodés mais puissants*. Il peut paraître saugrenu, de prime abord, d'imaginer qu'une personne frappée par les premiers symptômes de la démence soit capable d'apporter une contribution importante à la vie culturelle ou politique de la société – mais c'est un examen attentif de l'histoire qui nous conduit à cette ahurissante découverte. Certaines des décisions politiques les plus profondes (décisions aussi bien constructives que destructives), de même que certaines des créations artistiques les plus durables, ont été produites par des esprits chez lesquels se manifestaient des conséquences neurologiques négatives bien étudiées du vieillissement, et parfois même la démence précoce. C'est le cas en politique et dans les arts, et peut-être aussi en philosophie et en sciences.

Il est sans doute amusant de lire que notre histoire et notre culture ont pu être influencées par des individus en état de dégénérescence neurologique, ou même atteints de démence précoce. Mais si nous nous contentons de pointer du doigt leurs infirmités mentales, nous nous privons d'une question beaucoup plus intéressante : quels étaient, chez ces esprits-là, les attributs qui leur ont permis de compenser les effets de l'érosion neurologique et de conserver leurs facultés intellectuelles, leur efficacité et leur capacité à formater la culture ou la vie politique, à dominer le monde qui était le leur ? Dans une large mesure, ces attributs compensatoires provenaient du riche arsenal de systèmes de reconnaissance de formes qu'ils avaient engrangés dans leurs cerveaux durant les décennies précédentes.

Étymologiquement, le mot « démence » signifie « perte de l'esprit ». C'est un mot cruel, sans pitié, qui semble n'annoncer que des désastres. Il implique un degré assez significatif de déclin cognitif. Il a des connotations douteuses. Pour toutes ces raisons, il devrait être utilisé avec modération. Dans la réalité, la plupart des formes de démence se développent de manière graduelle – et même très lentement. Le déclin s'inscrit sur des années, parfois une ou deux décennies, et dans certains cas spécifiques plus longtemps encore. Ce n'est pas comme si le passage de la lucidité totale à la panne cognitive absolue survenait subitement, en une nuit. Loin de là ! De même, il n'est pas vrai que les démences affectent d'un coup toutes les facultés intellectuelles. Dans la plupart des cas, le déclin ne concerne que certaines capacités mentales, tandis que d'autres sont épargnées pendant un bon moment, souvent pendant de longues périodes qui se mesurent en années. Même si, pour finir, la maladie gagne et gagnera toujours plus de terrain. Pendant les premiers stades du processus de déclin, l'individu conserve la maîtrise de la plus grande partie de ses facultés mentales ; il est en mesure de mener des activités complexes, voire de très haut niveau intellectuel, pendant longtemps. Si cet individu se trouve (peut-être !) aux premières phases d'une longue descente aux enfers qui l'entraînera en définitive, et dans de nom-

breux cas de manière inexorable, vers une démence généralisée, pour le moment il n'apparaît absolument pas dément, et ne
le sera pas pendant des années. De surcroît, tous les cas de
déficience cognitive légère n'évoluent pas vers la démence
déclarée. Il y a une distinction très nette entre les processus qui
sont susceptibles de conduire à la démence et la démence pure
et simple. Les médecins et les psychologues savent cela depuis
longtemps ; les différents stades du déclin cognitif ont été en
outre étudiés et décrits de façon minutieuse.

Afin qu'il n'y ait plus aucun doute dans l'esprit du lecteur, examinons le phénomène proprement dit en commençant par deux
des plus grands artistes du vingtième siècle.

Art et démence

Le Pays basque, à cheval sur la frontière franco-espagnole, a
toujours été considéré comme une terre un peu mystérieuse. La
langue basque elle-même est unique en son genre ; elle n'a
aucun rapport avec les autres langues indo-européennes et ses
origines sont imprécises. On suppose que le peuple basque est
le descendant des toutes premières populations européennes,
qu'il est lié aux Celtes ou peut-être même à des peuples précel-
tiques, vestiges des tribus qui occupaient cette partie du continent avant que les multiples vagues de voyageurs et de conqué-
rants n'en modifient la composition ethnique et linguistique.
Le Pays basque est aussi connu, dans l'histoire récente, pour
son mouvement d'indépendance versatile et épisodiquement
violent – même si pour le touriste cela reste une notion abstraite, puisqu'il n'y a dans l'air aucun sentiment palpable de
danger. Au contraire, Saint-Sébastien, la capitale de province
qui compte parmi les plus célèbres cités balnéaires d'Europe,
est synonyme de bateaux à voile, de soleil, d'excellents restau-
rants et de quête de vie sybaritique. La région se prévaut également d'une tradition bien à elle de sculptures monumentales,
associée en particulier aux noms du grand artiste basque
Eduardo Chillida (1924-2002) et de son éternel rival, Jorge
Oteiza (1908-2003).

Lors de mon séjour à Saint-Sébastien, un soir pendant le dîner, la conversation porta sur Chillida, qui venait de mourir quelque temps plus tôt à l'âge de soixante-dix-huit ans. Mes hôtes, neurologues dans un hôpital de la région, racontèrent comment le célèbre sculpteur avait terminé ses jours dans leur service, atteint de démence aiguë de type Alzheimer. J'appris alors que la maladie ayant complètement sapé ses facultés intellectuelles, Chillida n'avait été que l'ombre de lui-même pendant la dernière année de sa vie.

Le lendemain matin, nous nous rendîmes en voiture au célèbre musée Chillida-Leku, dans la propriété de Zabalaga, qui contient la plus importante collection d'œuvres de Chillida. Ce vaste domaine est centré autour d'une ferme du seizième siècle réaménagée par Chillida lui-même ; il comporte un jardin luxuriant et une immense pelouse parsemée de sculptures. Les œuvres de Chillida sont monumentales et, pour l'essentiel, abstraites. Il utilisait le métal, le marbre, la pierre et le bois pour créer des formes non figuratives, mais hautement évocatrices, sorte de fusion magique entre la dimension cyclopéenne et les humeurs intimes de l'introverti. Pendant que je me promenais au milieu de ces œuvres gigantesques, j'eus le sentiment qu'il existait un lien, difficile à cerner, entre ces sculptures contemporaines et les mégalithes de Stonehenge. Elles me donnaient l'impression d'être hors du temps et d'avoir été inspirées par la même muse, ou en tout cas par la même lignée de muses. Les Basques et les Celtes sont les héritiers directs des plus anciens peuples d'Europe, repoussés vers les frontières occidentales du continent par les vagues successives d'envahisseurs. Se pourrait-il que cette histoire commune se traduise par des sensibilités artistiques similaires, à même de transcender les quatre millénaires qui séparent les druides de Stonehenge des Basques d'aujourd'hui ? Peut-on penser qu'une tradition ancienne trouve son expression, à l'époque moderne, dans les travaux de Chillida et d'Oteiza ? Ces questions me firent sourire et firent naître dans ma tête un bourdonnement agréable de méditations tandis que je continuais de déambuler à travers le jardin et ses sculptures.

C'est alors que je remarquai que certaines des plaques descriptives des sculptures – et à vrai dire, bon nombre d'entre elles – indiquaient des dates qui allaient du début des années quatre-vingt-dix jusqu'en 2000. Comme nous le savons déjà, la maladie d'Alzheimer ne frappe pas d'un coup. Bien au contraire, le déclin est très graduel ; c'est un lent glissement vers le néant mental qui s'opère sur des années, et non des mois. Un homme qui souffrait de démence avancée en 2001, comme on me l'avait dit au sujet de Chillida, devait certaine- ment être affecté par la maladie vers la fin des années quatre- vingt-dix, et probablement plus tôt que cela encore, y compris dans la première moitié de la décennie. Pourtant, je me prome- nais dans ce parc, au milieu de ces chefs-d'œuvre que tout conservateur de grand musée international se damnerait pour avoir : des chefs-d'œuvre créés par un artiste qui souffrait selon toute probabilité de la maladie d'Alzheimer ! Quand je fis part à mes hôtes de cette observation sur les dates des sculp- tures, ils se montrèrent aussi perplexes que moi. Nous ne creu- sâmes pas davantage la question, mais l'image d'un maître vieillissant qui perd peu à peu la mémoire mais pas les secrets de son art, et qui triomphe de la maladie en produisant des œuvres magistrales, en tout cas durant un certain temps, conti- nua de me hanter pendant des mois après cette visite.

L'émouvante histoire d'Eduardo Chillida a son équivalent chez un autre artiste, un de ses contemporains d'Amérique du Nord, le peintre Willem De Kooning (1904-1997). Hollandais de naissance, émigré à l'âge de vingt-deux ans aux États-Unis qu'il ne quitterait plus jamais, De Kooning personnifie comme aucun autre l'art américain du vingtième siècle. Sa carrière, en tant que peintre et parfois sculpteur, a duré trois quarts de siècle. C'est un artiste véritablement original qui a contribué à donner une nouvelle direction à la peinture. La quête d'origina- lité était l'essence même de son identité. « Rien ne pousse sous un gros arbre », répondit-il un jour à un étudiant qui lui deman- dait pourquoi il n'avait jamais étudié auprès d'un artiste célèbre. Il devint lui-même ce « gros arbre » et, à son corps défendant peut-être, inspira le développement d'une toute nou- velle école artistique. Après un engouement initial pour le cubisme, puis à travers les périodes transitoires, d'après ses propres dires, de ses « hommes tranquilles » et de ses « femmes sauvages », De Kooning progressa dans son art pour devenir l'un des fondateurs de ce que l'on appelle désormais l'*expressionnisme abstrait*.

Vers la fin des années soixante-dix, son entourage se rendit compte qu'il avait de sérieuses pertes de mémoire. Comme c'est le cas en général, son amnésie touchait les souvenirs des événements relativement récents et épargnait les souvenirs du passé lointain : un phénomène bien connu des neuropsychologues et des neurologues, qui répond à l'appellation assez peu commode de « gradient temporel de l'amnésie rétrograde ». Mais les souvenirs anciens peuvent eux aussi s'effacer à mesure que la maladie progresse. Hayden Herrera, sa biographe, relate un épisode durant lequel De Kooning fut incapable de reconnaître l'un de ses proches amis, qu'il côtoyait depuis de longues années. Le diagnostic de la maladie d'Alzheimer fut établi peu après.

Pourtant le vieux maître continua de travailler, en passant ses journées entières dans l'atelier et en achevant parfois plusieurs œuvres par semaine. « Une peinture terminée, c'est un rappel de ce qu'on n'aura pas à faire le lendemain », aurait-il lancé avec humour à l'âge de quatre-vingt-un ans. (Si sa mémoire était détériorée, il n'avait pas pour autant perdu sa vivacité d'esprit.)

L'art de De Kooning continua même d'évoluer à la fin de sa carrière. Dans les années quatre-vingt ses traits de pinceau s'élargirent, et vers la fin de la même décennie ses peintures commencèrent à prendre, d'après les mots de son biographe et ami Edvard Lieber, des « formes hyperactives » : des courbes ondulées, dépouillées, aux couleurs vives. De Kooning, qui avait alors plus de quatre-vingts ans, était conscient du changement : « Je reviens à une palette complète de couleurs décalées. Auparavant, il s'agissait de savoir ce que je ne savais pas. Maintenant il s'agit de ne pas savoir ce que je sais. » Ce changement n'était pas qu'un changement de style. Pour De Kooning, la peinture était toujours un moyen de parvenir à une signification plus profonde des choses et de sa propre expérience, et pas simplement l'élaboration d'un ensemble de formalismes. « Le style est une supercherie... Avoir le désir de trouver un style, c'est s'excuser de ses propres angoisses », avait-il écrit de nombreuses années plus tôt.

Alors quelle évolution de son expérience individuelle les changements de sa peinture reflétaient-ils ? Quel rôle les modifications subies par ses facultés intellectuelles ont-elles joué dans le développement de son art ? S'agissait-il d'une expression du déclin, ou d'une montée en puissance ? Ou bien d'une interaction complexe entre ces deux mouvements ?

Les changements dans la production de De Kooning n'échappèrent pas aux critiques d'art. Le phénomène fut considéré comme une évolution, pas comme une régression ; il fut interprété comme l'accession, pour le maître, à un nouveau stade de perception et de compréhension. « Les rythmes sont plus posés, voire médités, et l'espace est plus ouvert... Un nouvel ordre prévaut, un calme inédit... De Kooning a purifié son trait... Le trait qui était voluptueux par excellence apparaît désormais immatériel, éthéré, comme un calque voilé de ses origines physiques », écrivit David Rosand. « De Kooning, qui ne s'est jamais éloigné longtemps de la nature, est aujourd'hui plus proche d'elle que jamais », écrivit Vivien Raynor dans le *New York Times*.

Voilà donc les histoires de deux grands maîtres du vingtième siècle, Eduardo Chillida et Willem De Kooning, qui furent capables de créer des œuvres d'art de premier plan malgré l'évolution de la maladie d'Alzheimer – et en dépit de ses effets accablants sur d'autres aspects de leurs vies. Avant de poursuivre notre examen des facteurs qui ont permis ces « miracles », prenons encore un peu de recul et admirons la force pure du phénomène lui-même, quelle que puisse être son explication.

Les grands dirigeants et la démence

Pour en prendre pleinement la mesure, notons d'abord la nature universelle de ce phénomène. L'art n'est pas le seul domaine dans lequel les personnalités dominantes conservent leur savoir-faire en dépit des effets handicapants du cerveau vieillissant et malade. Voyons aussi celui des hommes d'État et de la politique. Nous pénétrons là en territoire moralement agnostique. Si on se souvient des grands artistes pour le bien qu'ils ont fait (au moins en tant que personnages publics), les hommes d'État ou politiques majeurs peuvent être soit des héros, soit des scélérats, ou un mélange complexe des deux. Et nous allons découvrir de grands personnages qui aspirèrent à gouverner en dépit de leur déclin cognitif, voire de leur démence précoce.

« Première parmi les vertus de l'État apparaît la sagesse », écrivit Platon dans *La République*. Si seulement ! Nous nous représentons souvent les riches et les puissants comme dégagés des lois de la nature, y compris celles de la physique et de la biologie. Qui plus est, les riches et les puissants sont sans doute les premiers à nourrir ce fantasme. Signe, d'après certains commentateurs, d'une « confiance en soi illimitée » ; ce que d'autres qualifient avec moins de bienveillance d'« orgueil démesuré ».

Les processus biologiques qui conduisent à la démence ne font pas de distinction entre les individus sur la base de leur richesse, de leur puissance ou même de leur rectitude morale. Nous commençons tout juste à en comprendre les causes, par quels processus elle prive l'esprit de ses facultés pour transformer les plus brillants intellects en coquilles vides, les êtres humains les plus remarquables en épaves incohérentes et confuses. Il existe de nombreuses formes de démence, dont certaines entraînent petit à petit l'atrophie cérébrale, et d'autres qui se caractérisent par une accumulation graduelle de mini-accidents vasculaires cérébraux. Plus grave encore, ces différentes démences apparaissent souvent associées les unes aux autres. En tout cas, ce sont toutes des fléaux parfaitement égalitaires, qui érodent l'esprit sans épargner les riches, les puissants et les justes. Il est stupéfiant de constater le nombre de décisions de portée historique qui ont été prises, et continuent d'être prises, par des esprits souffrant de neuroérosion, ou même en état de démence déclarée, sous les yeux d'un public si impressionné par leur « puissance » qu'il ne se doute absolument de rien.

Cette idée m'est venue il y a de nombreuses années, le jour où j'établis mon premier diagnostic personnel au sujet de l'ancien président Ronald Reagan. Réfugié aux États-Unis après avoir quitté l'ex-Union soviétique, j'ai toujours été une sorte de bête curieuse, parmi mes amis de l'intelligentsia new-yorkaise de gauche, pour l'admiration que je vouais à Reagan – l'homme qui a participé au démantèlement de « l'empire du mal » que j'ai fui quand j'avais la moitié de l'âge que j'ai aujourd'hui. Mes premiers soupçons au sujet de sa démence ne m'ont pas fait jubiler ; j'étais même sincèrement bouleversé. Cela se produisit bien avant que la maladie d'Alzheimer de Reagan ne soit connue du public, ou ne soit même objet de spéculations. En fait, c'était bien avant qu'il quitte la Maison-Blanche.

Lors de son second mandat, Ronald Reagan fut interrogé un jour par un journaliste au sujet de l'affaire de Bitburg, qui datait de 1985 : c'est le fameux épisode où, contre l'avis de ses conseillers, il avait déposé une gerbe dans un cimetière de gardes SS du régime nazi. On avait alors eu le sentiment que le président américain était manipulé par l'ancien chancelier ouest-allemand Helmut Kohl, qui avait besoin de ce geste pour servir ses propres fins politiques. Quand je vis l'interview à la télévision, les réponses de Reagan au journaliste me parurent si extraordinairement incohérentes que je saisis le téléphone et appelai un de mes amis neurochirurgien, Jim Hughes (passionné comme moi de politique étrangère) pour m'exclamer : « Reagan a l'Alzheimer ! » Jim éclata de rire, sans comprendre que je disais cela au sens littéral, pas comme une figure de style.

Un diagnostic trop rapide, en apparence, et peut-être même gratuit. Mais les incohérences qui me frappèrent tant dans les réponses de Reagan au journaliste auraient fait vibrer mes antennes diagnostiques face à n'importe qui ; le président américain ne pouvait faire exception à la règle.

Mon pressentiment fut renforcé quelque temps après, le dernier jour du mandat de Ronald Reagan, pendant que je regardais l'investiture de George Bush à la télévision. Reagan passa devant la garde d'honneur, se dirigea vers l'imposant fauteuil en cuir qui lui était réservé, s'y avachit – et s'endormit. Son menton bascula en quelques secondes sur sa poitrine. « Tronc cérébral bousillé », me dis-je en mon for intérieur, songeant à la région du cerveau qui est chargée de maintenir l'état d'éveil nécessaire à une activité mentale normale. À ce moment-là, je fus convaincu qu'une partie importante du second mandat de Reagan s'était déroulée dans l'ombre de son dérapage progressif vers la démence précoce.

La conclusion selon laquelle Ronald Reagan souffrait de la maladie d'Alzheimer – ou d'un trouble similaire susceptible d'entraîner la démence – fut encore validée à mes propres yeux peu après son départ de la Maison-Blanche, et bien avant la première annonce officielle à ce sujet. En le voyant interrogé à la télévision au sujet de l'affaire de l'Irangate, je fus impressionné, et pour ainsi dire stupéfait, par la sincérité avec laquelle il niait avoir le moindre souvenir des événements évoqués. Par l'expression confuse et incrédule qui se lisait sur son visage tandis que ses interlocuteurs lui citaient, implacables, les dates des événements et les noms des personnes impliquées. Contrairement à ce qu'ont affirmé de nombreux commentateurs, je suis persuadé que Reagan n'agissait pas ainsi par calcul, qu'il n'essayait pas de cacher quoi que ce soit. Avec l'assurance du clinicien expérimenté que je suis, j'eus ce jour-là la conviction qu'il avait *réellement* perdu la mémoire. Ronald Reagan souffrait bel et bien de démence précoce.

Bien sûr, mon diagnostic par télévision interposée fut ensuite confirmé par le diagnostic « officiel » prononcé en 1994 à la clinique Mayo, et par la révélation au public des facteurs de risques héréditaires dans sa famille (sa mère et son frère aîné avaient tous deux souffert de démence). L'aveu courageux de l'ancien président à propos de sa maladie lui valut mon profond respect, et celui de beaucoup d'autres gens. Les observations que j'avais faites des années plus tôt à son sujet se rapportaient-elles à une véritable démence, ou bien relevaient-elles encore de la zone un peu floue de la « neuroérosion » ou de la « déficience cognitive légère » – symptômes avant-coureurs de catastrophes lointaines ? En définitive, ce n'est guère qu'une question de mots, sans grand intérêt ici : nous parlons de toute façon d'une descente graduelle, sans délimitations précises, et non d'une transition abrupte ; nous parlons d'un déclin progressif qui s'acheva en 2004, dix ans après le diagnostic « officiel » de démence, et beaucoup plus longtemps après que ce déclin eut commencé à toucher l'esprit de Ronald Reagan.

Héros et scélérats

Mon étude clinique télévisée de Reagan nous ouvre une réflexion beaucoup plus large. Son cas n'est sans doute pas unique. Le paradoxe de la société humaine, c'est que l'âge de l'accession au sommet de nos institutions politiques, culturelles et commerciales est aussi l'âge auquel de multiples formes de déclin neurologique passent à l'attaque. Un grand nombre de dirigeants politiques à travers le monde ont entre soixante et quatre-vingts ans. Mais si nous acceptons comme une évidence le fait, inévitable, qu'à de tels âges toutes sortes d'infirmités physiques sont susceptibles d'apparaître, la plupart des gens n'ont pas du tout conscience, en général, qu'à ces âges-là la démence frappe également un nombre significatif d'individus.

L'illusion selon laquelle les demi-dieux qui se hissent au sommet de la société humaine sont à l'abri des outrages de la décrépitude cérébrale n'est bien que cela : une illusion. La démence, comme n'importe quelle maladie physique, se déclare sur la base de l'âge et de la vulnérabilité génétique. La démence est une maladie physique liée à l'âge qui affecte le cerveau, tout comme l'insuffisance coronaire est une maladie physique liée à l'âge qui touche le cœur. L'esprit ne jouit d'aucune protection contre les lois fondamentales du déclin biologique.

Certes, on peut s'attendre à ce que les individus qui parviennent au sommet de la société soient plus brillants que le reste de la population – et c'est sans doute vrai, dit de manière générale. Mais l'histoire regorge d'exemples de personnalités dotées d'immenses facultés intellectuelles... qui succombent à la démence vers la fin de leur vie pour des raisons génétiques ou liées à l'environnement, qui restent à élucider. Contrairement aux illusions dont nous nous berçons, le fait d'avoir un statut social élevé n'offre aucune garantie dans ces domaines. Ni même celui d'avoir de grandes facultés intellectuelles.

Il paraît plausible, sur le plan intuitif, et il est certainement « désirable » d'un point de vue téléologique, que les grands esprits soient prémunis contre la dégénérescence. De fait, au cours de la dernière décennie les neurosciences ont connu un véritable changement de paradigme grâce à l'accumulation des recherches : on affirme désormais qu'une vie intellectuelle vigoureuse façonne en permanence le cerveau et contribue à le protéger du déclin biologique. (Nous parlerons davantage de tout cela plus loin dans le livre.) Mais d'autres facteurs, comme l'hérédité, sont moins malléables, en tout cas jusqu'à aujourd'hui.

L'histoire des sciences et de la philosophie, comme celle des arts ou de la politique, regorge de cas émouvants de grands esprits gâtés par le vieillissement. Isaac Newton, Emmanuel Kant et Michael Faraday souffrirent tous les trois, l'âge venant, de pertes de mémoire dramatiques. Parmi les exemples plus récents, on peut citer Claude Shannon, le père de la théorie de l'information, dont on découvrit vers la fin de sa vie qu'il avait la maladie d'Alzheimer.

Mais le déclin mental chez un scientifique a peu de chances d'entraîner un désastre sociétal. Il peut avoir un effet retardant, en repoussant une grande découverte ou une invention de plusieurs années, ou décennies, ou même de quelques générations, mais il n'aura pas d'effet brutalement catastrophique. De surcroît, la plupart des grands scientifiques produisent leurs idées majeures relativement tôt dans leur carrière. Quand arrive l'heure de l'éventuel assaut de la démence, ils ont déjà apporté depuis longtemps leur contribution à la société ; leur déclin cognitif, aussi triste soit-il au niveau personnel, n'a pas de portée historique au sens large.

Ce n'est pas le cas d'un dirigeant politique, d'un homme d'État à la tête d'une importante machine de guerre ou d'un grand pays, pour qui l'âge du pouvoir suprême correspond souvent à l'âge du début du déclin cognitif, au moment même où des décisions essentielles doivent être prises. L'infirmité mentale peut prendre de nombreuses formes, depuis ce que j'appelle la « neuroérosion » légère jusqu'à la démence déclarée, mais la machinerie cérébrale du sublime et celle du vulgaire n'en sont pas moins identiques. Un dirigeant d'envergure mondiale dont les pensées décident de la vie (ou de la mort) de milliers de gens utilise, fondamentalement, la même machinerie cérébrale que le patron d'une petite épicerie de quartier, en Amérique latine, qui réfléchit à la marque de thon en boîte qu'il va mettre en rayon pour la semaine à venir. Cela signifie que les conséquences d'une démence précoce « légère », qui seront peut-être aussi imperceptibles que bénignes chez l'épicier de quartier, seront dangereusement amplifiées dans le cas d'un grand dirigeant, par le seul impact de ses impairs cognitifs.

Reagan avait plus de soixante-dix ans au moment de mes premières observations. À cet âge, la démence de type Alzheimer, la démence vasculaire (une maladie qui entraîne une multitude de petits accidents vasculaires cérébraux), et d'autres formes de démences sont toutes statistiquement possibles. Les premiers stades d'une maladie qui entraîne la démence échappent souvent à la détection des non-spécialistes, même chez un dirigeant constamment sous l'œil du public. Et il est particulièrement probable que ce début de maladie demeurera invisible, ou ignoré, dans les conditions d'un régime autoritaire où le dirigeant n'est l'objet, pour ainsi dire, d'aucune supervision populaire. Les déficiences qui affectent le jugement, le contrôle de soi et d'autres facultés intellectuelles complexes – déficiences d'abord subtiles, et puis de plus en plus manifestes – surviennent bien avant que l'individu ne soit véritablement désorienté, handicapé, et incapable de cacher plus longtemps ses infirmités cognitives, même à des observateurs distants.

Le vingtième siècle a connu, parmi les dirigeants des grandes nations du monde, pas mal d'individus qui souffraient de « neuroérosion », de démence précoce, ou même de démence avancée. La maladie mentale frappe les scélérats et les héros sans se soucier de moralité.

Du côté des scélérats, Adolf Hitler souffrait vers la fin de la Seconde Guerre mondiale de graves symptômes parkinsoniens.

D'après certains témoignages il perdait aussi beaucoup la mémoire. Contrairement à ce que croit le grand public, la maladie de Parkinson n'affecte pas que la fonction motrice. Elle entraîne souvent un certain degré de déficience cognitive, et même la démence. Il existe d'autres maladies dont les symptômes ressemblent à ceux de Parkinson, mais avec lesquelles on s'attend à trouver un déclin des facultés intellectuelles encore plus sérieux. L'une des plus courantes est la démence à corps de Lewy, maladie cérébrale dégénérative liée au vieillissement. À l'âge de cinquante-six ans, vers la fin de la guerre, Hitler était plus probablement atteint par la maladie de Parkinson que par la démence à corps de Lewy. Dans un cas comme dans l'autre, en se basant sur de simples considérations épidémiologiques on peut conclure que le dictateur subissait très probablement une nette détérioration de ses facultés intellectuelles. L'un de ses proches, Albert Speer, a d'ailleurs consigné par écrit « l'apathie et la torpeur mentale » de Hitler, ainsi que ses difficultés à prendre des décisions, de plus en plus évidentes pendant la seconde moitié de la guerre.

Les autres grands scélérats du siècle passé ne furent pas davantage épargnés. Pendant les dernières années de sa vie, Joseph Staline, connu de tout temps pour son extraordinaire mémoire, avait dit-on des trous de mémoire et oubliait parfois les noms de certains de ses proches. On nota aussi une aggravation notable de sa paranoïa (symptôme classique lié à la démence), ce qui rendit encore plus précaire la situation de son entourage. Ses lieutenants, d'après Simon Montefiore, « étaient convaincus que Staline devenait sénile ». Selon une citation attribuée à Nikita Khrouchtchev, après la guerre Staline « n'avait plus vraiment toute sa tête » – une observation partagée par l'un de ses visiteurs, le communiste yougoslave Milovan Djilas. Staline oublia peu à peu le russe (qui n'était pas sa langue maternelle, mais qu'il avait appris à parler de façon remarquable), et il eut des difficultés croissantes à s'exprimer. La perte de la maîtrise d'une seconde langue et le retour à la langue de l'enfance (le géorgien, dans le cas de Staline) comptent parmi les conséquences bien étudiées de la démence chez les individus bilingues. Staline souffrait aussi de

79

périodes de désorientation et de vertiges, symptômes courants en cas de maladie cérébrovasculaire. Montefiore écrit qu'au printemps 1952 Staline fut examiné par son « médecin de toujours », Vladimir Vinogradov, lequel conclut que le dirigeant russe souffrait de « multiples petits infarctus cérébraux prédominants dans le lobe frontal ». L'autopsie de son cerveau, effectuée en 1953 après son décès dû à un accident vasculaire cérébral (ou, d'après certains historiens, à un empoisonnement) permit de relever les signes d'une artériosclérose vieille d'au moins cinq ans. Aujourd'hui, cette maladie est appelée « démence vasculaire précoce ».

Le mentor de Staline, Vladimir Lénine, un scélérat de son propre cru, souffrit lui aussi de démence vasculaire (complication d'une syphilis chronique, d'après certains historiens). Il eut une série d'attaques très affaiblissantes entre 1922 et 1924, année de sa mort, et perdit presque complètement l'usage de la parole. Néanmoins il continua de diriger l'État soviétique naissant par intermittence, entre deux crises, jusqu'en 1923, alors qu'il était déjà indiscutablement diminué sur le plan cognitif.

Les excentricités de Mao Zedong vers la fin de sa vie ont été amplement décrites. On sait qu'il souffrait de sclérose latérale amyotrophique (SLA), une maladie neurodégénérative caractérisée par la mort des neurones moteurs. Ce trouble, connu également sous le nom de maladie de Charcot[1], entraîne une perte progressive de la motricité, y compris celle des organes de la parole. Vers la fin de sa vie, Mao était si peu capable de s'exprimer que ses propos étaient quasi incompréhensibles. Mais tout n'a peut-être pas été dit à son sujet. Contrairement à ce que croyait autrefois la communauté neurologique, les symptômes de la SLA ne se limitent pas à la disparition des facultés motrices. Les études récentes montrent que chez plus d'un tiers des patients, on observe un déclin cognitif significatif, y compris une démence déclarée (laquelle touche en particulier les lobes frontaux et temporaux, où sont basés les processus les plus élaborés tels que la prise de décision et le langage). Le

---

1. Maladie de Charcot en France, maladie de Lou Gehrig aux États-Unis (et dans le texte original). (*N.d.T.*)

déclin cognitif affecte la flexibilité mentale, le raisonnement abstrait et la mémoire.

Malgré leurs infirmités mentales, Hitler, Staline et Mao continuèrent de tenir la barre de leurs « empires du mal » respectifs, comme le fait remarquer Alan Bullock, jusqu'à la toute fin de leur existence. La détérioration de leurs facultés intellectuelles, sinon leur franche démence, ne fit qu'aggraver leur propension à commettre des infamies.

Les maladies cérébrales du vieillissement n'épargnèrent pas non plus les figures politiques héroïques du vingtième siècle. Woodrow Wilson[1] subit un grave accident vasculaire cérébral en 1919, pendant son second mandat. Il récupéra, mais pas complètement. D'après ses biographes, après cette attaque Wilson était un homme différent. Sur le plan intellectuel il devint rigide, il manquait de subtilité et il voyait tout de façon binaire. Ces traits de caractère aussi nouveaux que regrettables l'accompagnèrent pendant les deux dernières années de sa présidence et minèrent sa capacité à affronter le Congrès, alors isolationniste, avec pour conséquence l'échec de sa politique en faveur de la Société des nations.

Franklin Delano Roosevelt[2] succomba à un accident vasculaire cérébral, mais une attaque majeure est souvent précédée par ce que l'on appelle aujourd'hui la démence vasculaire, une maladie caractérisée par l'accumulation graduelle de petits accidents vasculaires cérébraux. À l'époque de Roosevelt on ne la connaissait pas, et il n'y avait pas d'examens diagnostiques capables de la révéler (par exemple le scanner ou l'IRM). Néanmoins, des historiens dignes de foi ont observé une baisse de ses facultés intellectuelles et de sa capacité à prendre des décisions. Un observateur releva, pendant la phase finale de la Seconde Guerre mondiale, « son manque d'enthousiasme, depuis peu, à se consacrer aux affaires sérieuses ». Il souffrait probablement de déclin cognitif bien avant sa dernière attaque.

Et il faut en dire autant pour l'homme que j'admire davantage, sans doute, que tout autre leader politique du vingtième

---

1. Woodrow Wilson : président des États-Unis de 1913 à 1921. (*N.d.T.*)
2. Franklin Delano Roosevelt : président des États-Unis de 1933 à 1945. (*N.d.T.*)

siècle : Winston Churchill. Quand il fut élu Premier ministre du Royaume-Uni, Churchill avait déjà soixante-cinq ans : il était plus âgé que la plupart des autres grands dirigeants du siècle dernier au moment de leur accession au pouvoir suprême.

Les périodes de défaillance cognitive de Churchill pendant la Seconde Guerre mondiale ont été notées aussi bien par ses proches, tel le maréchal Alanbrooke (des proches qui se faisaient parfois beaucoup de souci pour la santé mentale de leur chef), que par ses biographes, comme Roy Jenkins. Néanmoins cette défaillance ne l'empêcha pas, de manière générale, de travailler avec brio – même s'il avait de temps en temps de sérieuses baisses de régime. Il eut son premier accident vasculaire cérébral connu en 1949, entre ses deux mandats de Premier ministre. Pendant le second, de 1951 à 1955, Winston Churchill était, selon l'expression mémorable de Roy Jenkins (un biographe aussi bienveillant que toute personnalité publique peut le souhaiter), « glorieusement inapte pour les plus hautes fonctions ».

D'après les témoignages de ceux qui travaillaient avec lui (interrogés par Jenkins), le niveau d'énergie du Premier ministre pendant ce second mandat connaissait des hauts et des bas abrupts, tout comme ses capacités à se concentrer, à écrire ses discours et à analyser des problèmes complexes. Il consacrait un temps extravagant au bésigue, un jeu de cartes abscons. Il endura une série de petits accidents vasculaires cérébraux, puis, en 1953, alors qu'il était encore Premier ministre, il subit une attaque plus grave : il resta un certain temps cloué dans un fauteuil roulant, et quand il parlait il avait de la peine à articuler. Selon des critères neurologiques très généraux il récupéra relativement bien, mais en fait il ne fut plus jamais celui qu'il avait été... et son entourage attendit, avec un mélange de respect profond et d'impatience, sa démission – qui ne vint pas facilement, puisque Churchill avança toutes les excuses possibles pour la retarder jusqu'en avril 1955.

L'histoire politique plus récente regorge elle aussi d'exemples de dirigeants en exercice atteints de dégénérescence mentale. Leonid Brejnev, qui présida à la « période de stagnation » de l'ex-Union soviétique, manifesta en de nombreuses occasions, vers la fin de son règne, un comportement relativement incohérent ; en outre il avait du mal à articuler et sa démarche était instable. Dimitri Volkogonov, éminent historien russe et général trois étoiles proche des hautes sphères de la direction soviétique, décrit le comportement de Brejnev pendant ses dernières années au pouvoir comme celui d'un homme « sénile et désorienté ». L'amie de Reagan et illustre successeur de Churchill au parti tory, Margaret Thatcher, annonça pour sa part qu'elle quittait la vie publique à cause d'une série de « petits accidents vasculaires cérébraux » ; il semblait bien que Lady Thatcher était victime, à un stade précoce, de cette maladie handicapante sur le plan cognitif. Contrairement à ce qui est prévu pour la présidence américaine, la loi britannique ne limite pas le nombre de mandats du chef de l'État. En d'autres circonstances, la Dame de fer aurait peut-être continué à gagner les élections, et son rôle à la tête de la plus ancienne démocratie d'Europe aurait coïncidé avec le début d'une maladie insidieuse qui conduit à la démence.

La dernière décennie du vingtième siècle a connu d'autres exemples du même genre. Les anciens présidents Boris Eltsine, en Russie, et Abdurrahman Wahid (« Gus Dur »), en Indonésie, sont les cas les plus récents de chefs d'État atteints par la démence... mais qui continuèrent de diriger deux des plus grandes nations du monde. Eltsine était cardiaque et alcoolique chronique, et il souffrait probablement des altérations irréversibles du cerveau communes à ces deux maladies. Pour uriner sur la piste de l'aéroport d'un pays étranger, sous les yeux des dignitaires venus l'accueillir, l'ancien président russe ne devait pas être uniquement ivre. Abdurrahman Wahid, une des personnalités qui ont assuré la transition en Indonésie après la destitution de Mohamed Suharto, eut plusieurs accidents vasculaires cérébraux dont les lésions résiduelles furent aussi graves qu'handicapantes. Il devint alors célèbre pour ses divagations et ses incohérences.

L'œuvre de ces deux dirigeants dans leurs pays respectifs fut un mélange de bonnes et de mauvaises choses. Eltsine et Wahid étaient connus pour leurs comportements fantasques, pleins de contradictions, souvent illogiques – sorte d'étrange reflet, peut-être, de la période de transition pendant laquelle ils gouvernaient. Quoi qu'il en soit, je doute fort que ces deux hommes, ni même d'ailleurs Brejnev, eussent obtenu de bons résultats s'ils avaient passé des tests neuropsychologiques standard, avec évaluation de la démence, comme on en pratique couramment dans les cliniques gériatriques nord-américaines.

Ce passage en revue des infirmités cognitives de quelques personnalités politiques mondiales brosse un tableau assez stupéfiant. Surtout à la lumière des recherches récentes, qui nous ont obligés à redéfinir ce qui entre, ou n'entre pas, dans le champ du « vieillissement normal ». Autrefois, pour les générations passées, le déclin cognitif – « perdre la boule » ou « ne plus avoir toute sa tête » – était un phénomène considéré comme normal, corollaire presque obligé du vieillissement. Nous ne pensons plus cela. Dans leur ouvrage révolutionnaire qui s'intitule *Successful Aging*, John W. Rowe et Robert L. Kahn ont contesté l'idée selon laquelle le déclin des facultés intellectuelles serait normal ou inévitable, et ont affirmé avec force que la dégénérescence est due à une ou plusieurs maladies du cerveau identifiables, et dont beaucoup peuvent être évitées ou soignées. Ils ont introduit la notion de « vieillissement victorieux », qui signifie entre autres choses une lucidité complète et une vive acuité intellectuelle jusqu'à un âge très avancé. C'est *cela* la norme, nous ont montré Rowe et Kahn – pas le déclin irrépressible. Ces octogénaires et nonagénaires pétillants, astucieux, vifs, intellectuellement performants que sont l'ancien président de la Réserve fédérale Alan Greenspan ou le célèbre historien Jacques Barzun, comptent désormais parmi mes modèles. Je me demande souvent si je leur ressemblerai, ne serait-ce qu'un petit peu, quand j'atteindrai leur grand âge (si j'y parviens).

Le hic, c'est que certains des principaux dirigeants du vingtième siècle ne semblent pas avoir profité de ce « vieillissement victorieux », en tout cas pas en ce qui concerne leur cerveau. Au contraire, d'un point de vue neurologique les personnalités hors du commun qui ont dominé le paysage politique du siècle passé, aussi bien les héros que les scélérats, ont terriblement mal vieilli.

Cependant, si les anecdotes historiques rassemblées dans ce chapitre constituent une lecture distrayante, il est important de ne pas passer à côté de l'essentiel : en dépit de leurs infirmités cognitives parfois graves, la plupart de ces dirigeants n'ont jamais cessé d'assumer leurs responsabilités. Même s'ils étaient protégés et assistés, c'est indiscutable, par plusieurs couches de conseillers et de secrétaires, la plupart d'entre eux, aussi bien les héros que les scélérats, ont continué de tenir la barre de leur pays en tant que véritables chefs d'État – pas comme simples figurants. Presque tous ont dominé la partie jusqu'à la toute fin. Et ce phénomène, aussi invraisemblable et stupéfiant puisse-t-il paraître de prime abord, s'est produit en de très nombreuses occasions, et dans tous les domaines, à travers l'histoire. Comme nous l'avons vu, beaucoup de grandes personnalités du monde des arts ont été capables de conserver leur potentiel en dépit de l'érosion cognitive significative, ou même de la démence, qui les affectait.

Ce qui a permis à ces personnalités remarquables de prévaloir contre le déclin neurologique, c'est le riche système de reconnaissance de formes qu'elles s'étaient constitué au préalable. Ce système leur permettait de traiter une large gamme de situations, de problèmes et de défis nouveaux comme s'ils leur étaient déjà familiers – un avantage qui faisait défaut aux personnes de leur entourage aussi bien qu'à leurs adversaires. Les personnalités décrites dans ce chapitre illustrent à merveille l'affirmation de Herbert Simon selon laquelle la reconnaissance de formes est l'outil cognitif le plus puissant que nous ayons à notre disposition. Leur histoire montre de façon très claire que la machinerie de la reconnaissance de formes peut résister remarquablement aux effets du vieillissement sur le cerveau ; que la protection dont jouit un esprit âgé grâce à cette machinerie n'est rien moins que très profonde ; et enfin que le pouvoir d'un arsenal bien développé de formes fondamentales stockées dans l'esprit peut continuer de se manifester très tard. La machinerie de la reconnaissance de formes offre une résistance considérable aux démences liées à l'âge – et pendant longtemps !

Toutes les célébrités décrites dans ce chapitre ne sont pas

parvenues à la sagesse, loin de là, mais on peut soutenir que toutes ont donné la preuve de leur expertise, ou compétence, dans leur domaine cognitif respectif – certaines pour faire le bien, d'autres le mal. Elles ont peut-être perdu une partie, et parfois une *grande* partie, de leurs capacités d'analyse ; leur mémoire et leur attention peuvent avoir régressé de façon significative. Mais elles avaient accumulé, à travers leurs expériences passées, un grand nombre de modèles cognitifs. C'est ce qui leur a donné le pouvoir, malgré le déclin de leurs facultés, de s'attaquer à une large gamme de situations complexes en les traitant avec des formes familières ; c'est ce qui leur a permis de dominer, pour le meilleur ou pour le pire, des individus sans doute plus frais, plus pétillants sur le plan intellectuel, mais moins « doués » en reconnaissances de formes : leurs collègues, leurs partisans et, plus important encore, leurs adversaires. Comment ces formes si importantes pour la cognition se constituent-elles ? Et comment sont-elles protégées contre l'érosion et le déclin mental ? Ce sera le sujet de prochains chapitres. Mais, auparavant, nous allons étudier la sagesse, la compétence et l'expertise en tant que phénomènes psychologiques.

4

La sagesse à travers les civilisations

Sagesse et génie

La sagesse est-elle un don, ou une récompense durement méritée ?

Depuis toujours, le phénomène de la sagesse inspire un immense respect aux philosophes, aux psychologues et au grand public. Très tôt dans l'histoire il a acquis un statut particulier. Chaque culture, chaque modèle de civilisation admire et vante la sagesse, comme on le voit par exemple à travers les enseignements de Confucius ou les aphorismes de Salomon. Plus récemment, des scientifiques et diverses personnalités de premier plan ont abordé la sagesse en tant que concept psychologique et social. Il en est ressorti de nombreux livres dont les titres portent en commun le mot *sagesse*, mais qui abordent le mystérieux phénomène sous des angles très différents.

Parmi ceux-là, un recueil particulièrement instructif d'essais rigoureux et limpides dresse le bilan des recherches menées jusqu'à aujourd'hui par un certain nombre de scientifiques importants. Cet ouvrage, conçu par Robert Sternberg, un des psychologues les plus respectés de l'université Yale, m'a été extrêmement utile pour l'élaboration de mon propre livre ; nombre de faits et d'idées pertinentes exposés ici proviennent de ces essais.

Un autre livre qui porte le même genre de titre, mais aborde le problème dans une perspective très différente, est signé par l'éminent journaliste australien Peter Thompson. Il a tenté de percer le mystère de la sagesse en interviewant plusieurs personnes célèbres d'horizons divers – elles-mêmes dotées, sans doute, du précieux don.

De temps immémorial, les hommes ont accepté le principe général que parmi toutes les facultés intellectuelles, la sagesse est la plus désirable. *Le commencement de la sagesse, c'est : acquiers la sagesse* (Proverbes, 4, 7). Mais comment ? Et de quoi s'agit-il, au juste ? Au niveau personnel, avoir le sentiment de parvenir à la sagesse est source de profonde satisfaction et de grand épanouissement. « La sagesse est de loin la première des conditions du bonheur », écrivit Sophocle dans *Antigone*. Les psychologues Mihaly Csikszentmihalyi et Kevin Rathunde observent que de tous « les concepts associés à l'évaluation du comportement humain », c'est la sagesse qui suscite l'intérêt le plus durable sur les millénaires de l'histoire connue. Bien que sa définition soit en grande partie intuitive, ajoutent-ils, la signification du concept de « sagesse » est à peu près la même depuis plus de vingt-cinq siècles. Les psychologues James Birren et Laurel Fisher relèvent les toutes premières évocations de l'idée de sagesse à des époques encore plus reculées. Ils citent l'*Encyclopædia Britannica*, d'après laquelle la sagesse est mentionnée dans des écrits égyptiens qui datent de près de trois mille ans avant Jésus-Christ ; ils mentionnent aussi le premier exemple recensé, six cents ans plus tard, d'un individu connu pour sa sagesse : un vizir de la cour du pharaon qui portait le nom de Ptahhotep. À des périodes plus récentes, l'Arbre de la sagesse, avec les sept branches de la connaissance surmontées par la sagesse, est l'une des images les plus emblématiques de l'art médiéval occidental. Et la tradition moyen-orientale des *Sept Piliers de la sagesse* est devenue célèbre dans le monde anglophone grâce à T. E. Lawrence. De nos jours encore, nous considérons l'ordre et la modération comme signes de sagesse, et le chaos et les excès, à l'inverse, comme les conséquences d'un manque de sagesse. Au fil de l'histoire, enfin, la sagesse a toujours été comprise comme la fusion de plusieurs dimensions intellectuelles et morales, spirituelles et pragmatiques.

Malgré cet intérêt constant pour le phénomène de la sagesse, cependant, et bien que la nature même de la sagesse soit objet de débat depuis l'Antiquité, aujourd'hui encore elle demeure un mystère. Jusqu'à ces dernières années, de surcroît, on n'avait encore mené aucune étude sérieuse pour comprendre les mécanismes cérébraux de la sagesse ; il n'a quasiment rien été dit ou écrit sur le sujet. « Pour comprendre la sagesse dans sa totalité, et correctement, il faudrait sans doute davantage de sagesse que nous n'en possédons les uns ou les autres », dit Robert Sternberg. Éminent psychologue qui a brillamment étudié la question, il sait de quoi il parle !

Alors comment aborder ce mystère en apparence impénétrable ? Un de mes anciens professeurs, le grand psychologue Alexeï Leontiev, amateur de paraboles élégantes, aimait dire que, pour faciliter la compréhension des choses compliquées, il faut parfois commencer par les compliquer davantage. Nous allons suivre ce précepte stimulant : à cette fin, comme si la sagesse ne constituait pas un sujet déjà suffisamment difficile, nous allons aussi nous pencher sur le problème du génie.

Sagesse et *génie* sont parfois évoqués dans le même souffle. En fait, Sternberg place « sagesse » et « créativité » ensemble dans le titre de son article le plus marquant. Mais la nature du génie (ou de la créativité) est aussi inexplicablement troublante que la nature de la sagesse, sinon davantage. « De l'Antiquité la plus reculée jusqu'à l'aube de ce que nous appelons la philosophie moderne, la sagesse, comme le génie, fut expliquée en termes de dieux et de muses providentiels, de forces astrologiques, de sixième sens, de bienfaits génétiques, ou d'accidents de la nature », écrit Robinson. Le génie compte parmi les caractéristiques humaines les plus vénérées, bien que les plus inaccessibles, et c'est aussi le cas de la sagesse. Tous deux sont les attributs de quelques rares individus ; la plupart d'entre nous ne prétendent jamais posséder l'un ou l'autre, et n'y aspirent même pas.

Le génie et la sagesse ont en commun le paradoxe inhérent à leur statut de manifestations extrêmes de l'esprit humain. Et ils sont tout à fait susceptibles d'exister parmi nous sans être remarqués par personne. Le paradoxe, c'est que le génie et la sagesse peuvent conduire à des conclusions en décalage complet avec les concepts et les croyances qui dominent la société au moment où ils s'expriment. Avec pour conséquence que les individus géniaux ou sages qui produisent ces conclusions sont ostracisés, traités de fous, ou complètement ignorés – comme s'ils parlaient pour ne rien dire ou s'exprimaient dans une langue inconnue.

Le corollaire de ce paradoxe, c'est que, pour réussir à avoir un impact, le génie et la sagesse doivent être en avance sur la société, mais pas au point d'être incompréhensibles. Ils doivent remettre en question les convictions dominantes du moment... et en même temps s'y rattacher. L'historien militaire J. F. C. Fuller a écrit que « le génie est parfois déroutant ». Il l'est, et doit l'être, par définition. Mais pas de façon excessive, sinon il sera ignoré ou taxé d'imbécillité. Cet équilibre délicat fut bien compris par William Wordsworth, qui écrivit : « N'oubliez jamais que tout écrivain grand et original, en proportion de sa grandeur et de son originalité, doit lui-même créer le goût pour lequel il sera apprécié. »

Le fait d'être trop en avance sur son temps est sans doute davantage l'apanage du génie que celui du sage. Après tout, la sagesse peut se définir comme la capacité à faire le lien entre le nouveau et l'ancien, à utiliser l'expérience du passé pour la résolution d'un problème présent et inédit. Le génie, par contre, se définit comme la capacité à découvrir et à saisir la nouveauté au sens absolu, dans sa forme la plus pure. Le génie trop en avance sur son époque sera vraisemblablement ignoré par ses contemporains, et donc perdu pour les générations à venir – même s'il est difficile de reprocher cette négligence à la société. « L'essence même de la création, c'est la nouveauté. Par conséquent nous n'avons aucune norme établie pour la juger », a dit le psychologue Carl R. Rogers.

Cela signifie-t-il que les esprits célèbres, les icônes culturelles, les grands scientifiques et philosophes dont les théories et les découvertes ont favorisé le développement de la civilisation, et l'ont illuminée de leurs feux puissants – Aristote, Galilée, Newton, Einstein –, n'étaient en fait que des intellects de second plan, des génies un peu moins que géniaux ? Notre histoire est-elle parsemée de « génies extrêmes » oubliés, dont les noms et les idées ont été perdus pour toujours par des sociétés incapables de les accepter aux époques où ils vivaient ? Cette pensée m'a intrigué et amusé pendant quelque temps, en partie parce qu'elle implique, de façon un peu sacrilège, que l'on rejetterait les « meilleurs d'entre les meilleurs » pour n'adopter que les travaux des créateurs de seconde catégorie. Mais en y réfléchissant bien, on se rend vite compte que cette hypothèse est presque un non-sens : si les noms de ces « meilleurs » génies ont été oubliés depuis des siècles, comment savoir s'ils ont jamais vraiment existé ?

Parfois, cependant, la mémoire d'un génie presque oublié est sauvée par un heureux hasard, une coïncidence, un coup de chance, ou encore par le travail acharné d'un historien. J'appelle ceci le « phénomène Léonard ». Aujourd'hui, Léonard de Vinci est reconnu comme un génie de premier plan pour deux raisons : en tant qu'artiste et en tant qu'inventeur et ingénieur. C'est son génie artistique qui lui a assuré l'immortalité et qui a entretenu la curiosité du monde vis-à-vis de tous les autres aspects de son héritage, y compris les dessins d'ingénierie de ses Codex. Mais une question s'impose : sans le Léonard artiste de génie – s'il n'y avait eu que le Léonard ingénieur de génie –, connaîtrions-nous encore son nom aujourd'hui ? Je pense que non. Ses idées en tant qu'inventeur étaient tellement décalées, tellement en avance sur leur époque, qu'elles avaient extrêmement peu de chances d'avoir le moindre impact sur ses contemporains. Le souvenir du Léonard ingénieur de génie aurait probablement été perdu de façon irrévocable s'il n'avait été sauvé par Léonard l'artiste de génie ! Quant à l'image du sage raillé et repoussé par des contemporains à la vue trop courte, elle n'est pas non plus inconnue. La vie de « prophète sans honneur sur sa propre terre » est aussi parfois le destin des sages, pas seulement des génies audacieux. Appelons ça le « phénomène Cassandre », si vous voulez. Pensez à Gandhi battu par la police, ou à Andreï Sakharov interné en Union soviétique et exilé.

Quelle est la signification, ne serait-ce que métaphorique, de l'expression « don de Dieu » ? (Étant moi-même agnostique, pour ne pas dire carrément athée, je l'utilise malgré tout quand je rencontre un individu qui possède un talent exceptionnel.) Ces caractéristiques si rares, le génie et la sagesse, sont-elles exclues de la constitution des simples mortels que nous sommes, la plupart d'entre nous ? Si oui, pourquoi essayer ici de comprendre l'incompréhensible, pourquoi essayer de définir génie et sagesse alors que nous n'avons peut-être même pas assez de perspicacité pour reconnaître les vrais génies et les sages parmi nous ? Et comment rattacher ces « dons » merveilleux, dignes de demi-dieux, aux vies et aux réalités quotidiennes d'êtres humains intelligents, certes, mais disons-le tout net, ordinaires comme le sont la grande majorité des lecteurs de ce livre et son auteur ?

Les êtres qui possèdent sagesse ou génie sont-ils par nature fondamentalement différents de nous ? Sont-ils faits d'un matériau *qualitativement* différent, pour ainsi dire, comme la statue en marbre du David de Michel-Ange juchée sur son piédestal est qualitativement différente de la foule des touristes de chair et de sang qui la contemplent avec admiration ? Ou bien existe-t-il un fil conducteur, une continuité, entre ces caractéristiques convoitées (mais globalement inaccessibles) et certains attributs, plus modestes, que possèdent bon nombre d'entre nous – ou auxquels nous pouvons en tout cas aspirer de façon réaliste ? En d'autres termes, se pourrait-il que la sagesse ou le génie soient des formes extrêmes, suprêmes, de caractéristiques beaucoup plus courantes parmi la population ? En mettant au jour ce fil conducteur, nous avancerons un peu plus dans l'éclaircissement du mystère du génie et de la sagesse. Et en identifiant, pour les examiner, les fonctions mentales qui les sous-tendent, nous rendrons ces concepts plus pertinents pour la majorité des gens – vous et moi, individus doués et intelligents, mais ni géniaux ni sages.

Talent et expertise

À cette fin, penchons-nous sur des qualités hautement désirables, mais moins olympiennes : le talent et l'expertise. Supposons que le *génie* soit une forme extrême de *talent*, et que la *sagesse* soit une forme extrême d'*expertise* ou de *compétence*. Considérez le génie comme le talent élevé à la puissance *n*. Ou pour le dire dans l'autre sens : le talent, c'est le génie à l'échelle humaine ; la compétence, c'est la sagesse à l'échelle humaine. Génie et talent sont deux points sur la courbe d'une unique caractéristique cognitive. Pensez la sagesse comme la compétence élevée à la puissance *n*. Sagesse et compétence sont deux points sur la courbe d'une autre caractéristique cognitive spécifique.

Avec une telle approche, sans l'ombre d'un doute, nous retirons quelque chose au génie et à la sagesse. Une part de la définition de ces nobles concepts sera perdue dans l'analyse. Mais ils y gagneront une mesure de clarté, et l'échange en vaudra la peine. En démystifiant ces concepts, enfin, nous les rendrons plus souples, plus malléables pour les étudier ; notre démarche sera scientifique, au moins, et ne sera plus seulement « poétique ».

Le talent et l'expertise sont deux caractéristiques très prisées par notre société ; ils sont de surcroît à la portée de la plupart d'entre nous. Cela signifie-t-il qu'un grand nombre de gens sont également susceptibles d'atteindre à la sagesse ou au génie ? Sûrement pas. Nous l'avons vu. Mais beaucoup possèdent un certain talent, ou font preuve d'expertise (ou de compétence) dans tel ou tel domaine – des attributs qui ressemblent à la sagesse et au génie, quoiqu'à un degré nettement plus humble.

Gardant à l'esprit le brillant avertissement de Sternberg, nous n'aspirons pas à comprendre de manière exhaustive le génie ou la sagesse ; ni même, d'ailleurs, le talent ou la compétence. Nous nous intéressons ici pour l'essentiel à leur neurobiologie, à leur machinerie cognitive et cérébrale. Certes, c'est une perspective limitée, qui ignore les facteurs éthiques, sociaux, et bien d'autres encore, des concepts étudiés. Mais c'est une perspective cruciale. Et qui n'a jamais été explorée.

Avant d'aller plus loin, il nous faut adopter des définitions correctes du *talent* et de la *compétence*. Supposez que nous définissions le *talent* grâce aux idées de *nouveauté* et de *créati-*

vité. Le talent, c'est la capacité à créer, dans le domaine où l'on a choisi d'appliquer ses efforts, un contenu authentiquement novateur qui tranche de manière radicale avec ce qui a été créé avant soi ; c'est l'aptitude à produire des idées originales, de l'art original, de la technologie originale, des produits industriels originaux, des structures sociales originales et ainsi de suite.

Supposez que nous définissions la *compétence* comme la capacité à faire le lien entre l'ancien et le nouveau. La compétence, c'est l'aptitude à percevoir les similitudes qui existent entre des problèmes nouveaux, ou apparemment nouveaux, et des problèmes déjà résolus. Cela signifie que la personne « compétente » dispose d'une très vaste bibliothèque de représentations mentales dont chacune capture l'essence d'une large gamme de situations spécifiques – auxquelles sont associées des actions efficaces, des lignes de conduite optimales.

Le lien de continuité entre compétence et sagesse n'a pas échappé à l'attention des psychologues. D'après Sternberg, un individu sage est perçu par son entourage comme quelqu'un qui a « la capacité, exceptionnelle, d'examiner un problème ou une situation, et d'y apporter une solution ». Remarquez que dans les définitions dites « scientifiques » aussi bien que dans les conceptions populaires au sujet de la compétence et de sa manifestation suprême, la sagesse, l'accent est mis non seulement sur l'idée que l'individu fait preuve d'une profonde perspicacité vis-à-vis de la nature des choses, mais aussi – et c'est peut-être le plus important – sur le fait qu'il comprend et « sait » les actions à entreprendre pour modifier les choses. Dans l'imagerie classique, les gens se tournent vers le sage non pas pour avoir des explications, mais pour être guidés. La sagesse comme la compétence tirent l'essentiel de leur valeur de leur pouvoir prescriptif. Gardez cette idée en tête : nous reviendrons plus tard sur le sujet du savoir prescriptif.

Le talent et sa forme suprême, le génie, et la compétence et sa forme suprême, la sagesse, sont à la fois unis et contrastés. Ils sont deux stades du même cycle de vie. Le talent est une promesse. La compétence est un aboutissement. Le génie (et le talent) est en général associé à la jeunesse. La sagesse (et la compétence) est le fruit de la maturité. Le visage espiègle de Mozart est celui du génie. Le visage ridé de Tolstoï est celui de la sagesse. L'« échange » qui s'opère entre jeunesse et sagesse a été noté aussi bien par les philosophes que par les psychologues et les poètes. Sagesse et compétence sont les récompenses du vieillissement.

Certes, des exceptions existent dans une direction comme dans l'autre, mais les deux affirmations sont justes, au moins au sens statistique le plus large. Chez les scientifiques, la courbe des découvertes révolutionnaires atteint son point culminant vers l'âge de trente ans, avant de diminuer peu à peu. Einstein le génie fut l'homme de vingt-six ans qui formula la découverte emblématique du vingtième siècle, la théorie de la relativité restreinte. Einstein le sage était l'homme de soixante ans qui conseillait le président Roosevelt sur les questions de guerre, de paix et d'énergie nucléaire – la menace emblématique du vingtième siècle.

Dans le cas d'un génie qui jouit d'une longue existence, il est difficile de dire où s'arrête le génie et où commence la sagesse. Ils se fondent en douceur l'un dans l'autre et propulsent le processus « créatif » jusqu'à un âge avancé. Si la plus grande œuvre de Michel-Ange, le plafond de la chapelle Sixtine, fut achevée quand l'artiste était dans la trentaine, il dirigea la reconstruction de la cathédrale Saint-Pierre du Vatican et en conçut le dôme alors qu'il avait plus de soixante-dix ans.

Un tel glissement du génie vers la sagesse, souple et progressif, vaut à ceux qui en bénéficient un respect profond, presque intimidant, de la part de leurs contemporains, et ajoute une touche finale d'exceptionnelle qualité, un apogée de satisfaction à leur existence. Mais cela ne se produit pas toujours. L'histoire est pleine d'exemples de « génies inachevés » qui ne sont pas parvenus à évoluer vers la sagesse. Les vies brèves et mouvementées du Caravage, le grand peintre de la Renaissance, et du poète rebelle Arthur Rimbaud, en France, ne donnent l'apparence d'aucune progression visible en direction de la sagesse. Le complice et amant de Rimbaud, le grand poète Paul Verlaine, a réussi, malgré ses excès qui firent scandale, à faire durer un peu plus longtemps sa propre vie de génie. Mais il mourut lui aussi dans l'éparpillement et la débauche, sans le moindre signe d'évolution vers la sagesse. On rapporte, au sujet du général athénien Thémistocle, qu'il était « plus grand par le génie que par le tempérament ». De même, on pourrait dire du Caravage, de Verlaine, de Rimbaud et, probablement, de Mozart qu'ils étaient plus grands par leur génie que par leur sagesse.

En revanche, certains individus ont des débuts à peu près insignifiants – dans les cas extrêmes ils sont même qualifiés de médiocres, sinon pis. Et puis, quand vient l'âge, ils donnent la preuve d'une indiscutable sagesse. C'est souvent le cas des dirigeants politiques. L'empereur romain Claude, Konrad Adenauer le premier chancelier ouest-allemand de l'après-guerre, ou encore Anouar Al-Sadate, le président égyptien assassiné, comptent sans doute parmi les meilleurs exemples en la matière.

Plus prosaïquement, nous connaissons tous des gens qui ont une sorte de brillance intellectuelle inexploitée et fugace. Et nous connaissons tous des gens qui paraissent tout à fait ordinaires, mais qui sont pourtant suprêmement compétents, à leur façon discrète et personnelle, dans leur domaine de prédilection.

Sagesse et résolution de problèmes

Le génie et la sagesse, et par extension le talent et la compétence, ne vont donc pas toujours de pair. À vrai dire, c'est rarement le cas. La plupart des gens font une distinction très nette entre ces caractéristiques hautement désirables. Sternberg a étudié la façon dont les gens, tous milieux sociaux confondus, perçoivent la relation entre créativité et sagesse : la grande majorité d'entre eux établissaient un lien positif entre les deux concepts, mais un lien plutôt faible – et certains les voyaient même liés négativement, comme des pôles adverses. De façon très intéressante, la même étude a aussi montré que les gens se représentent la « sagesse » et la « créativité » davantage corrélées à l'« intelligence » qu'associées entre elles. J'en déduis que la notion même d'« intelligence » équivaut, dans l'esprit de la plupart d'entre nous, à cerner une somme totale de nombreux aspects de l'esprit, plutôt qu'à qualifier un de ses éléments particuliers.

Beaucoup de gens semblent partager la croyance selon laquelle la quête de nouveauté est l'attribut de la jeunesse, et la sagesse l'attribut du grand âge. Les psychologues J. Heckhausen, R. Dixon et P. Baltes ont mené une expérience fascinante dans laquelle ils demandaient à leurs sujets à quels âges apparaissent les différents attributs de l'esprit humain. La plupart des gens interrogés estimaient que la curiosité et la capacité à penser de façon claire se révèlent comme attributs dominants dans la vingtaine, et que la sagesse prend le dessus dans la cinquantaine. Quand on leur demandait de classer ces divers attributs en fonction de leur *attrait*, la sagesse prenait la première place. Dans une étude similaire, Marion Perlmutter et ses collègues ont observé que la grande majorité des gens associent la sagesse à la vieillesse plus qu'à tout autre critère. D'où un syllogisme intéressant : si les gens croient que la sagesse est le privilège de la vieillesse, et s'ils considèrent la sagesse comme l'une des caractéristiques humaines les plus enviables, alors ils doivent également penser que l'âge a ses avantages, son côté positif et ses atouts aussi uniques que précieux !

Dans l'esprit de la plupart d'entre nous, la compétence, à l'instar de la sagesse, est aussi le fruit de la maturité. Se représenter la sagesse comme un degré extrême de compétence, c'est aller dans le sens de l'approche adoptée par les psychologues Paul Baltes et Jacqui Smith, qui définissent la sagesse comme un « savoir expert », une capacité surdéveloppée à traiter la « pragmatique fondamentale de la vie » – laquelle suppose des « questions importantes, mais difficiles, au sujet de l'existence ». Ils placent les notions de « riche savoir factuel » et de « riche savoir procédural » parmi les grandes conditions préalables à la sagesse, et ils font remarquer que l'accumulation de tels savoirs, par définition, nécessite une longue vie.

Suivant l'avertissement prudent (et sage !) de Sternberg, je m'abstiendrai d'aborder le concept de sagesse dans toute sa richesse. Je renoncerai aux aspects existentiels, moraux, et qui concernent la réalisation de soi, de la sagesse – déjà examinés de façon si puissante par Erikson, Jung, Kohut et d'autres. Je limiterai la portée de ce livre à un seul aspect du concept : la sagesse en tant que capacité accrue de résolution de problèmes. Cette approche, il est vrai étroite et moralement neutre, fait entrer quelques scélérats dans le livre aux côtés de ses nombreux héros. Et j'en mesure bien les limites. Mais j'ai quand même le sentiment qu'elle nous livrera une tranche d'analyse déjà bien assez épaisse pour un seul ouvrage. La résolution de problèmes, faut-il le préciser, est l'un des aspects de la sagesse que nous sommes le mieux à même d'explorer en neuroscience.

Si la sagesse et la compétence (ou l'expertise) augmentent et se développent avec l'âge de toutes les façons possibles, comment concilier cette idée avec le constat selon lequel les facultés intellectuelles déclinent au fil des années et, en particulier, dans la vieillesse ? Ou, pour retourner la question, si notre mémoire et notre concentration mentale baissent avec l'âge, comment se peut-il que notre sagesse ou notre compétence s'améliorent ? Quels facteurs placent ces caractéristiques à part des autres manifestations de l'esprit et leur permettent de résister aux ravages du vieillissement ?

5

Le pouvoir des formes

Les différentes sagesses

Quels sont les mécanismes cérébraux qui permettent à la sagesse, à la compétence et à l'expertise de résister aux effets nuisibles du vieillissement – et, jusqu'à un certain point, aux maladies neurologiques ? Pour commencer l'exploration de ce sujet, nous devons étudier en profondeur les concepts de *formes* et de *reconnaissance de formes*, ainsi que leur rôle dans notre univers mental. Par « reconnaissance de formes », nous entendons la capacité de l'organisme à analyser un objet ou un problème nouveau, et à l'assimiler à une classe d'objets ou de problèmes déjà connus, familiers. La reconnaissance de formes est l'une des aptitudes les plus fondamentales dans notre univers cognitif – nous l'avons rapidement évoquée dans le scénario du samedi de paresse devant la télévision. Sans cette aptitude, chaque objet, chaque problème constituerait un défi totalement nouveau ; nous serions incapables de nous servir de la moindre de nos expériences passées pour les traiter. Les travaux de Herbert Simon, prix Nobel de sciences économiques, et ceux d'autres chercheurs, ont montré que la reconnaissance de formes est le mécanisme le plus puissant, et sans doute le plus essentiel, qui nous permette de réussir les opérations intellectuelles telles que la résolution de problèmes.

Le cerveau acquiert très tôt, dès le tout début de la vie, la capacité à identifier certaines formes. D'autres formes sont

99

apprises à des stades beaucoup plus avancés du développement de l'individu. La plupart des espèces mammifères, sinon toutes, possèdent une certaine capacité de reconnaissance de formes, relativement « prête à l'emploi », intégrée au cerveau. Cela signifie-t-il que le cerveau mammifère (y compris celui de l'homme) contient des systèmes « câblés » ou « précâblés » de reconnaissance de formes ? La réponse à cette question n'est sans doute pas « oui » ou « non », mais plutôt « d'une certaine façon ».

La recherche a montré que les systèmes cérébraux de reconnaissance de formes ont besoin, pour devenir véritablement opérationnels, de « touches de finition » apportées par l'environnement. Quand ces touches de finition manquent (elles proviennent en général d'une exposition précoce aux stimuli sensoriels appropriés), même les systèmes les plus élémentaires de reconnaissance de formes ne parviennent pas à fonctionner convenablement. Cela signifie que la plupart de ces systèmes nécessitent un mélange de facteurs héréditaires et environnementaux. Mais les contributions respectives de la nature et du milieu, de l'inné et de l'acquis, varient selon les types de reconnaissance de formes et s'expriment sur des échelles temporelles très différentes – qui vont de millions d'années à... quelques années à peine.

Certains systèmes de reconnaissance de formes intégrés à nos cerveaux expriment une « sagesse » qui est le reflet de l'expérience collective de tous les mammifères sur des millions et des millions d'années. Sur les pas du célèbre neuroscientifique Joaquin Fuster, nous appellerons ce genre de sagesse : sagesse « phylétique » ou « sagesse du phylum »[1].

Cette sagesse-là fut essentielle pour la survie d'innombrables espèces durant des millions d'années, au point qu'elle est entrée à un degré substantiel dans leur code génétique. Ou,

---

1. Pour ceux qui sont à cheval sur les termes de taxinomie zoologique : nous pourrions qualifier la mémoire collective des mammifères de « subphylétique », ou « mémoire de classe ». Le phylum, en effet, est une entité taxinomique de rang supérieur. Tous les vertébrés sont membres du phylum Craniata, qui à son tour se divise en cinq classes : mammifères, oiseaux, reptiles, amphibiens et poissons. J'utilise le mot « phylum » par convention, car le mot « classe » a de trop nombreuses connotations.

pour être plus précis et éviter la note téléologique qui s'est insinuée dans la phrase précédente : les espèces dont les cerveaux contenaient la « sagesse phylétique » sous une forme relativement « prête à l'emploi » avaient de meilleures chances de survie que les autres. Je parle ici des réactions émotionnelles que nous partageons tous, comme par exemple la peur des serpents ou celle des précipices, le contentement que nous éprouvons en voyant le soleil apparaître à l'aube, ou encore notre tendance instinctive à nous tenir à l'écart du feu. Les études ont cependant montré que ces réactions très élémentaires ne sont pas complètement formées et prêtes à fonctionner dans nos cerveaux : elles exigent une exposition aux stimuli déclencheurs appropriés dans l'environnement, et de surcroît à un stade très précoce du développement.

On trouve un autre exemple de systèmes de reconnaissance de formes relativement prêts à l'emploi, ou, pour reprendre l'expression de Fuster, de « mémoire phylétique » (qui nécessite toujours un affûtage activateur, via l'environnement, aux premiers âges de la vie) dans les neurones du cortex visuel : ceux-ci sont calibrés pour réagir à certains stimuli simples, mais spécifiques ; ils s'activent par exemple quand apparaît dans le champ de vision une ligne ayant une certaine pente, un angle, ou encore un contraste particulier. Il est tentant de considérer que ce type de mémoire phylétique permet aux membres d'une espèce donnée, ou peut-être à tout un groupe d'espèces, d'avoir certaines capacités d'analyses sensorielles cruciales pour leur survie. Le monde se compose d'une myriade de propriétés physiques qui en appellent aux différents sens. Nous, les êtres humains, en avons certaines en commun avec d'autres espèces – et d'autres non, comme la sensibilité à l'ultraviolet ou l'audition des très hautes fréquences. Ces propriétés n'ont pas toutes la même importance pour toutes les espèces vivantes, bien au contraire. Différentes espèces (ou groupes d'espèces) dépendent pour leur survie de différents types d'informations au sujet du monde qu'elles habitent. Il va donc de soi qu'elles bénéficient de différents répertoires de mémoires phylétiques, et même de différents répertoires de systèmes sensoriels.

La sagesse de la culture

À présent, envisagez un niveau très différent de systèmes de reconnaissance de formes : ceux qui sont cristallisés dans la culture humaine. Il n'est pas courant d'employer le mot « sagesse » pour caractériser le comportement d'un groupe de personnes tout entier, encore moins de toute une espèce. Mais on peut le faire. Et, dans cette optique, nous sommes une espèce « sage ». Chacun de nous dispose d'un riche assortiment de formes qui nous sont offertes sur un plateau d'argent et qu'on appelle la culture.

Comme nous l'avons vu, la capacité à élaborer des formes et le principe de la reconnaissance de formes ne sont pas l'apanage exclusif de l'homme. Ils se retrouvent chez toutes les espèces qui savent *apprendre*. Ce qui nous rend uniques en tant qu'êtres humains, c'est le pouvoir que nous avons de transmettre le répertoire de ces formes d'individu à individu et de génération en génération – via la culture. Cette caractéristique existe aussi, sous une forme rudimentaire, chez les primates supérieurs. On a remarqué que les chimpanzés séparés de leur groupe ont parfois des comportements particuliers qui sont le signe d'une transmission non génétique du savoir. Ces comportements sont souvent interprétés comme la preuve de l'existence d'une « culture » rudimentaire chez les chimpanzés. Comme je crois aux continuités évolutives, j'ai tendance à accepter cette interprétation. Mais même si nous acceptons l'idée qu'elles méritent ce nom, les « cultures » des primates sont par essence limitées, puisque l'imitation directe entre individus est le seul mécanisme de transmission du savoir dont ils disposent. Ces cultures ne disposant pas de systèmes symboliques, leur portée est relativement modeste.

Chez d'autres espèces, l'élaboration cérébrale des formes est affaire de « chacun pour soi » : chaque membre de l'espèce est un Robinson Crusoé contraint de construire son propre monde mental pour façonner son île. Dans ce scénario, le potentiel de reconnaissance de formes est limité par la puissance de calcul d'un seul et unique cerveau, sur la période d'une seule et unique vie. Sans effet cumulatif entre les individus, ou très peu, ce potentiel est extrêmement modeste. Cependant, nous pouvons observer l'émergence du pouvoir et des effets de la transmission du savoir culturel, non génétique, chez les grands singes (chimpanzés et gorilles), qui sont capables d'apprendre une « langue des signes » rudimentaire que leur enseignent leurs maîtres humains, tout en étant incapables de construire un tel langage de leur propre chef. L'influence culturelle est capable de dépasser le pouvoir créatif d'un cerveau individuel !

Nous, les êtres humains, n'avons pas à endurer l'épreuve qui consiste à découvrir le monde à partir de zéro. Au contraire, nous bénéficions de l'effet progressif du savoir accumulé par la société à travers les millénaires. Ce savoir est stocké et communiqué par le biais de divers systèmes culturels, sous forme symbolique, et transmis de génération en génération. L'accès à ce savoir développe automatiquement le pouvoir cognitif de chaque individu en le mettant dans le secret de la sagesse collective et cumulative de la société humaine. Si la sagesse se définit par la disponibilité d'un riche répertoire de formes qui permettent de traiter de nouvelles situations et de nouveaux problèmes en les assimilant à des situations et à des problèmes déjà connus, nous sommes alors véritablement une espèce « sage ».

La culture humaine, pour une grande part, c'est le stockage et la transmission de cette sagesse collective. La culture permet à chacun de nous de devenir le récepteur d'une sagesse dont la découverte et l'élaboration dépassent de très loin la puissance de calcul d'un cerveau individuel. La culture est un attribut unique, propre à la société humaine, très puissant, qui a joué un rôle crucial dans notre succès en tant qu'espèce. Les systèmes culturels de la transmission du savoir reposent sur une grande variété d'outils symboliques – dont, entre autres, le langage. Parmi ces outils, cependant, le langage joue un rôle très particulier, d'une importance colossale. C'est un métadispositif d'où découlent la plupart des autres dispositifs culturels. À côté des langues naturelles, en outre, nous avons à notre disposition des « langages » plus spécialisés, comme les mathématiques ou la notation musicale.

Tous ces systèmes symboliques, langages et quasi-langages, transmettent puissamment l'information à travers le temps et l'espace. Nous connaissons les cités-États de la Grèce antique et leurs guerres contre l'Empire perse grâce aux traités d'Hérodote. Nous connaissons les conquêtes impériales romaines par *La Guerre des Gaules*, de Jules César, et par la *Guerre des Juifs* de Flavius Josèphe. Et nous connaissons l'empire mongol de Koubilaï Khan parce que Marco Polo a écrit sur le sujet[1].

Le langage nous permet de produire des propositions vraies aussi bien que des propositions fausses, ainsi que des propositions à l'authenticité indéterminée. Cette flexibilité générative du langage en fait un appareil extrêmement adaptatif et puissant pour formater non seulement ce qui *est*, mais aussi ce qui *sera*, ce qui *pourrait être* et ce que *nous voulons* ou *ne voulons pas qui soit*.

Puisque le langage n'a pas, au sens strict, de « filtres de vérité » intégrés, c'est un outil particulièrement puissant pour l'intentionnalité, l'extrapolation et la définition d'objectifs à atteindre. La capacité du langage à créer des modèles symboliques non pas du monde *comme il est*, mais du monde *comme vous voulez qu'il soit*, est liée à ce que l'on appelle les fonctions exécutives des lobes frontaux du cerveau, lesquelles permettent d'engendrer des comportements orientés vers des buts spécifiques. L'émergence de l'aptitude humaine à créer des modèles mentaux de l'avenir – des modèles du monde tel que nous voulons qu'il soit, et pas seulement tel qu'il est – est sans

---

1. Ce détail est très intéressant, quoique pour une raison un peu regrettable. Si, comme des historiens l'en soupçonnent, Marco Polo a inventé certaines parties de ses récits de voyages, nous avons là une démonstration exemplaire de la puissance du langage en tant qu'outil culturel... capable de propager l'information aussi bien que la désinformation, le vrai savoir comme le faux savoir. Les écrits ptolémaïques, qui postulent que le Soleil tourne autour de la Terre, devront être placés dans la seconde catégorie (en tout cas c'est ce que nous croyons aujourd'hui). Si le langage, pour être un outil culturel utile, doit formater certains aspects fondamentaux du monde que nous habitons, il ne contient pas pour autant de « filtres de vérité » intégrés, applicables à tous les énoncés.

doute le résultat du développement du langage associé aux fonctions exécutives inhérentes aux lobes frontaux.

Néanmoins, le langage possède quand même certains « filtres de vérité » intégrés, au moins au sens large. Certaines règles du langage rendent compte des lois naturelles qui gouvernent notre monde matériel. Nous rejetons souvent des énoncés, en les qualifiant de violations des règles du langage, non pas parce qu'ils sont incompréhensibles, mais parce que leur contenu va à l'encontre des lois naturelles fondamentales. Par exemple, l'affirmation « j'irai au cinéma hier » est incompréhensible ; elle serait par contre parfaitement légitime dans un monde dont le flux temporel serait bidirectionnel. Tout comme la phrase « je suis tombé par terre et me suis éloigné du sol » serait parfaitement significative dans un monde dont les lois de la gravitation seraient opposées aux nôtres, ou aléatoires.

Le langage est bien davantage qu'un outil d'enregistrement du savoir. Le langage formate notre cognition en imposant certaines formes à notre univers. Sans ces formes, le monde qui nous entoure serait un kaléidoscope délirant d'impressions disparates. Chacun de nous accumule, par la culture, une riche collection de formes qui représentent la sagesse collective de la société, et ce processus nous évite l'épreuve d'avoir à découvrir à partir de rien les formes cruciales dont nous avons besoin.

En apprenant la signification et l'emploi des mots pendant l'enfance, nous acquérons davantage qu'un outil de communication. Nous adoptons aussi une taxinomie : une façon de catégoriser la quasi-infinité des choses, des événements et des impressions qui *est* le monde – une façon, donc, de rendre notre monde stable et maniable. La connaissance du sens des mots fait partie du système de formes qui nous donnent la possibilité d'identifier des choses nouvelles comme appartenant à des classes de choses déjà familières. En apprenant la structure lexicale et conceptuelle du langage, nous acquérons la compréhension des liens hiérarchiques complexes qui unissent les choses entre elles. Et en apprenant la structure grammaticale du langage, nous acquérons la taxinomie des relations potentielles entre les choses. Une vie entière ne suffirait jamais, elle ne serait jamais assez longue pour déterminer toutes ces catégories et toutes ces relations « à partir de rien ». En prenant possession de ce trésor linguistique, nous prenons possession du savoir et de la sagesse des générations qui nous ont précédés. La capacité des neurosciences à explorer le fonctionnement interne des microcircuits du cerveau ne cessant de s'améliorer, le jour viendra peut-être où nous serons en mesure d'identifier le phénomène des attracteurs (ou formes) dans de vrais cerveaux biologiques en activité, et où nous verrons les attracteurs correspondant aux différentes unités de langage : les mots, les propositions grammaticales, etc. Un individu qui se trouve dans l'impossibilité d'exploiter la « sagesse collective » implicitement contenue dans le langage souffre d'un handicap catastrophique. Les chercheurs soupçonnent depuis longtemps, par exemple, que l'échec du langage à exercer son influence sur les sens, à les organiser, joue un rôle dans la schizophrénie et contribue au chaos interne de l'esprit schizophrénique.

Le langage incarne l'expérience collective des siècles et des millénaires passés, et nous révèle les éléments du monde qu'il faut considérer comme importants. Mais, par sa nature même, la sagesse n'est pas seulement déclarative : elle est prescriptive. La question classique qui est posée à un sage est moins souvent « c'est quoi ? », que « que devons-nous faire ? ». Les linguistes ont beaucoup écrit sur la nature prédicative du langage. Dans la structure du langage, la représentation d'*actions* associées à diverses choses et à divers attributs est une composante essentielle. Le langage, en tant que système de reconnaissance de formes, nous donne la capacité de faire bien davantage que classifier les choses : il nous permet de décider comment agir par rapport à ces choses.

Le langage est-il un outil « véridique » ? C'est-à-dire, ne contient-il que la seule et unique « vraie » classification des choses qui nous entourent ? Cette proposition serait très difficile à défendre. Pour tout éventail plus ou moins étendu de choses ou de caractéristiques, il y a un nombre proportionnellement étendu de classifications diverses. La classification implicite de notre langue naturelle reflète les attributs les plus saillants de nos cultures et de notre espèce. Les langages susceptibles de se développer dans des sociétés de chiens ou de dauphins doués de parole (et a fortiori chez les fourmis ou les bactéries parlantes) analyseraient le même monde physique de façons très variées. Il y a, en vérité, différentes sagesses pour différentes espèces ! Le langage, par conséquent, est avant tout un système pragmatique.

La sagesse de l'espèce inhérente au langage n'est ni génétique, ni précâblée dans le cerveau. Comme son support neuronal, le néocortex, le langage est un système flexible, capable d'adaptation et de modification. Contrairement à la mémoire phylétique, qui rend compte de millions d'années d'évolution, le langage exprime une sagesse de l'espèce qui n'existe que depuis quelques milliers d'années – et est encore, pour une grande part, en cours de développement.

Il va sans dire que le langage nécessite une multitude de processus cérébraux. Parmi eux, celui qui évoque le plus un système « précâblé » est celui qui gère la production des sons. Il semble que les bébés naissent avec la capacité à émettre une vaste gamme de phonèmes, et que cette gamme soit la même pour tous les langages et toutes les cultures. Avec l'apprentissage et la pratique d'une langue spécifique, une sorte de processus darwinien entre en jeu : certaines articulations sont renforcées, d'autres disparaissent. C'est pourquoi l'immersion dans un environnement linguistique donné avant l'âge de douze ans (environ) permet une maîtrise de la langue sans accent, tandis que la découverte d'une langue à un âge plus avancé aboutit en général à parler cette langue avec un accent « étranger ». Cela signifie que même à ce niveau très élémentaire de développement du langage, on observe une interaction complexe de facteurs héréditaires et environnementaux.

Les linguistes sont souvent émerveillés par les similitudes entre les centaines de langues qui se rencontrent à travers le monde. Certains considèrent ces ressemblances comme la preuve d'un déterminisme génétique très précis : la preuve de l'existence dans le cerveau d'un circuit neuronal précâblé réservé au langage.

J'objecterais que les langues sont susceptibles de se ressembler parce que leurs utilisateurs, au sens large, se ressemblent, comme se ressemblent les environnements qu'ils habitent. Pour le dire simplement, les langues du monde sont similaires parce que nous sommes tous membres de la même espèce, avec des biologies et des besoins similaires, et nous occupons des niches écologiques similaires. Nous sommes tous les hôtes d'un seul et unique monde, et non de plusieurs mondes dissemblables. Les contenus lexicaux des différentes langues sont similaires, parce que leurs utilisateurs sont entourés de choses similaires et se livrent à des actions similaires. Et les grammaires des différentes langues sont similaires parce qu'elles reflètent des relations entre les choses de types similaires. Par contre, lorsqu'un environnement quelconque offre une coupure radicale par rapport aux circonstances moyennes, il en va de même des langues parlées par ses habitants.

L'exemple le plus souvent cité pour illustrer cette idée est celui des langues eskimos, qui possèdent des dizaines de mots différents pour qualifier la neige selon sa qualité – un phénomène qui n'a d'équivalent nulle part ailleurs. À propos des langues khoïsanes du sud de l'Afrique et de la Tanzanie, les langues dites « à clic » comme le hatsa (qui conservent peut-être certaines caractéristiques de la protolangue du premier *Homo sapiens sapiens*), les linguistes disent qu'elles sont le reflet de l'adaptation des hommes aux caractéristiques acoustiques particulières des terres désertiques. De même, la langue sifflée du peuple Guanche, à La Gomera, une des îles Canaries (langue depuis longtemps supplantée par l'espagnol), marque une adaptation au terrain local et permet aux insulaires de communiquer d'une vallée à l'autre. Si, à la suite de quelque étrange mutation, des groupes d'hommes devaient adopter un mode de vie essentiellement aquatique comme les dauphins, ou aérien comme les oiseaux, leurs langages deviendraient probablement très différents des autres langages humains. Cela se passerait ainsi parce que les langues subissent une évolution culturelle formatée par leur utilité, à la fois en tant que mode de représentation et en tant qu'outil de communication.

Dans son ouvrage classique *Les Sciences de l'artificiel*, Herbert Simon montre de manière fascinante que la complexité du comportement d'un organisme est, dans une large mesure, le reflet de l'environnement habité par cet organisme – et pas seulement de sa structure interne. Simon donne l'exemple du parcours compliqué suivi par une fourmi sur un terrain compliqué : un parcours qui est bien davantage déterminé par le paysage traversé, avec ses gorges, ses collines et ses obstacles, que par les systèmes nerveux et locomoteurs de la fourmi. Placée dans le même environnement, une petite créature d'un genre tout à fait différent (un escargot ou une chenille, par exemple) suivra à peu près la même trajectoire complexe, indépendamment du fait que son organisation interne est très différente de celle de la fourmi. Il n'est même pas obligatoire que cette créature soit un organisme vivant. Un petit robot livré à lui-même dans un environnement similaire empruntera un chemin similaire. De même, notre langage est moins formaté par les spécificités de notre machinerie neuronale que par celles de l'environnement que nous, les êtres humains, partageons tous ensemble. Aussi le langage est-il véritablement le dépositaire de la « sagesse de l'espèce ».

On trouve un autre argument en faveur du langage précâblé dans le cerveau et génétiquement programmé, ou de l'« instinct du langage » pour reprendre la mémorable expression de Steven Pinker, dans la rapidité et l'aisance avec lesquelles les enfants font l'acquisition du langage. Il paraît peu plausible, de prime abord, que le système complexe de règles que constitue la grammaire d'une langue puisse être appris à une vitesse aussi ahurissante s'il ne fait pas déjà partie de l'architecture interne du cerveau. Mais les études récentes dans le domaine de la complexité, et notamment le travail de Stephen Wolfram sur les « automates cellulaires », ont montré qu'une organisation très élaborée peut se constituer à une vitesse stupéfiante à partir de règles simples – et contredire, par là, nos jugements intuitifs apparemment pleins de bon sens. Qui plus est, les enfants sont capables d'acquérir de nombreuses autres techniques à une vitesse tout aussi confondante, qui ne peut jamais être égalée par les adultes en état d'apprentissage. Tout le monde sait qu'il faut commencer très tôt sa formation pour devenir excellent musicien, danseur ou athlète. Et même pour des aptitudes plus terre à terre : celui qui apprend à conduire à l'âge de cinquante ans a peu de chances d'acquérir la maîtrise de celui qui a pris le volant dès l'adolescence. Le potentiel d'apprentissage rapide dans la jeunesse et la baisse de ce potentiel à l'âge adulte ne concernent pas que le langage ; ce sont des mécanismes universels qui reflètent sans doute la progression, au fil des ans, du phénomène de l'élagage des neurones que nous avons évoqué plus haut dans ce livre. Quoi qu'il en soit, cela signifie-t-il que nous avons un instinct génétiquement programmé, et précâblé, pour chacun des savoir-faire que nous acquérons ? Je ne le pense pas.

Il me semble que la notion même d'« instinct du langage » oblige à observer le cerveau à travers une lentille artificiellement étroite et à étudier le langage comme un processus isolé du reste de la cognition, de sa cartographie dans le cerveau, de son développement et de son déclin éventuel à cause de lésions cérébrales. Il est beaucoup plus plausible de croire que le langage est une propriété émergente, qui devient possible une fois que les circuits neuronaux atteignent un certain niveau de complexité. Dans cette optique, le langage ne repose pas sur un circuit spécifique, rigoureusement dédié ; il est le produit des réseaux de neurones très compliqués, mais relativement universels, déployés dans le cerveau humain.

Ce scénario se trouve confirmé par les connaissances actuelles sur la neuro-anatomie fonctionnelle du langage. Des connaissances qui s'accumulent de manière remarquablement cohérente grâce aux études sur les lésions cérébrales et grâce aux techniques de neuro-imagerie. Aujourd'hui, nous savons que, contrairement à ce que l'on croyait autrefois, le langage n'occupe pas une zone particulière, bien délimitée, un secteur du cerveau « dédié au langage ». Non – les divers aspects du langage sont distribués à travers le néocortex et rattachés à différentes régions corticales dont chacune assure le traitement d'un aspect particulier de la réalité physique : la représentation corticale du vocabulaire des actions se trouve près du cortex moteur, chargé des mouvements ; la représentation corticale du vocabulaire des objets est située près du cortex visuel, qui contient les schémas mentaux des objets ; la représentation corticale des termes relationnels est localisée près du cortex somatosensoriel qui gère les représentations mentales de l'espace, et ainsi de suite. Là, nous avons exactement le genre d'architecture distribuée qu'un réseau neuronal auto-organisé, et non pas un réseau génétiquement programmé, est susceptible de faire apparaître.

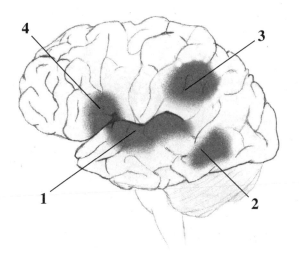

Fig. 4. **Les zones du langage dans le cerveau.**
1. Reconnaissance vocale
2. Représentation corticale du vocabulaire des objets
3. Représentation corticale des termes relationnels
4. Représentation corticale du vocabulaire des actions

Cela revient-il à dire que la structure interne du cerveau n'a pas d'impact sur la nature du langage et des autres systèmes symboliques qui sont à notre disposition ? Ce serait commettre une sacrée erreur – surtout venant de moi, qui suis un neuro-scientifique ! Bien sûr, le cerveau a un impact sur ces systèmes ; un impact immense, crucial, qui plus est ! Mais il est de nature plus quantitative que qualitative. Il pose les limites de la complexité du système plus qu'il n'en définit le contenu spécifique. Herbert Simon, dont les idées sont toujours aussi fascinantes, a proposé que la « taille de la banque de sagesse » est à peu près la même pour la « banque de savoir collectif de l'espèce » et pour la banque de savoir de chaque individu. Le nombre de mots du langage naturel reconnus par un être humain alphabétisé (dépositaire de la « sagesse collective de l'espèce ») et le nombre de positions d'échecs stockés dans la mémoire d'un grand maître (performance individuelle dans un domaine particulier) sont approximativement les mêmes : environ cinquante mille. Ce chiffre ne doit pas être pris au pied de la lettre, mais il pourrait constituer une estimation intéressante de l'ordre de grandeur des capacités de contenance du cerveau pour la constitution des formes, leur intériorisation et leur stockage dans tel ou tel domaine.

Il existe donc une « hiérarchie des sagesses », dans laquelle chaque type de sagesse reflète une expérience acquise sur des échelles temporelles considérablement différentes : millions d'années pour le phylum, milliers d'années pour la civilisation, et quelques années tout au plus pour nos vies individuelles. Chacune a son propre mode de transmission :

Sagesse du phylum (ou subphylum, « classe »)

Cette forme de savoir s'exprime à travers un ensemble de processus cérébraux (dans une large mesure encodés et transmis génétiquement), qui sont déclenchés de manière automatique par certains stimuli ou dans certaines situations. Cette sagesse rend compte de millions d'années d'expérience et d'évolution des mammifères, et se manifeste chez l'homme sous la forme de réactions émotionnelles primaires face à certains stimuli, ou de différenciations sensorielles élémentaires.

Sagesse de l'espèce

Celle-ci s'exprime sous la forme d'ensembles catégoriels encodés et transmis par la culture, qui nous permettent d'analyser le monde de façon adaptative pour l'espèce. Ce type de savoir reproduit des milliers d'années d'expérience humaine et se manifeste à travers le langage et les autres systèmes symboliques qui sont à notre disposition.

112

Sagesse du groupe

Cette sagesse-là, c'est l'ensemble des savoir-faire et des compétences qui sont acquis par un groupe d'individus dans un contexte spécifique (par exemple les membres d'une même profession), et qui leur permettent d'accomplir apparemment sans effort des tâches complexes, difficiles, intimidantes aux yeux du reste de la population.

Sagesse de l'individu

C'est le sujet principal du livre, et nous sommes déjà bien avancés dans notre exploration. Mais avant d'aller plus loin nous devons en apprendre davantage sur les systèmes culturels de reconnaissance de formes, dont le plus éminent est le langage. On dit souvent que le langage d'un individu vaut ce que vaut son intelligence. C'est probablement vrai dans une large mesure. Mais l'inverse est aussi vrai : votre intelligence vaut ce que vaut votre langage. Comme nous venons tout juste de le découvrir, le langage est beaucoup plus qu'un outil de communication : c'est une riche mine de concepts qui vous permettent de formater le monde.

Les libres penseurs russes

Lev Semenovitch Vygotski, le grand psychologue juif russe, fut le premier à comprendre l'importance de la culture, et en particulier du langage, dans le façonnement des processus cognitifs de l'individu. Vygotski était un esprit universel par formation, un libre penseur par tempérament, et une personnalité exceptionnelle et haute en couleur. Son ami Alexandre Romanovitch Luria devint son disciple enthousiaste et son compagnon d'armes. Dans les années 1920, alors qu'ils étaient encore très jeunes (Vygotski proche de la trentaine, Luria dans la vingtaine), ils inventèrent ensemble une branche exceptionnellement originale de la psychologie, qu'ils appelèrent « psychologie historico-culturelle ». L'idée centrale de leur approche se résume dans un postulat d'apparence quelque peu mystérieuse, mais profond, selon lequel les processus cognitifs d'un individu se développent dans une large mesure par l'« intériorisation » de divers mécanismes culturels extérieurs. En se basant sur leur « psychologie historico-culturelle », Vygotski et Luria se mirent à étudier la façon dont la culture en général et le langage en particulier modèlent la cognition de l'individu.

La « psychologie historico-culturelle » fut exposée pour la première fois dans un article qui était une sorte de manifeste intellectuel, intitulé *L'Outil et le Symbole*. Cosigné par Vygotski et Luria à la fin des années 1920, il ne put être publié parce qu'il n'était pas conforme au dogme prédominant, de plus en plus oppressif, de l'Union soviétique. Le texte d'origine, en russe, fut perdu ; il n'en resta qu'une traduction en anglais, préparée pour une conférence aux États-Unis où elle ne fut jamais présentée. Quatre décennies plus tard, à la fin des années 1960, le climat politique se dégela et leurs idées furent réhabilitées. Ce fut à ce moment-là que Luria s'aperçut, non sans désarroi, de la perte du texte russe original. N'étant pas homme à se laisser décourager par ce genre de coup dur, et toujours très pragmatique, il m'ordonna de « retraduire » *L'Outil et le Symbole* en russe – en lui donnant l'apparence du texte original. Impressionné et amusé par cette idée, je fis exactement ce qu'il voulait... et notre innocente contrefaçon fut prise pour l'original. Aujourd'hui elle occupe une belle place dans le premier volume du recueil des écrits de Vygotski, sans un mot d'explication sur ce qui s'est réellement passé à l'époque.

L'approche « historico-culturelle » du psychisme définie par Vygotski et Luria fut très critiquée, de même que leurs travaux d'études sur le terrain parmi les tribus d'Asie centrale. La grande crise survint lorsque Luria partit en voyage dans une région qui est aujourd'hui l'Ouzbékistan pour mener diverses expériences avec les tribus locales. Les résultats de son étude étaient fascinants. Les illusions d'optique, courantes parmi les individus des sociétés occidentales modernes, ne pouvaient être reproduites chez les membres des tribus ouzbeks. Cela donnait à penser que même les aspects les plus élémentaires de la perception sont, dans une certaine mesure, sous le contrôle de l'environnement et de la culture. Luria envoya un télégramme exalté à Vygotski, qui était resté à Moscou, en quelques mots fatidiques : « Indigènes sans illusions », suivis de plusieurs points d'exclamation. Conformément à la mentalité de l'époque, le câble fut intercepté et censuré. Pour une société intégralement bâtie sur des illusions, le fait d'être « sans illusions » pouvait facilement s'interpréter comme un dangereux sacrilège. Luria eut tout à coup de graves difficultés ; il fut accusé par les autorités, entre autres choses, de « chauvinisme russe » – une accusation d'une hypocrisie surréaliste, étant donné d'une part les origines juives de Luria, d'autre part le chauvinisme russe implicitement pratiqué par l'empire soviétique lui-même ! Conséquence de l'incident, leurs recherches furent interrompues et Luria ne réussit à publier les résultats de ses travaux ouzbeks que quatre décennies plus tard, dans les années 1960 et 1970, après l'hésitant dégel politique de l'Union soviétique.

Entre-temps, Vygotski et Luria subirent des attaques de plus en plus sérieuses de la part des autorités ; la menace de l'arrestation et de la déportation en camp de travail se profilait dangereusement. Au cours des années 1930, les choses allèrent de mal en pis. Pour les scientifiques, les conséquences possibles en cas de non-conformisme politique allaient de la dénonciation publique au meurtre.

Vygotski connut un destin aussi dramatique qu'émouvant. Il mourut de tuberculose en 1934, à l'âge de trente-sept ans ; ses idées furent réprimées par l'Union soviétique, pour n'être ressuscitées que de nombreuses années plus tard. Sa veuve me confia, très longtemps après sa mort, qu'elle considérait presque sa disparition prématurée comme une bénédiction, car elle lui avait épargné une fin beaucoup plus tragique ; s'il avait tenu un ou deux ans de plus, ses jours auraient sans doute pris fin de façon violente : au goulag. Aujourd'hui, Vygotski est considéré comme l'une des personnalités les plus inventives du vingtième siècle en psychologie et en sciences cognitives.

Alexandre Luria, par contre, vécut jusqu'à un âge avancé et poursuivit sa carrière pour devenir l'un des neuropsychologues les plus réputés au monde. Il réussit à se frayer un chemin à travers le champ de mines du système politique soviétique ; il connut de son vivant une grande reconnaissance scientifique, et fut couronné de félicitations. Il devint aussi mon mentor et mon ami.

Luria ne serait sans doute jamais devenu neuropsychologue s'il avait vécu dans un environnement moins dangereux. Au début de sa carrière, le cerveau n'occupait qu'une place très secondaire dans ses travaux. Sa première étude sur les lésions cérébrales fut conçue pour apporter une démonstration que Luria lui-même qualifia par la suite de naïve et d'absurde : à savoir, que la capacité de résolution de problèmes des patients aphasiques (privés du bénéfice du langage) devait se détériorer au point d'égaler celle du chimpanzé. Cela, bien sûr, est complètement faux.

Les premiers travaux de Luria portaient sur la relation entre la culture et l'esprit, sur la façon dont le savoir commun de la société devient le savoir personnel de l'individu. Sa recherche, au début, était concentrée pour l'essentiel sur le développement et les échanges interculturels, et il envisageait une carrière à vie dans ce domaine. Mais un autre avenir l'attendait. Dans les années 1920 et 1930, l'Union soviétique changea : l'effervescence des années qui avaient suivi la révolution céda le pas à la tyrannie à visage découvert de l'État. Les autorités appliquèrent avec rigueur la doctrine marxiste à tous les aspects de la science. Avec pour conséquence, notamment, la dénonciation de la génétique et de la cybernétique comme « pseudo-sciences bourgeoises », et, parallèlement, la promotion d'un néo-lamarckisme arriéré dans les domaines de la biologie et de l'agriculture.

Dans ce climat, la carrière de Luria prit une direction nouvelle. Déjà professeur de psychologie à l'université d'État de Moscou, il fit sa médecine et commença à travailler avec l'Hôpital de neurochirurgie de Burdenko. Cette collaboration, qui devait durer près de quarante ans, lui permit de poser les bases de ses travaux révolutionnaires en neuropsychologie. J'ai toujours pensé qu'il s'était réfugié dans la neuropsychologie parce que cette discipline était alors moins chargée idéologiquement que d'autres domaines de la psychologie, et donc relativement à l'abri de la censure du Parti.

La Seconde Guerre mondiale fut une immense tragédie pour la Russie, mais ce fut aussi le seul moment de gloire relative du pays dans son ensemble sous le régime soviétique. Ce fut la seule période, en soixante-treize ans de communisme, où les intérêts de l'État et les intérêts de la population ne s'opposèrent pas, puisque le peuple et le gouvernement fournirent un effort commun pour repousser l'invasion nazie. Ce fut le seul événement qui aboutit à une victoire, à l'inverse de la kyrielle d'échecs colossaux et de tragédies qui accablèrent le pays avant et après la guerre. À Luria, cette guerre offrit un but et une opportunité qui le lièrent à la neuropsychologie pour le restant de sa vie : on lui confia la tâche de développer des méthodes de neuroréhabilitation pour les soldats blessés à la tête. Ce faisant, il put observer une multitude de lésions traumatiques qui servirent de tremplin à son investigation systématique des relations entre le cerveau et l'esprit. Une recherche qui aboutit à deux ouvrages qui établirent sa réputation parmi les plus importants neuropsychologues du monde : *Traumatic Aphasia* et *Higher Cortical Functions*.

Aujourd'hui, félicitons-nous que le chemin sinueux de sa carrière l'ait mené à la neuropsychologie. Sans lui, cette discipline ne serait pas ce qu'elle est, ou, c'est bien possible, n'existerait tout simplement pas. Précurseur, Luria imagina et représenta à lui seul, bien avant tout le monde, la fusion entre la psychologie et la science du cerveau à laquelle nous avons assisté ces dernières décennies – et qui a pris le nom de « neuroscience cognitive ». À l'époque de Luria, et même beaucoup plus tard, on trouvait bien peu d'interactions entre les deux disciplines. Jusque dans les années 1970 et 1980, une génération au moins après que Luria eut apporté sa contribution fondatrice au domaine, la psychologie universitaire était encore dominée par des gens qui non seulement ignoraient tout du cerveau, mais étaient fiers de leur ignorance. On avait alors une passion obsessionnelle pour l'idée, totalement fausse, qu'il est possible d'étudier la cognition dans son isolement le plus platonique,

117

tout en laissant à d'autres le souci de déterminer comment elle est « mise en application » à l'intérieur du cerveau.

De leur côté, les neuroscientifiques regardaient la psychologie avec dédain et condescendance, et considéraient les comportements complexes comme trop « flous » pour mériter un examen scientifique sérieux. Avec une telle attitude il fallait être un escargot, ou moins, pour se qualifier en tant qu'objet de recherche scientifique rigoureuse. Je me souviens d'avoir employé, au milieu des années 1980, l'expression « neuroscience cognitive » alors inventée depuis peu, devant un groupe de neuroscientifiques « dominants » : les regards désobligeants que je reçus me prouvèrent qu'ils interprétaient cette expression comme un oxymore d'une évidence imbécile. Luria fut très en avance sur son temps pour avoir envisagé le cerveau et la cognition avec autant de sophistication, et pour avoir commencé à intégrer les deux concepts dans un unique récit. En cela, il fut un véritable visionnaire. Son *Higher Cortical Functions* est sans doute la première monographie de neuroscience cognitive jamais publiée (bien avant l'apparition de l'expression) – et marque l'inauguration d'une discipline[1].

Aujourd'hui, l'héritage de Vygotski et de Luria imprègne la science ; il est résolument adopté à l'Ouest comme à l'Est. Ce n'est plus seulement une tradition intellectuelle russe, c'est une

---

1. On reconnaît rarement, et on commente encore moins souvent, le lien qui existe entre Sigmund Freud et Alexandre Luria. Dans sa jeunesse, Luria admirait beaucoup Freud, avec qui il entra en correspondance. Plus tard, à l'époque des pires excès soviétiques, quand la psychanalyse était raillée et dénoncée par tous les organes officiels, Luria continua en privé de parler de Freud avec beaucoup de respect et d'intérêt. Freud, qui s'était intéressé au cerveau au début de sa carrière, apporta ses premières contributions à la recherche dans un domaine désormais connu sous le nom de « neurologie comportementale ». C'est lui qui a introduit certains des termes les plus couramment employés aujourd'hui en neurologie et neuropsychologie (« agnosie », par exemple). Freud fut l'un des tout premiers défenseurs de l'unité du cerveau et de l'esprit. Mais il sentit que la science de son époque n'était pas prête à franchir cette « dernière frontière », pas prête à s'attaquer aux mystères du cerveau. Il se concentra donc sur l'esprit, et la psychanalyse vit le jour.

À la fin du vingtième siècle, quand le contexte scientifique et le contexte intellectuel général s'y sont prêtés, la fusion de la neuroscience et de la science cognitive a enfin eu lieu. On peut se représenter Freud et Luria comme deux points d'une longue courbe menant à cette union. Le succès de Luria dans la préparation de cette fusion est, dans une large mesure, dû à sa compréhension très poussée de l'interaction entre le cerveau et la culture, et à ses idées percutantes en « psychologie historico-culturelle ».

tradition universelle, élargie et transformée à mesure qu'elle s'est imposée. La Russie n'est plus, d'ailleurs, le terrain le plus fertile où cet héritage soit susceptible de s'épanouir. On peut penser qu'aujourd'hui ses développements les plus novateurs se produisent en Amérique du Nord et ailleurs dans les anciens pays de l'Ouest. En ce sens, les travaux de Vygotski et Luria connaissent le même destin qu'un autre grand apport russe, l'École d'art dramatique de Stanislavski, qui a fermement pris racine aux États-Unis sous la forme de la « Méthode » de Lee Strasberg.

Un cerveau large d'esprit

Dans une perspective plus large, la théorie de Vygotski et Luria – selon laquelle l'esprit est façonné par la culture – a pour corollaire cette idée très importante pour notre compréhension de la machinerie biologique de l'esprit : *le cerveau est précâblé pour certains types de reconnaissance de formes, mais pas pour d'autres.* Cela signifie qu'il doit avoir une certaine capacité – à vrai dire, une *énorme* capacité – à emmagasiner de l'information au sujet de faits et de règles de toutes sortes, dont la nature n'est pas connue d'avance, mais est acquise à travers la culture ou à travers l'expérience personnelle. Comment est-ce possible ?

L'évolution a résolu le problème grâce à une application judicieuse du principe selon lequel « moins, c'est plus ». Les anciennes structures sous-corticales possèdent, déjà intégrée, une information précâblée qui représente la « sagesse du phylum ». C'est également le cas des régions corticales directement impliquées dans le traitement des influx sensoriels : vision, ouïe, toucher. Le cortex moteur est lui aussi, dans une large mesure, « précâblé ».

Mais les régions corticales plus complexes, en particulier ce que l'on appelle le cortex associatif, contiennent relativement peu de savoir précâblé. Le cortex associatif a une grande capacité à traiter n'importe quel type d'information ; il sait recevoir, avec beaucoup de souplesse, toute balle plus ou moins biaisée que les circonstances sont susceptibles de lancer à la face de l'organisme. De façon apparemment paradoxale, en outre, plus les régions corticales sont sophistiquées et plus tard elles se sont développées au cours de l'évolution, moins elles contiennent de « logiciel préintégré ». Au contraire : leur puissance de traitement de l'information s'affirme à travers leur capacité toujours croissante à fabriquer leurs propres « logiciels », suivant les exigences de l'environnement, pour survivre dans un monde extérieur de plus en plus complexe et imprévisible. Ce pouvoir de création de « logiciel » sous la forme d'attracteurs est lui-même garanti par le fait que ces nouvelles régions cérébrales sont capables – de manière inconditionnelle – d'affronter des informations de toutes sortes, quelle que soit leur complexité. À la différence des processeurs innés, précâblés, comme par exemple les neurones du cortex visuel qui traitent des angles spécifiques, la capacité de reconnaissance de formes des régions les plus avancées du cortex est qualifiée d'« émergente », parce qu'elle émerge, pour ainsi dire, dans le cerveau – lequel se révèle ainsi très « large d'esprit ».

D'où une conclusion assez fascinante : l'évolution du cerveau est dominée par un grand thème majeur, celui de la transition graduelle d'un schéma de conception « précâblée » vers un schéma « inconditionnel, large d'esprit ». En conséquence, l'organisation fonctionnelle du très sophistiqué cortex associatif hétéromodal ne ressemble pas à un patchwork de petites régions distinctes dont chacune a sa propre petite fonction particulière. Pour utiliser un mot du parler technique de la neuroscience, il n'est pas *modulaire*. Au contraire, il est hautement interactif et distribué. Le cortex associatif hétéromodal se développe au fil de distributions continues et régulières, appelées *gradients*, qui émergent spontanément en fonction des règles imposées par la géométrie du cerveau et par l'économie des réseaux de neurones – et non pas en fonction d'un ordre quelconque préétabli par la génétique ou par d'autres facteurs. Dans le cortex associatif, les aspects de la cognition fonctionnellement proches les uns des autres sont représentés dans des régions corticales neuroanatomiquement proches les unes des autres. Cette congruence entre la métrique cognitive et la métrique cérébrale correspond exactement à ce que l'on peut attendre, en tant que « propriété émergente », de la part d'un cerveau capable de s'organiser lui-même. J'appelle ce principe émergent d'organisation néocorticale le *principe des gradients*. Pour parvenir à une telle congruence entre métrique cognitive et métrique cérébrale via la programmation génétique, il aurait fallu un gâchis considérable, et vain, d'information génétique. Par chance, l'évolution a rejeté cette approche peu économique ; à la place, elle a intégré dans la conception du cerveau un espace vierge, doté d'une exquise capacité à traiter la complexité sous toutes ses formes et à se remplir de n'importe quel contenu.

6

Aventures
sur les chemins de la mémoire

Le défi aux souvenirs

Comment notre cerveau, doté de capacités puissantes mais sans spécificités initiales, acquiert-il des savoir-faire intellectuels complexes à travers l'expérience individuelle et la culture ? Quelle est la machinerie cérébrale des « propriétés émergentes » que nous avons relevées – dont la sagesse, la compétence et l'expertise ?

Nous allons arriver à la question de la sagesse, mais de façon graduelle. Pour progresser en terrain inexploré – comme l'est celui de la neurobiologie de la sagesse –, nous devons d'abord la rattacher à quelque chose de mieux connu, de mieux compris : les aventures sur les chemins de la mémoire.

Au cœur de ce livre, il y a l'idée que la sagesse entretient des liens complexes avec la mémoire – un certain type de mémoire en tout cas : la *mémoire générique*. Avant de nous attaquer de front à la sagesse, nous avons intérêt à comprendre comment fonctionne cette mémoire particulière, et en quoi elle diffère des autres types de mémoires. Comme nous le verrons, il existe une relation directe, étroite, entre les souvenirs génériques et les formes, et entre les processus qui sous-tendent leur constitution à l'intérieur du cerveau.

Tous les souvenirs, ou disons la plupart d'entre eux, sont fabriqués et stockés dans la partie la plus jeune et la plus élaborée du cerveau, le néocortex. Certains souvenirs ont besoin du soutien de diverses structures sous-corticales (ou, pour pinailler sur les mots, de structures *non néocorticales*), tandis que d'autres souvenirs se passent de ce genre de soutien. Les souvenirs qui nécessitent des structures supplémentaires sont très vulnérables à la dégénérescence du vieillissement et aux effets de la maladie neurologique. En revanche, les souvenirs qui ne dépendent que du néocortex, et ne font pas appel aux systèmes extérieurs, sont relativement invulnérables ; ils sont capables de résister au déclin neurologique, et même aux assauts de la démence, beaucoup plus longtemps. La plupart des souvenirs de ce type-là sont des souvenirs génériques. Mais qu'est-ce qu'un souvenir générique ? Qu'est-ce que la mémoire générique ? Pour le comprendre, nous devons étudier certaines caractéristiques fondamentales des processus de mémorisation et d'oubli.

Qu'avez-vous eu à dîner il y a vingt-trois ans aujourd'hui ? Ne vous tracassez pas. Je veux juste faire remarquer quelque chose : il serait absurde de s'attendre à ce que quiconque se souvienne d'un détail aussi anodin après tant d'années. À moins, bien sûr, qu'il ne s'agisse d'un dîner officiel à la Maison-Blanche... Mais dîner de prestige ou pas, si je vous avais posé la question le lendemain, vous auriez répondu précisément et sans hésitation. Le souvenir *se trouvait bel et bien* dans votre mémoire, à un moment – mais plus maintenant. Il est parti, oublié, envolé. Les souvenirs des événements banals, sans portée particulière, ne cessent de se désintégrer, très vite, d'heure en heure après les événements concernés, et cette désintégration est caractérisée par une fonction puissante à décroissance rapide. Dieu merci ! Si vous aviez conservé tous les souvenirs qui se sont jamais formés dans votre tête, aussi brefs et légers soient-ils, votre esprit serait l'équivalent mental d'une cité comme Pompéi enfouie sous des tonnes de lave et de cendres volcaniques. Les bribes de savoir utile seraient dissimulées par d'énormes quantités d'information superflue – de bruit informationnel, de déchet informationnel.

Il existe des gens qui ont l'étrange « pouvoir » de se souvenir de tout, sans jamais rien oublier – mais heureusement ils sont rares. Loin d'être un don, ce pouvoir est presque toujours une véritable malédiction, un handicap paralysant. Alexandre Luria a présenté le cas d'un journaliste, dans une ville de province, qui avait le regrettable don de conserver tous les souvenirs qui se formaient dans sa tête, aussi anodins et dénués d'importance fussent-ils. L'homme lui a décrit cette situation insupportable, décourageante, qui consiste à avoir l'esprit constamment submergé par un déluge de souvenirs et d'images entremêlés, chaotiques, insaisissables. Ce triste sort ne concerne pas la plupart d'entre nous, parce que les informations qui entrent dans la mémoire à long terme subissent une sélection rigoureuse ; la majorité des souvenirs qui apparaissent dans nos têtes n'ont pas le privilège d'y rester.

Dans l'ensemble, donc, le processus normal de l'oubli est une bonne chose – tant qu'il se limite aux informations sans conséquence. L'oubli peut devenir anormal quand il est causé par des lésions cérébrales, et on le nomme alors *amnésie*. Comme nous le verrons plus loin, il existe diverses formes d'amnésie, ainsi que divers niveaux de gravité de l'amnésie, qui vont des « petits trous de mémoire » relativement bénins, à la défaillance générale, catastrophique, où le patient n'est même plus capable de se souvenir de ce qui lui est arrivé dix minutes plus tôt.

L'amnésie peut être provoquée par plusieurs sortes de lésions : traumatisme dû à un accident de voiture ou à un accident du travail, interruption de l'apport en oxygène au cerveau, infections virales, bactériennes ou parasitaires, maladies vasculaires, alcoolisme chronique (qui, associé à des manques nutritionnels, entraîne le fameux syndrome de Korsakoff), épilepsie sévère pour n'en nommer que quelques-uns. Ces troubles ont des points communs : ils sont susceptibles d'affecter la capacité du cerveau à former des souvenirs, à les emmagasiner et à y avoir accès au moment nécessaire. Nous reviendrons plus tard sur l'amnésie ; pour le moment, concentrons-nous sur la façon dont les souvenirs normaux se constituent.

Quand on dit qu'une information particulière est devenue partie intégrante de la mémoire à long terme, qu'est-ce que cela signifie ? Un souvenir commence à se former au moment où vous rencontrez pour la première fois une information : un nouveau visage, un nouveau fait, un nouveau son, etc. L'information entrante stimule les régions de votre cerveau qui traitent les sens, puis parvient dans les systèmes cérébraux plus complexes, qui se chargent de l'analyser et de la mettre en relation avec des savoirs déjà acquis. Cette activité modifie la machinerie neuronale qui participe au processus, et le changement qui affecte les réseaux de neurones impliqués dans la réception et dans le traitement de la nouvelle information *est* un souvenir. Le processus de formation mémorielle est entamé. De nouvelles protéines sont en cours de synthétisation, de nouvelles synapses (contacts entre les cellules nerveuses, les neurones) se développent, d'autres synapses se renforcent par rapport aux synapses environnantes. Voilà l'essence même de la formation d'un nouveau souvenir[1].

Première leçon à tirer de cette description : le souvenir est formé dans les mêmes structures, et fait participer les mêmes réseaux de neurones que ceux qui assurent le traitement de l'information quand elle parvient pour la première fois au cerveau. Autrefois, de nombreux scientifiques croyaient qu'il existait des « entrepôts à souvenirs » spécifiques dans le cerveau, sans rapport avec les régions cérébrales impliquées dès le début du traitement de l'information à mémoriser. Aujourd'hui nous savons que ces « entrepôts » n'existent absolument pas, de même qu'il n'existe pas de « trains neuronaux à souvenirs » qui expédient l'information d'un lieu A à un lieu B. Au contraire, les nouveaux souvenirs commencent leur vie neuronale dans le cortex et s'y installent pour n'en plus bouger durant toute la durée de leur « vie naturelle ».

En d'autres termes, la perception d'une chose et le souvenir associé à cette chose partagent le même territoire cortical. Mieux, ils partagent *les mêmes réseaux de neurones*, comme

---

1. Comme nous le savons déjà, les neurones ne sont pas les seules cellules présentes dans le cerveau ; il y a aussi les cellules gliales. À propos de ces cellules, qui n'ont pas de contacts synaptiques entre elles, on croyait encore récemment qu'elles n'avaient guère de rapport, voire aucun rapport du tout, avec le traitement de l'information. On supposait qu'elles avaient pour seul rôle de soutenir et de nourrir les neurones. Mais aujourd'hui il apparaît de manière de plus en plus évidente que certaines d'entre elles, en particulier les cellules gliales qu'on appelle astrocytes, participent directement aux opérations de calculs cérébraux en modulant le travail des neurones.

l'a démontré Stephen Kosslyn grâce à une expérience d'une grande élégance : à l'aide d'un outil de recherche de haute technologie qu'on appelle la TEP (tomographie par émission de positon), il a identifié les régions cérébrales impliquées dans l'imagerie mentale – les zones qui s'activaient quand on demandait aux sujets d'étude de « voir en pensée » les images de divers objets familiers. Ces zones étaient les mêmes, s'avéra-t-il, que celles qui s'activaient quand les sujets voyaient pour de bon les objets en question devant leurs yeux.

De même, il fut à la mode pendant de nombreuses années de parler de « systèmes de mémoire à court terme » et de « systèmes de mémoire à long terme », comme si de tels systèmes occupaient différentes parties du cerveau. Cette idée fausse persiste encore dans divers cercles professionnels ou profanes, éloignés de la neuroscience de pointe. En réalité, mémoire à court terme et mémoire à long terme sont deux stades d'un unique processus qui fait toujours participer les mêmes structures cérébrales ; il ne s'agit pas de deux processus distincts qui engagent des structures cérébrales différentes.

Dans l'ensemble, le plan de conception du cerveau est très peu pratique ; il va à l'encontre de l'idée populaire selon laquelle le cours de l'évolution est, d'une façon ou d'une autre, inexorablement et linéairement orienté vers le progrès. Par exemple, notre tronc cérébral contient un certain nombre de noyaux responsables de l'éveil et de l'activation continue du cerveau. Ils sont si étroitement compressés, dans une toute petite région, que si des lésions apparaissent à cet endroit elles peuvent en anéantir la plus grande partie d'un seul coup – et entraîner une défaillance catastrophique de la capacité d'éveil. C'est précisément ce qui se passe pour le coma, qui survient en cas de lésions dans cette région stratégique, le tronc cérébral. Un plan de conception ainsi privé de systèmes redondants et de sauvegardes de sécurité serait recalé dans n'importe quelle école d'ingénierie ou de design. Une conception plus « raisonnable », guidée par la sagesse évolutionniste, si une telle chose avait existé, aurait abouti à une répartition beaucoup plus distribuée des noyaux cruciaux responsables de l'éveil et de l'activation du cerveau, en évitant absolument que tous ces noyaux ne se retrouvent ensemble dans le même « panier » neuronal – sans oublier un solide système parallèle de sauvegarde et de récupération.

En revanche, la caractéristique centrale de la machinerie de notre mémoire, le fait que les souvenirs sont stockés dans les réseaux neuronaux qui reçoivent l'information à son arrivée, satisferait n'importe quel amateur d'ingénierie efficace et économique, ainsi que tous ceux qui ont foi en la « sagesse de la nature ». Quand les changements qui affectent le réseau sont durables et résistants, l'information s'installe résolument en état de stockage à long terme. Ces changements sont de nature à la fois chimique et structurelle : des contacts synaptiques auront été modifiés, de nouveaux récepteurs formés ; le souvenir ainsi créé sera robuste et relativement invulnérable aux attaques subies par le cerveau, qu'il s'agisse d'une blessure traumatique, d'une infection virale, ou de la démence.

Pas si vite !

Ces changements, qui entraînent la formation de souvenirs dans le cerveau, ne se produisent pas instantanément. Ils prennent du temps, en général beaucoup de temps. Ils sont lents et compliqués, et ils ont besoin de beaucoup d'aide « extérieure ». Pour atteindre le stade de l'encodage robuste, durable, le souvenir doit être assisté dans sa transformation par plusieurs structures cérébrales. Celles-ci ont pour rôle de réactiver de façon régulière les réseaux de neurones cruciaux du néocortex, où surviennent peu à peu les changements chimiques et structurels, longtemps après que le stimulus initial s'est évanoui. Ces processus de réactivation permanente, connue aussi sous le nom de « réentrée », se caractérisent par des boucles d'activité bioélectrique récurrentes. Celles-ci peuvent se déployer sur diverses échelles, et il en existe plusieurs variétés, qui travaillent en général de concert. Certaines sont très vastes – elles mettent en jeu des régions distantes les unes des autres – et définissent des processus dits de « réverbération » ou de « réentrée cyclique ». Donald Hebb, qui a découvert tant de mécanismes neuronaux, fut le premier à dire que ces boucles jouaient un rôle dans la mémoire.

D'autres boucles sont plus étroitement localisées et agissent à l'endroit même où se produisent les changements synaptiques. Les processus arbitrés par ce genre de boucles courtes sont appelés « potentialisation à long terme », PLT en abrégé. De nombreuses études récentes sur la PLT y ont révélé le rôle fondamental de deux types de substances chimiques : un neurotransmetteur excitateur (chargé de la communication entre neurones) qu'on appelle le glutamate, et son récepteur, une molécule au nom assez terrifiant, la N-méthyl-D-aspartate (ou NMDA).

Ainsi, le processus de formation des souvenirs implique l'interaction de changements bioélectriques, biochimiques et structurels dans le cerveau. Pour mieux comprendre cette interaction, imaginez-vous marchant dans la rue et apercevant un numéro de téléphone intéressant sur un panneau publicitaire. Vous voulez en prendre note, mais il y a vraiment trop de monde autour de vous dans la rue, et d'ailleurs vous n'avez sur vous ni papier ni crayon. Alors vous rentrez chez vous en vous répétant inlassablement, de tête, le numéro : grâce à cet effort vous en conservez une représentation mentale intacte, en dépit du fait que le panneau publicitaire a disparu depuis longtemps de votre champ de vision. Vous essayez de vous arranger pour que « perdu de vue » ne soit pas synonyme d'oubli. Mais le processus est risqué : la représentation mentale que vous tentez de sauvegarder est fragile. Le moindre bruit dans la rue, la moindre distraction, la moindre pensée susceptible de vous traverser l'esprit risque d'interrompre le marmonnement que vous entretenez pour répéter le numéro de téléphone – et de chasser le souvenir. Avec un peu de chance, cependant, vous arriverez chez vous en ayant encore le numéro sur les lèvres, vous l'écrirez dans votre agenda, et le souvenir sera enfin protégé.

Les boucles de réverbération bioélectriques en activité dans votre tête maintiennent vos souvenirs en vie tout comme le fait de répéter le numéro à voix basse en marchant dans la rue vous a permis de ne pas l'oublier : les deux processus permettent à la source de l'information de rester virtuellement présente longtemps après qu'elle a disparu dans la réalité. Comme vos marmonnements, les boucles de réverbération sont très fragiles, instables, susceptibles d'être perturbées par quantité de processus physiologiques dans le cerveau. C'est une sorte de course d'obstacles neurologique.

En revanche, une fois que vous avez couché le numéro de téléphone sur le papier, vous avez créé un enregistrement, une trace structurelle stable et robuste – infiniment plus résistante face à la dégénérescence que les boucles fragiles que nous venons d'évoquer. La trace structurelle du souvenir risque encore de périr. Il est possible que vous perdiez votre carnet, ou qu'il brûle dans un incendie, mais la probabilité de ce genre d'événement est assez faible. La formation d'un souvenir durable, à travers divers changements structurels dans le cerveau, est comparable à l'écriture du numéro de téléphone sur le papier. Le souvenir devient beaucoup plus robuste, presque invulnérable aux assauts subis par le système nerveux central, et aux effets d'éventuelles lésions cérébrales.

L'excitation des boucles de réverbération dépend d'un certain nombre de structures cérébrales extérieures au néocortex. Il s'agit, entre autres, des hippocampes et des régions voisines, ainsi que du tronc cérébral. Ce dernier assure le degré d'éveil général nécessaire pour entretenir les boucles de réverbération. Les hippocampes font un travail plus complexe et encore mal compris. Pour le moment, considérons qu'ils contribuent à l'activation commune et permanente des diverses régions corticales où l'engramme est stocké.

Au risque de vous ennuyer, je vais répéter une chose déjà dite, car elle est très importante : *ces structures ne sont pas les sites de stockage des souvenirs ; les souvenirs résident dans le néocortex.* Mais les hippocampes et certaines autres structures sont extrêmement importants pour la formation des souvenirs à long terme, en tout cas tant que les boucles de réverbération doivent rester actives.

Ces zones différentes du néocortex, en particulier les hippocampes et les structures voisines, sont très vulnérables en cas de démence. On sait aussi depuis longtemps que les lésions cérébrales dans ces régions ont de fortes chances d'être accompagnées de défaillances de la mémoire. C'est d'ailleurs la rai-

129

son pour laquelle on croyait autrefois que les hippocampes étaient le siège de la mémoire. Mais cette conclusion hâtive trahissait une erreur de logique. D'après ce raisonnement, le bloc alimentation de votre ordinateur pourrait être considéré comme le siège de l'information stockée dans la machine. Pourtant nous savons que c'est faux ; c'est le disque dur qui conserve l'information. Si l'alimentation tombe en panne, néanmoins, vous perdez la capacité à stocker de nouvelles données sur le disque dur.

Une fois qu'un souvenir est bien ancré dans le stockage à long terme, le rôle des hippocampes pour le préserver diminue radicalement : c'est sans doute parce que les connexions corticales entre les différents composants de l'engramme sont maintenant si bien établies que le mécanisme extérieur de liaison n'est plus nécessaire. Mais le processus d'intégration au stockage à long terme est plein de dangers pour le souvenir « débutant » ; il s'apparente à une course d'obstacles neuronale, et il est atrocement lent. Cette lenteur, à vrai dire, les chercheurs n'ont commencé à l'étudier que récemment.

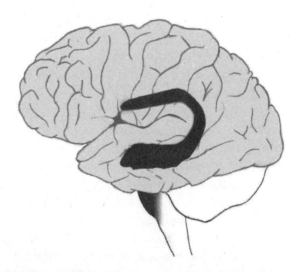

Fig. 5. **Régions cérébrales chargées de la mémoire.** Aires néocorticales où les souvenirs sont stockés – en gris clair. Structures cérébrales (hippocampes et tronc cérébral) participant à la formation et au rappel des souvenirs – en noir.

Autrefois, à partir des études sur les animaux, on estimait en heures et en jours la durée de formation des souvenirs à long terme. Les expériences qui alimentaient cette croyance paraissaient assez probantes. Un rat de laboratoire apprenait une nouvelle tâche – en général, trouver son chemin dans un labyrinthe. Après une période d'apprentissage suffisante, on lui « choquait » le cerveau avec une décharge électrique. On pensait que cette procédure peu délicate troublait les boucles de réverbération nécessaires à la formation des souvenirs et bloquait donc les processus de mémorisation. En revanche, les souvenirs déjà inscrits dans le long terme, devenus partie intégrante du stockage structurel, ne devaient plus dépendre des boucles de réverbération ; elles n'étaient théoriquement pas perturbées par la décharge électrique. En ayant cette idée à l'esprit, les chercheurs faisaient varier les délais entre la fin de l'apprentissage et l'application de l'électrochoc pour essayer de déterminer combien de temps après l'exercice la décharge troublait encore la mémorisation de l'apprentissage. Il apparaissait que cet intervalle critique, chez les rats, se chiffrait en durées certes variables, mais mesurables en heures et en jours.

En dépit du dicton préféré des généticiens, *les mouches sont des mouches mais les souris sont humaines*, les souris ne sont pas humaines. Oui, la biologie fondamentale de toutes les espèces mammifères est à peu près la même – mais elle n'est pas absolument identique entre les espèces. La règle implicite selon laquelle « les souris sont humaines » a entraîné de grandes erreurs d'appréciation quant au facteur temps relatif à la formation des souvenirs chez l'homme.

On commença à avoir une meilleure idée de la véritable durée de la constitution des souvenirs chez l'homme grâce aux études sur le « permastore ». Le terme fut introduit par le psychologue H. P. Bahrick, qui découvrit que la dégénérescence rapide des souvenirs juste après l'apprentissage est suivie par une longue période de dégénérescence relativement faible. Les souvenirs qui sont raisonnablement bien ancrés dans le cerveau trois ans après l'apprentissage ne subiront qu'un degré minimal de perte supplémentaire. Ils profitent de l'effet « permastore », probablement à cause de la formation de la trace mnésique structurelle. Il apparaît donc que, chez l'homme, les délais de formation de ces traces ne se mesurent ni en jours, et encore moins en heures, mais en années.

De façon intéressante, la distribution des souvenirs touchés par l'effet « permastore » n'est pas régulière au fil de la vie. Elle se caractérise par un « pic » correspondant aux âges de dix à trente ans : sans doute parce que cette période est particulièrement riche pour l'acquisition des savoirs les plus importants, lesquels serviront de base aux capacités de reconnaissance de formes, au sens le plus large, tout au long de l'existence.

Mais pour tirer vraiment les choses au clair, il était nécessaire d'examiner les effets des lésions cérébrales sur la mémoire humaine – de voir quels souvenirs sont perdus en cas de lésions, lesquels sont épargnés, et lesquels sont perdus puis retrouvés. Un phénomène étonnant, qu'on appelle « amnésie rétrograde », se révéla particulièrement adapté à l'étude des durées de formation des souvenirs à long terme.

L'amnésie percée à jour

Les troubles de la mémoire, appelés « amnésie » dans la langue technique, ont toujours occupé une place centrale en neuropsychologie. Un ensemble de mécanismes aussi complexe que la mémoire, il ne faut pas s'en étonner, peut se désintégrer de très nombreuses façons. En outre, la défaillance de la mémoire n'est presque jamais globale. Elle reste quasiment toujours partielle, c'est-à-dire qu'elle produit un grand nombre de différentes formes d'amnésie.

« Amnésie antérograde » et « amnésie rétrograde » : c'est l'une des principales distinctions de la neuropsychologie pour les troubles de la mémoire. L'amnésie antérograde, c'est la perte de la capacité à apprendre de nouvelles informations après l'apparition de lésions cérébrales. L'amnésie rétrograde, c'est l'incapacité à rappeler des informations acquises avant que les lésions ne surviennent. Une personne qui a subi des lésions cérébrales dans un accident de voiture l'année dernière,

quelques années je fis un petit sondage, par simple curiosité, auprès d'une poignée d'amis de divers horizons socioprofessionnels ; je leur demandai de deviner quels souvenirs sont les plus susceptibles de disparaître en cas de maladie du cerveau : les souvenirs relativement récents, ou les souvenirs du passé lointain ? Guidés par le sens commun, sans être encombrés par les connaissances techniques de la science du cerveau, ils se trompèrent tous sans exception – en estimant que les souvenirs les plus lointains seraient les premiers affectés. Cette propriété de l'amnésie rétrograde, contre-intuitive, peut donc constituer un formidable outil clinique pour établir la différence entre les pertes de mémoire dues à des lésions cérébrales et celles causées par des facteurs psychologiques tels que l'hystérie, ou bien pour déjouer celles qui ne sont que simulation pure et simple.

Mais le gradient temporel ne nous sert pas qu'à déconcerter le grand public sans méfiance. Il nous dit énormément de choses, en fait, sur la formation des souvenirs à long terme. Si les souvenirs demeurent vulnérables tant qu'ils dépendent des boucles réverbérantes d'activation, l'étendue du gradient temporel nous permet d'estimer la durée de l'intégralité du processus de formation des souvenirs à long terme. Et il s'avère que l'amnésie rétrograde peut affecter des souvenirs qui remontent à des années, voire à des décennies.

Il est connu, par exemple, que la résection de l'hippocampe peut entraîner une amnésie rétrograde qui renvoie jusqu'à quinze années dans le passé. Cela signifie qu'il faut peut-être aussi longtemps que cela – quinze ans – pour aboutir à la formation de certains souvenirs permanents, structurels, relativement invulnérables.

Le processus est lent et graduel ; on n'assiste pas à l'émergence abrupte et soudaine d'une trace mnésique à long terme là où un moment plus tôt il n'y avait rien du tout. La nature progressive de la formation de la trace à long terme, en outre, est mise en lumière par une autre caractéristique étonnante du gradient temporel : son « rétrécissement ». Comme nous le savons déjà, il n'est pas rare qu'un patient qui a des lésions cérébrales à cause d'un accident de voiture souffre de pertes de mémoire qui portent sur des années, voire des décennies. Mais avec le temps certains souvenirs réapparaissent – et la récupération de la mémoire suit un cours temporel ordonné.

Le champ de la perte de mémoire va « rétrécir ». (Le mot a été adopté comme terme technique dans la recherche sur la mémoire ; les scientifiques parlent de « rétrécissement de l'amnésie rétrograde » ou de « rétrécissement du gradient temporel ».) Comme tant d'autres caractéristiques de l'amnésie rétrograde, le processus est mystérieux et défie l'entendement. Le rétrécissement évolue, pour ainsi dire, « à l'envers » : la mémoire des événements les plus distants revient avant la mémoire des événements récents. Mais il est en général incomplet, et les souvenirs *les plus récents* ne réapparaissent jamais. L'étendue de la perte réelle de mémoire varie selon les patients, et dépend de la gravité des blessures subies par le cerveau. Cette perte de mémoire permanente est aussi réelle qu'intraitable. Aucune séance d'hypnose, aucune dose de « sérum de vérité » ne permettra de récupérer les souvenirs perdus ; toute tentative en ce sens ne serait que le signe d'un manque de sophistication neuropsychologique.

Le processus ordonné et graduel de réapparition des souvenirs, dans le cadre du « rétrécissement de l'amnésie rétrograde », nous renseigne aussi sur la nature progressive de la formation de la mémoire à long terme. Plus les processus de solidification des souvenirs sont avancés, plus la mémoire reviendra rapidement. Mais les souvenirs dont la formation a été contrariée aux premiers stades du processus par les lésions cérébrales sont trop fragiles pour supporter le choc. Ceux-là seront perdus pour toujours.

Pour la mémoire, l'obstacle le plus sérieux sur le chemin du stockage à long terme est le temps lui-même. Il faut des années, ou peut-être même des décennies, pour qu'un souvenir durable se forme et s'ancre dans le cerveau. Vu que le mouvement perpétuel n'existe pas dans le monde physique, les boucles de réverbération ont de bonnes chances de s'éteindre d'elles-mêmes – et c'est le cas pour la plupart d'entre elles. La majorité s'évanouissent avant que l'engramme structurel n'ait eu l'occasion de se constituer. La nature semble se montrer très protectrice à l'égard de la mémoire permanente stockée dans le cerveau, et le prix à payer pour y être admis est très élevé. Mais en ce cas, quels sont les souvenirs qui reçoivent un traitement préférentiel lors de ces processus ardus d'audition neuronale ? C'est le sujet de discussion du prochain chapitre.

7

Des souvenirs inaltérables

Souvenirs génériques et formes

Entrent en scène les souvenirs génériques, ou « souvenirs à formes ». Chaque fois que l'individu est exposé à une information qu'il a déjà rencontrée dans son environnement, ou à une information similaire (information qui lui parvient via le langage ou les systèmes sensoriels), c'est un souffle de vie supplémentaire pour la boucle de réverbération qui soutient la constitution du souvenir associé à l'information en question – et c'est une chance de plus, pour ce souvenir, d'entrer en stockage à long terme. Pour reprendre l'analogie précédente, supposez que vous rentrez chez vous en marmonnant un numéro de téléphone que vous avez aperçu quelques minutes plus tôt sur un panneau publicitaire. Si, en chemin, vous croisez un autre panneau qui porte le même numéro, vous aurez de bien meilleures chances de vous en souvenir en arrivant à destination.

Le processus est un peu darwinien, dans la mesure où les souvenirs sont en compétition les uns avec les autres pour occuper un espace de stockage à long terme qui est à la fois très convoité et limité. Les informations réactivées le plus souvent gagneront du terrain, tandis que celles qui sont utilisées peu fréquemment seront éliminées, jetées dans la corbeille des souvenirs novices qui n'arriveront jamais à s'imposer. Il paraîtrait logique, de prime abord, que la sélection des souvenirs pour le stockage à long terme soit déterminée par leur importance, mais nous savons déjà qu'il n'y a pas d'homoncule assis au milieu du cerveau pour diriger la circulation neuronale. Même s'il existait, il aurait bien du mal à prédire quelle information sera importante, ou pas, sur le long terme, puisque la notion même d'« importance » est fluctuante et dépend de l'avenir. C'est la fréquence d'utilisation qui devient le marqueur d'importance de substitution – « actuariel » –, puisque les informations particulièrement pertinentes sont probablement invoquées de manière plus fréquente que les autres (pour le dire autrement, les informations fréquemment invoquées sont par définition importantes).

Néanmoins, l'importance initiale d'une information peut quand même exercer son influence de façon assez directe sur la formation du souvenir qui lui est associé. Si, à la lumière d'une expérience particulière ou à cause d'un précâblage génétiquement déterminé, une information donnée est identifiée comme « très importante », une structure cérébrale qu'on appelle l'amygdale devient partie prenante du circuit de réverbération qui gère la formation du souvenir : cela facilite et accélère considérablement l'apparition d'un souvenir robuste, et cela lui vaut un traitement préférentiel dans la compétition entre tous les souvenirs. Comme le reflète la mémorable expression de Gerald Edelman, « darwinisme neuronal », la nature darwinienne de nombreux processus biologiques, dont les processus cérébraux, paraît de plus en plus évidente aux neuroscientifiques depuis quelques décennies.

Différentes expériences vécues activent différents réseaux de neurones, et il n'y a pas deux réseaux qui soient parfaitement semblables. Mais plus les expériences sont proches ou similaires, plus les chevauchements entre les réseaux sont importants. Le noyau commun à ces réseaux, stimulé par des événements ou des impressions similaires mais pas nécessairement tout à fait identiques, se voit ainsi activé de façon très fréquente et a toutes les chances d'entrer rapidement en stockage à long terme.

Le fait que les propriétés communes d'expériences similaires, mais pas identiques, puissent être mémorisées rapidement, se reflète dans l'une des caractéristiques les plus fondamentales d'un processus d'apprentissage bien connu des psychologues : le phénomène de la surgénéralisation. Aux premiers stades de l'apprentissage, les êtres humains (comme les animaux) ont tendance à établir des rapports entre certaines situations similaires, mais non identiques, comme si elles étaient véritablement identiques. Les aspects communs de ces situations sont appris beaucoup plus rapidement que les aspects qui les distinguent les unes des autres.

Le réseau de neurones partagé, que l'on trouve au chevauchement de plusieurs réseaux spécifiques, déterminera la représentation mentale non pas d'une unique chose ou d'un unique événement, mais des propriétés communes de toute une classe de choses ou d'événements similaires. Nous venons là de repérer la formation d'un souvenir générique dans le cerveau ! De tels souvenirs génériques sont des *souvenirs à formes*. Plus une forme est générique et plus vaste est l'ensemble d'expériences (de réseaux) sur les chevauchements desquelles elle a émergé, plus elle sera solide et résistante face aux lésions cérébrales. Cela signifie que les représentations abstraites sont en général mieux à même de résister à la dégénérescence que les représentations « concrètes », qui correspondent à des choses spécifiques.

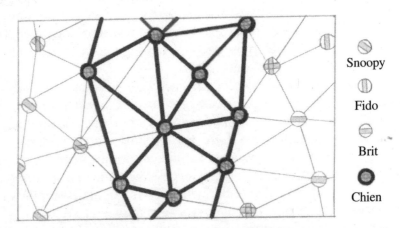

Fig. 6. **Chevauchement des réseaux.** Réseaux spécifiques – Snoopy le labrador chocolat ; Fido le doberman noir ; Brit le bullmastiff. Réseau générique – le chien.

La forme générique typique possède une propriété très intéressante. Elle contient de l'information qui se rapporte non seulement aux choses que vous avez déjà rencontrées, mais aussi aux choses que vous êtes susceptible de rencontrer à l'avenir. La forme capte les caractéristiques et les propriétés partagées de tous les membres d'une classe entière de choses et d'événements – toutes les tomates, tous les fauteuils, toutes les tempêtes de neige, toutes les crises politiques, toutes les équations différentielles, tous les effondrements du marché. Par conséquent, la forme vous permettra de traiter n'importe quel membre de telle ou telle catégorie que vous serez susceptible de rencontrer à l'avenir, en vous livrant immédiatement les propriétés fondamentales de tous les membres de la catégorie en question. La notion de *souvenir générique*, ou *forme*, peut faire référence aux propriétés partagées d'entités de n'importe quel type, qu'il s'agisse d'objets physiques, d'événements sociaux ou de déclarations verbales.

Maintenant nous comprenons pourquoi, entre tous les souvenirs, ce sont les souvenirs génériques, ou formes, qui sont les plus stables, les moins vulnérables aux assauts de toutes sortes que subit le cerveau. C'est encore plus évident quand on étudie les effets de l'amnésie rétrograde. Si les différents types de souvenirs ne sont pas tous affectés de la même façon en cas d'amnésie rétrograde, on peut supposer qu'ils se caractérisent par différents degrés de robustesse, lesquels sont définis par la variabilité de leur fréquence d'utilisation, ou par la richesse de leurs associations avec d'autres souvenirs. Les études se multiplient, et le débat fait rage depuis quelque temps parmi les neuropsychologues et les neurologues, pour déterminer précisément quels souvenirs souffrent dans l'amnésie rétrograde, et lesquels sont épargnés. Ces recherches ont abouti à certaines des observations les plus importantes de la neuroscience cognitive moderne.

La première, c'est la distinction entre mémoires *procédurale* et *déclarative*. Évoquée par Larry Squire et ses collègues, elle met en relief la différence entre « le savoir *comment* » et « le savoir *que* ». La mémoire procédurale est la mémoire des savoir-faire. Faire du vélo, jouer au tennis, nouer sa cravate sont des exemples de mémoire procédurale. La mémoire déclarative est la mémoire des faits : savoir qu'il y a sept jours dans la semaine, que Paris est la capitale de la France, que la Seconde Guerre mondiale s'est achevée en 1945 sont des exemples de mémoire déclarative. À l'instar de nombreuses observations de neuropsychologie, la distinction entre mémoire procédurale et mémoire déclarative n'est ni simple ni absolument évidente. Comment classer, par exemple, la connaissance des échecs ou des mouvements du jeu de dames ? S'agit-il réellement de « faits » connus, ou sommes-nous en présence, strictement parlant, d'un savoir-faire ? Malgré cette zone trouble, quoi qu'il en soit, la distinction mémoire procédurale/ mémoire déclarative a une grande valeur heuristique pour la recherche sur le cerveau. On dit couramment qu'en dehors de certaines exceptions c'est en général la mémoire déclarative qui souffre en cas d'amnésie rétrograde, tandis que la mémoire procédurale est épargnée.

L'autre distinction importante, avancée pour la première fois par Endel Tulving, est celle entre mémoire *épisodique* et mémoire *sémantique*. Comme nous le verrons plus loin, cette distinction concerne la mémoire déclarative, qu'elle scinde en deux catégories spécifiques. Les souvenirs épisodiques sont stockés avec les souvenirs du contexte dans lequel ils ont été acquis. Cela peut être le cas aussi bien pour les événements ou les faits de grande importance, que pour les plus anodins. L'assassinat de John F. Kennedy à Dallas ou la signification du 11 Septembre sont gravés dans l'esprit de la plupart des gens de la même façon que les souvenirs des circonstances personnelles qui vont avec ces événements. Pour le dire simplement, la grande majorité des personnes qui ont vécu ces épisodes se souviennent de façon frappante d'où elles étaient et de ce qu'elles faisaient quand elles ont appris la nouvelle. Il en va de même pour les moments de la vie plus banals, par exemple acheter sa première voiture ou se rendre à son premier entretien d'embauche : non seulement il est probable que vous vous souvenez de la marque de la voiture ou du nom de votre employeur potentiel, mais vous vous revoyez aussi, de façon très précise, vivre ces moments.

Les souvenirs sémantiques, par contre, sont stockés indépendamment du contexte dans lequel ils ont été acquis. La plupart des gens savent que Rome est la capitale de l'Italie, qu'Einstein était un grand scientifique, qu'il y a sept jours dans la semaine ou que les objets en métal ne flottent pas dans l'eau, mais ils n'ont aucune idée du moment ou des circonstances dans lesquels ils ont appris ces choses pour la première fois.

À l'instar de la distinction entre mémoire procédurale et mémoire déclarative, la distinction entre mémoire sémantique et mémoire épisodique a aussi sa zone trouble. Une information qui relève de la mémoire sémantique d'un individu peut appartenir à la mémoire épisodique d'un autre, et vice versa. Si le 11 Septembre fait partie de la mémoire épisodique de la plupart des lecteurs de ce livre, il ne sera qu'un élément de mémoire sémantique pour ceux qui seront nés longtemps après le drame et qui l'apprendront dans les livres ou au cinéma. En revanche, le fait de savoir que les grandes masses d'eau peuvent produire des courants sous-marins extrêmement dangereux entre dans la mémoire sémantique de la plupart des gens, mais, *pour moi*, il a une place de choix dans mon stock de souvenirs épisodiques. C'est parce que j'ai failli me noyer à deux reprises en Méditerranée : les deux fois il y a de nombreuses années, les deux fois à cause de ma témérité de jeune homme, et les deux fois en échappant de justesse à la noyade – bien que j'aie quand même réussi à regagner la côte pour raconter mon histoire.

La distinction entre mémoire épisodique et mémoire sémantique, une des plus influentes de la neuroscience cognitive d'aujourd'hui, sert à définir le champ de l'amnésie rétrograde. Auparavant on considérait en général qu'en cas d'amnésie rétrograde la mémoire épisodique était touchée, et la mémoire sémantique épargnée. Mais il s'avère que ni la distinction mémoire procédurale/déclarative, ni la distinction mémoire épisodique/sémantique ne rend véritablement compte du destin des différents types de mémoire en cas de maladie du cerveau. Dans la recherche biomédicale, il n'est pas rare que les théories et les opinions bien établies soient remises en question, et pour finir balayées, par des cas cliniques inhabituels qu'aucune de ces théories ou opinions n'est en mesure d'expliquer. Il y a plusieurs années, mes collègues et moi-même sommes tombés sur l'un de ces cas, qui a complètement changé notre façon de comprendre la gravité et la portée de l'amnésie rétrograde. Le moment est venu de nous pencher sur les troubles de la mémoire d'un cavalier accidenté.

Souvenirs perdus, retrouvés, et épargnés

Victime d'un accident de cheval, Steve (c'est évidemment un pseudonyme) souffrait de graves lésions cérébrales avec perte de mémoire ; il fut admis à l'hôpital où je travaillais à ce moment-là. Amnésie antérograde et amnésie rétrograde furent toutes deux diagnostiquées, et toutes deux à des degrés extrêmes. Très impliqué dans ses soins, je venais au chevet de Steve à de nombreuses reprises au cours d'une même journée : il ne se souvenait jamais de moi, ni de mon nom, ni même de nos précédentes rencontres, qui n'avaient parfois eu lieu que quinze ou trente minutes plus tôt : des « oublis » qui signaient une sévère amnésie antérograde.

L'amnésie rétrograde de Steve était tout aussi dramatique. Homme d'affaires couronné de succès, âgé de trente-six ans, il était aussi marié et père de famille. Mais le Steve d'après l'accident n'en savait absolument plus rien. Il affirmait avoir dix-sept ans. En guise d'adresse personnelle, il livra celle de ses parents (où il avait, de fait, vécu avec eux à cet âge-là). Il niait être allé à l'université, s'être marié, avoir eu des enfants. Il était capable de livrer un récit clair et détaillé de son existence jusqu'à l'âge de dix-sept ans, et de raconter de façon plus fragmentaire les événements des deux années suivantes. Après quoi il n'y avait plus qu'un grand vide, un trou absolu, sur les dix-sept autres années de sa vie – entre l'âge de dix-neuf ans et le moment présent.

Sur l'échelle de Richter des amnésies, où la valeur 0 est une maîtrise complète des souvenirs et la valeur 10 leur anéantissement absolu, la mémoire de Steve méritait au moins un 8. Mais d'autres cas comparables, aussi graves, avaient déjà été observés ; nous attendions que sa guérison suive le déroulement décrit dans les textes canoniques de la neurologie : récupération rapide et substantielle pour l'amnésie rétrograde, rétablissement un peu plus lent, et moins complet, pour l'amnésie antérograde. D'après ce scénario relativement classique, Steve retrouverait bientôt les souvenirs de son passé, mais sa capacité à évoquer dans l'après-midi les nouvelles importantes qu'il aurait lues le matin même dans le *New York Times* resterait plus fragile. Telle était la voie consacrée que la réapparition de sa mémoire perdue était censée suivre.

Mais en l'observant se rétablir au fil des semaines, nous assistâmes, d'abord avec incrédulité puis avec fascination, au déroulement d'un processus totalement différent. Sa capacité à apprendre de nouvelles informations s'améliora de façon régulière, au point qu'il ne lui resta bientôt plus que de très subtils vestiges d'amnésie antérograde. Steve retrouva suffisamment la mémoire pour être en mesure de suivre le fil conducteur de son vécu de jour en jour, de semaine en semaine. Les tests normatifs révélaient la persistance d'une légère déficience de l'apprentissage de certains faits nouveaux, mais pour la plupart des opérations pratiques de la vie quotidienne, sa mémoire fonctionnait bien.

Par contre, les souvenirs de sa vie passée, sa vie d'avant l'accident, ne revenaient pas comme prévu. Steve continuait de se considérer comme un homme âgé de dix-sept à dix-neuf ans, et il ignorait tout de sa vie après ces âges. Il n'avait aucun souvenir de ses années d'université, de sa carrière, de sa réussite dans le monde des affaires. Il identifiait ses parents et son frère aîné, mais ni sa femme, ni ses enfants, ni ses partenaires de travail. Et nous ne percevions pas le plus petit signe d'amélioration ; Steve semblait ne jamais devoir se souvenir de la moindre de ces choses. Vu que ses facultés de mémorisation d'informations nouvelles lui revenaient à pas de géant, il réapprenait de nombreux faits de sa vie passée tels qu'ils lui étaient racontés, avec patience et application, par les membres de sa famille. Mais il établissait lui-même une distinction très claire entre les choses dont il se souvenait vraiment et celles qu'on lui racontait au sujet de son passé. Cette forme de guérison, où l'amnésie antérograde reculait et l'amnésie rétrograde refusait de bouger d'un pouce, était en théorie une impossibilité neurologique. Mais voilà, nous l'avions sous les yeux – et le cas de Steve changea entièrement mon interprétation des mécanismes et des troubles de la mémoire.

Comme si le mystère n'était pas déjà assez grand, la défaillance de la mémoire de Steve nous posait une énigme supplémentaire : son amnésie rétrograde ne se limitait pas à la mémoire épisodique ; elle affectait aussi, très clairement, sa mémoire sémantique. *Cela aussi*, c'était en contradiction avec les croyances neurologiques de l'époque. En cas d'amnésie rétrograde, pensait-on, seule la mémoire épisodique devait souffrir. Steve ne se souvenait pas de ses années d'université – une expression de la perte de sa mémoire épisodique. Mais il ne se souvenait pas non plus que Madrid était la capitale de l'Espagne, que Newton était physicien ou que Shakespeare avait écrit *Le Roi Lear*. Ce qui était indiscutablement le reflet d'une disparition de la mémoire sémantique.

À vrai dire, Steve souffrait d'une énorme défaillance de la mémoire sémantique. Non seulement le trouble était manifeste, mais sa mémoire sémantique semblait, d'une certaine façon, encore plus affaiblie que sa mémoire épisodique (laquelle était intacte jusqu'à l'âge de dix-sept ans, ou à peu près). Vu les origines sociales de Steve, on pouvait être à peu près sûr qu'il avait appris bien avant l'âge de dix-sept ans tous ces éléments à propos desquels il n'avait maintenant plus aucun souvenir. Shakespeare ? Newton ? Madrid ? Dans le milieu privilégié et très éduqué auquel sa famille appartenait, les enfants apprennent en général ce genre de choses dès l'âge de onze ou douze ans, sinon plus tôt.

Dans quelle mesure, précisément, la mémoire sémantique de Steve était-elle touchée ? S'agissait-il d'une perte totale, ou partielle ? Nous nous attachâmes à l'examiner avec soin ; il nous apparut bientôt qu'elle était épargnée à certains égards : Steve connaissait le nombre de semaines que compte une année, la couleur des tomates, et il était capable de livrer des chiffres assez précis quant aux tailles et poids moyens de l'homme et de la femme.

146

Avec mon assistant de recherche de l'époque, Bob (« Chip ») Bilder, je décidai de mener une étude plus systématique de la mémoire de Steve. Nous découvrîmes qu'il souffrait d'une sévère diminution de la mémoire des faits *spécifiques*, mais que son savoir relatif aux faits *génériques* demeurait intact. La défaillance de sa mémoire était partielle, mais tenace, et la récupération complète ne venait pas. Le cas de Steve nous apprit que la mémoire sémantique peut elle aussi être affectée par des lésions cérébrales, mais pas dans son intégralité – et qu'il faut alors faire la différence entre d'un côté la mémoire générique et, de l'autre, la mémoire singulière (spécifique). Les souvenirs des faits spécifiques sont touchés, tandis que les souvenirs des faits génériques sont épargnés. Entre tous les souvenirs, donc, ce sont les souvenirs génériques qui sont inaltérables.

Armé des nouvelles idées que la défaillance (apparemment) inhabituelle de la mémoire de Steve avait fait naître dans mon esprit, je me lançai dans une étude plus approfondie de l'amnésie rétrograde – avec l'aide de Bill Barr, mon ancien étudiant de troisième cycle. Une fois les vieilles conceptions mises au rebut, le profil de l'amnésie rétrograde de Steve s'avéra être la règle plutôt que l'exception dans de nombreuses maladies neurologiques connues pour affecter la mémoire. Nous découvrîmes que la mémoire sémantique des faits spécifiques était grièvement touchée dans le cas de blessures crâniennes traumatiques, de démences de type Alzheimer et de syndrome de Korsakoff. Et nous découvrîmes que, pour toutes ces maladies, la mémoire sémantique de l'information générique était relativement épargnée.

Les souvenirs génériques ne s'évanouissent pas

Plus nous étudiions les troubles de la mémoire de nos patients, plus la distinction entre mémoire générique et mémoire spécifique nous paraissait importante. Les souvenirs constituent le socle de nos vies mentales, mais tous les souvenirs ne sont pas égaux entre eux. Certains sont beaucoup plus résistants que d'autres aux agressions et aux processus de dégradation de toutes natures que subit le cerveau (y compris le vieillissement). La distinction entre souvenirs spécifiques (qui représentent des choses particulières) et souvenirs génériques (qui représentent les propriétés partagées de classes entières de choses) est essentielle, parce qu'elle nous permet de mieux comprendre le sort des différents types de savoir en cas de maladie du cerveau ou de dégénérescence. Le fait de savoir que Paris est la capitale de la France est un exemple de souvenir singulier. Il n'y a qu'un seul Paris, et une seule France, donc ce savoir fait référence à une entité unique. En revanche, le fait de savoir que les tomates sont rouges de manière générale est un exemple de souvenir générique, car il y a des millions de tomates à la surface de la terre et ce savoir s'applique à chacune d'entre elles.

Taxinomie traditionnelle de la mémoire

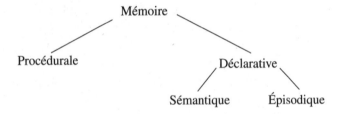

Proposition de nouvelle taxinomie

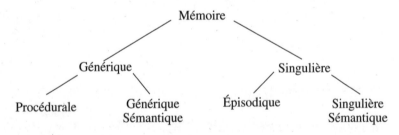

Fig. 7. **L'organisation du savoir.**

En règle générale, les souvenirs génériques sont rappelés beaucoup plus fréquemment que les souvenirs spécifiques. À quelle occasion un Américain moyen évoque-t-il le fait que Paris est la capitale de la France ? Quelques fois par mois, tout au plus, quand Paris est citée à la télévision ou quand il organise les vacances de rêve qu'il ne s'offrira qu'une fois dans sa vie. Mais vous évoquez le souvenir que les tomates sont rouges chaque fois que vous traversez le rayon primeurs du supermarché, chaque fois que vous plantez votre fourchette dans la salade de votre déjeuner quotidien. Par conséquent, les souvenirs génériques sont beaucoup plus robustes que les souvenirs singuliers. Du fait de leur grande fréquence d'utilisation, ils passent dans le stockage à long terme très rapidement, et ils gagnent leur indépendance par rapport aux structures cérébrales sous-corticales connues pour être particulièrement vulnérables aux lésions, à la maladie d'Alzheimer et à d'autres démences (pour être précis, il s'agit en fait des structures cérébrales non néocorticales, car les hippocampes et les zones voisines font aussi partie du cortex, mais pas du néocortex).

La relative invulnérabilité de la mémoire générique apparaît de façon assez évidente si nous examinons deux capacités essentielles de notre vie cognitive qui tendent à ne pas diminuer avec l'âge : le langage et la perception d'ordre supérieur. Bien que nous ne considérions guère ces capacités comme des « souvenirs », elles en sont pourtant. Pour utiliser le langage de manière efficace, nous devons nous « souvenir » de tel mot en référence à telle chose ; la relation qui les unit est dans la plupart des cas affaire de convention arbitraire et ne peut être déduite par la simple logique. Une langue dans laquelle le mot « chaise » signifierait table, et le mot « table » signifierait chaise serait tout aussi bonne que la langue qui est aujourd'hui la nôtre. Et il va sans dire que la mémoire de la signification des mots, qui constitue la base de nos compétences linguistiques, relève de la mémoire générique, puisque n'importe quel mot renvoie à toute une classe d'objets similaires. Une table blanche Art déco, une table chinoise en laque noire et la table écaillée, toute branlante, du café du coin de la rue – toutes sont membres à part égale de la même catégorie, et vous y faites référence avec le même mot : « table ».

De même, notre capacité à reconnaître les objets pour ce qu'ils sont est elle aussi basée sur la mémoire. Ne vous êtes-vous jamais émerveillé de votre aptitude à découvrir pour la première fois une chose que vous n'aviez jamais vue ou entendue auparavant... et à savoir instantanément ce dont il s'agit ? Vous apercevez dans la rue une voiture de collection aux formes complexes et vous savez que c'est une voiture en dépit du fait que vous n'aviez jamais vu pareil engin. Vous entendez un bruit étonnant dehors : vous savez que c'est un chien qui aboie, alors que vous n'aviez jamais entendu un aboiement comme celui-ci. Pour avoir cette aptitude, vous devez posséder des souvenirs génériques, stockés quelque part dans votre cerveau, qui contiennent les caractéristiques communes de classes entières de choses. Vous devez avoir une forme déjà constituée, prête à être rappelée : quand vous rencontrez une chose qui partage suffisamment de caractéristiques avec cette forme, le souvenir générique est évoqué – et voilà précisément ce qu'est la reconnaissance de formes !

Ainsi, le langage et la perception supérieure sont basés sur les souvenirs génériques. Certaines maladies du cerveau sont susceptibles d'anéantir ces souvenirs, ce qui a pour conséquence la perte de l'usage des mots ou de la capacité à reconnaître les objets courants. Vous vous souvenez peut-être que, dans le parler médical et psychologique, ces deux symptômes sont appelés « anomie » et « agnosie associative ». Une telle « panne » des souvenirs génériques peut être causée par un accident vasculaire cérébral, par une blessure traumatique à la tête, par la démence ou par une autre maladie du cerveau. Mais pour que le langage ou la perception d'ordre supérieur souffrent, il faut que le néocortex soit directement touché. Ils ne seront pas affectés en cas de lésions dans la seule machinerie sous-corticale, puisque les souvenirs génériques ne dépendent pas de cette machinerie. Ce qui est particulièrement important, c'est que *le langage et la perception d'ordre supérieur sont eux aussi résistants aux effets du vieillissement normal.* C'est ainsi, au moins pour une part, parce qu'ils ne dépendent pas des structures sous-corticales[1].

Il en découle l'observation essentielle suivante : puisque les souvenirs singuliers dépendent à la fois des structures cérébrales néocorticales et sous-corticales, ils seront anéantis en cas de lésions dans ces structures ou en cas de lésions aux voies de connexions qui existent entre elles. Ils sont sous le coup d'une double menace neurologique. Par contre, les souvenirs génériques ne dépendent que du néocortex. Pour qu'ils se détériorent, il faut des lésions cérébrales par nature beaucoup plus ciblées. Même s'ils ne sont pas totalement protégés de la dégénérescence (aucune composante du cerveau ne l'est), les souvenirs génériques ont moins de talons d'Achille neurologiques, moins de points vulnérables neuronaux[2]. C'est la raison pour laquelle ils ont tendance à ne pas dépérir au fil du vieillissement et peuvent même résister jusqu'à un certain point aux effets de la démence.

Savoir que l'exposition fréquente à telle ou telle tâche cognitive accélère la formation d'une représentation robuste, à long terme, de cette tâche et de toutes les opérations qui y sont associées (y compris les éventuelles solutions performantes qui

---

1. Le savoir de la langue et le savoir de la perception occupent une place tellement particulière dans la cognition humaine que les psychologues n'en parlent pas en tant que « mémoires », alors qu'en réalité ce sont deux exemples parfaits de « mémoire générique ». Selon la convention terminologique dominante, le terme technique « mémoire » est réservé pour l'essentiel à ce que nous appelons ici « mémoire singulière ». En revanche, de vastes ensembles de « mémoire générique » (tels que le savoir de la signification des mots, ou celui de la signification des objets courants) sont exclus de la définition technique du concept de « mémoire ». De même, le terme « amnésie » (perte de mémoire) ne fait en général pas référence à la perte des souvenirs des mots (lorsque le patient reconnaît un objet courant, mais est incapable de le nommer) : on utilise à la place le terme « anomie ». Le mot « amnésie » ne sert pas non plus à qualifier la perte des souvenirs de l'identité des objets courants (lorsque le patient ne reconnaît plus ces objets pour ce qu'ils sont) : on utilise à la place le terme « agnosie ». Pour un clinicien comme moi, ce méli-mélo terminologique peut être source de perpétuelle confusion, d'autant que mes patients, qui n'ont pas l'esprit encombré par les subtilités linguistiques des spécialistes, et qui basent la description de leurs symptômes sur le bon vieux sens commun, se plaignent tout le temps de « problèmes de mémoire », alors qu'en fait ils veulent dire « anomie » ou « agnosie ».

2. L'amnésie de Steve est un exemple typique. Sans précédent, elle nous imposa un gros travail de détective pour en déterminer la cause : elle était provoquée par des lésions dans la partie ventrale du tronc cérébral, qui troublaient la mémoire singulière, mais épargnaient la mémoire générique.

auront été apportées à cette tâche), nous aide beaucoup à comprendre comment certains types de souvenirs résistent aux effets du déclin cérébral. Mais la formation de représentations néocorticales structurelles n'est pas le seul outil dont dispose le cerveau pour protéger les informations importantes des vicissitudes de la détérioration neurologique ou de la maladie. D'autres mécanismes de protection sont aussi à l'œuvre.

La découverte de ces mécanismes est devenue possible grâce à l'apparition de méthodes sophistiquées de neuro-imagerie fonctionnelle. Ces méthodes, parmi lesquelles l'IRMf (imagerie par résonance magnétique fonctionnelle), la TEP (tomographie par émission de positon), la TEM (tomographie d'émission monophotonique), la MEG (magnétoencéphalographie) et d'autres encore, ont permis aux chercheurs, pour la première fois dans l'histoire de la science, d'observer les paysages de l'activation physiologique du cerveau d'une personne vivante, pendant que cette personne se livre à diverses opérations cognitives. Le développement de ces méthodes a changé le visage de la neuropsychologie et de la neuroscience cognitive d'une façon qui n'est pas sans rappeler ce que l'invention du télescope a apporté à l'astronomie. Nul domaine scientifique ne peut s'épanouir uniquement sur des concepts et des théories ; l'introduction de nouvelles et puissantes technologies (elles-mêmes dérivées d'idées novatrices dans d'autres domaines) joue en général un rôle décisif dans le progrès de la recherche.

La mise en œuvre de ces méthodes sophistiquées a conduit à la découverte de deux autres mécanismes qui contribuent à protéger le savoir utilisé fréquemment et représenté dans le néocortex. Il s'agit de l'*expansion des formes* et de la *spécialisation sans effort*, deux mécanismes qui fonctionnent de concert.

Qu'est-ce que l'expansion des formes ? À force de pratique, d'expérience et d'utilisation répétée, les zones du cerveau dédiées à un savoir particulier – la motricité, la perception, et peut-être aussi la cognition – s'élargissent et gagnent les régions adjacentes de l'espace cortical. Ce processus a d'abord été démontré à travers de nombreuses expériences d'apprentissages divers, chez le singe, par Michael Merzenich et ses collègues de l'université de Californie à San Francisco. Plus important, des effets similaires ont été observés chez l'homme. Alvaro Pascual-Leone a prouvé par exemple que, chez les aveugles, la représentation corticale des doigts utilisés pour la lecture en braille est plus grande que la représentation corticale des mêmes doigts chez les voyants (qui ne connaissent pas le braille). De même, la représentation corticale des doigts de la main gauche est plus vaste chez les musiciens qui jouent d'un instrument à cordes que chez les autres personnes. Ce phénomène d'expansion rend les formes plus résistantes face à la dégénérescence et aux effets de la maladie cérébrale. Pour comprendre comment cela fonctionne, imaginez un morceau de gruyère dont les trous occupent un certain pourcentage de sa superficie totale. Si le nombre et la taille des trous sont constants, plus le morceau de gruyère sera grand, plus la superficie épargnée par les trous sera grande.

Même si elle paraît quelque peu irrévérencieuse et simpliste, l'analogie du gruyère n'est pas si mauvaise que ça. Dans un certain nombre de troubles liés au vieillissement, le cerveau est affecté par des lésions minuscules, discrètes, qui détruisent les cellules nerveuses et perturbent les communications entre elles. Dans la maladie d'Alzheimer, ces lésions sont les tristement célèbres plaques et écheveaux, débris de tissus nerveux morts, en état de décomposition. Dans la démence à corps de Lewy, une autre maladie dégénérative primaire, moins courante et moins connue du grand public mais tout aussi néfaste, les lésions sont les microscopiques corps de Lewy. Dans une autre maladie qu'on appelle démence vasculaire, due à un trouble généralisé du système vasculaire cérébral, les lésions sont provoquées par de minuscules infarctus distribués à travers le cerveau. Quelles que soient l'étiologie et la pathogenèse de ces lésions, elles causent des dégâts dans le tissu cérébral un peu comme des fléchettes lancées à l'aveuglette sont susceptibles de trouer la cible de-ci de-là. Mais plus grande sera la surface totale de la cible, plus importantes seront les zones épargnées – sinon en proportion, du moins en valeur absolue, et c'est probablement ce qui compte le plus pour la préservation des capacités cognitives.

Le mécanisme de l'expansion des formes est sans doute responsable, au moins en partie, du curieux phénomène observé au couvent des sœurs de Notre-Dame, dans le Minnesota, dont les nonnes sont célèbres pour leur longévité et, surtout, pour leur extrême lucidité jusqu'à un âge très avancé. Les autopsies effectuées sur le cerveau de certaines d'entre elles ont révélé qu'elles avaient parfois la maladie d'Alzheimer. Et pourtant, elles avaient joui jusqu'à la toute fin de leur vie de facultés intellectuelles solides, sans manifester le moindre signe de déclin cognitif. Leurs cerveaux étaient touchés par la maladie d'Alzheimer, mais pas leurs esprits. Si les résultats de l'étude menée auprès de ces sœurs sont exceptionnels, je suis à peu près certain que le phénomène lui-même ne l'est pas. La protection apportée au cerveau par l'expansion des formes explique sans doute pourquoi de nombreux médecins, avocats ou ingénieurs ne perdent rien de leur savoir-faire dans la vieillesse et continuent d'exercer leur profession au plus haut niveau – même si dans la vie de tous les jours ils accusent le coup, mentalement parlant, par de légères défaillances de la mémoire ou de l'attention.

J'aime utiliser l'expression *spécialisation sans effort* pour faire référence à l'autre mécanisme cérébral qui protège du déclin les représentations mentales (les formes) fréquemment utilisées. Avec la pratique et l'expérience, les besoins métaboliques des tissus neuronaux qui accomplissent une tâche cognitive donnée diminuent. Cela signifie que le cerveau est capable de faire du bon boulot, pour ce qui concerne la résolution de problèmes routiniers, avec des ressources moindres – y compris avec une circulation sanguine affaiblie. Cette découverte s'accorde bien avec les observations que la plupart d'entre nous sommes en mesure de faire dans la vie courante : fatigué, affamé ou en grave manque de sommeil, vous serez malgré tout capable d'accomplir correctement certaines tâches familières. Par contre, vous échouerez misérablement s'il s'agit d'une tâche nouvelle, même une tâche d'une difficulté intrinsèque équivalente ou inférieure à celle d'une tâche routinière.

Les techniques actuelles de neuro-imagerie fonctionnelle nous permettent d'expliciter ce mécanisme avec beaucoup de

154

précision. R. J. Haier et ses collègues ont utilisés la TEP (tomographie par émission de positon) pour étudier les besoins en glucose, dans le métabolisme cérébral, pour l'exécution d'une activité cognitive complexe inconnue. L'exercice utilisé pour l'expérience était le jeu « Tetris », l'espèce de puzzle informatisé, aux pièces multicolores, qui rend parfois les joueurs complètement accros et peut atteindre un niveau de complexité relativement avancé. Les chercheurs constatèrent que les besoins métaboliques du cerveau des sujets d'étude baissaient régulièrement à mesure que leur maîtrise du jeu augmentait. Après quelques semaines de pratique, les besoins métaboliques du cerveau avaient considérablement diminué, tandis que les performances des joueurs étaient multipliées par sept. Détail remarquable, la baisse la plus importante fut observée chez les sujets qui aboutissaient, à force de pratique, aux meilleurs résultats. Démonstration parfaite qu'il est possible d'en faire plus avec moins !

Des recherches plus récentes, en IRMf, ont observé un effet similaire – « moins d'effort pour plus de résultat » – à travers divers exercices de classifications d'objets. Plus la tâche devient familière, plus la performance augmente, et plus l'activation corticale associée à cette tâche diminue. Ian Dobbins et ses collègues ont montré, dans une expérience très ingénieuse, que cette conséquence est moins due au perfectionnement de l'analyse du problème à résoudre qu'à la maîtrise, ou limitation, de cette analyse grâce à l'utilisation automatique d'une réponse déjà apprise – un mécanisme de « raccourci cognitif » tout à fait semblable à la reconnaissance de formes.

Cette capacité d'accomplir des tâches bien maîtrisées avec des ressources métaboliques moindres représente une grande source de protection contre les assauts neurologiques subis par le cerveau. Avec le vieillissement, il est assez courant d'observer une baisse de qualité de la circulation sanguine dans certaines régions cérébrales, un trouble qui peut prendre de nombreuses formes, des plus bénignes aux plus catastrophiques, et peut affecter différentes artères et leurs ramifications. Le phénomène le plus courant à l'origine de ce trouble est le rétrécissement des vaisseaux sanguins, dû à des dépôts de cholestérol et à des remaniements de la paroi vasculaire – avec pour conséquence une moins bonne circulation sanguine, et par là une diminution de l'apport en oxygène aux régions du cerveau qui dépendent de l'artère ou du petit vaisseau encrassés. Une réduction importante du débit sanguin est susceptible d'entraîner un accident vasculaire cérébral, lequel sera souvent suivi de lésions irréversibles. Mais une réduction modérée de la circulation sanguine ne fera qu'engourdir les processus cognitifs. La capacité à accomplir des tâches intellectuelles complexes avec une circulation sanguine réduite (et donc avec un moins bon apport en oxygène) constitue une protection puissante, même si elle a ses limites, contre les effets nuisibles de la maladie cérébrovasculaire.

Travaillant de conserve, les mécanismes de l'expansion des formes et de la spécialisation sans effort augmentent l'espace cérébral alloué aux tâches cognitives les plus et les mieux pratiquées, et diminuent les besoins métaboliques nécessaires à la réalisation de ces tâches. Si leur pouvoir de protection sur le cerveau a nécessairement ses limites, leurs effets combinés suffisent quand même à contrer les effets de la maladie cérébrale vasculaire dégénérative pendant très longtemps – une durée sans doute mesurable en années, voire sur une ou deux décennies.

Maintenant que notre « vue aérienne » de la formation des souvenirs, de leur neuroanatomie brute, devient de plus en plus claire, nous commençons peu à peu à comprendre les processus fonctionnels de la mémoire qui se produisent à une échelle beaucoup plus réduite. Des recherches intensives ont actuellement cours pour expliquer précisément la formation des souvenirs à long terme, permanents – mais il reste encore beaucoup à faire. Les mécanismes cellulaires de ces processus sont loin d'être élucidés, et les études livrent aujourd'hui une telle quantité de données, et à un rythme si soutenu, que tout livre sur le sujet risque d'être déjà dépassé au moment de sa parution. Mais tout de même : parmi les découvertes les plus intéressantes au moment de l'écriture de ces lignes, il faut relever le rôle éventuel des prions dans les mécanismes cellulaires de la mémoire. Il y a encore peu de temps, ces protéines d'une robustesse remarquable n'étaient corrélées qu'à des effets négatifs, par exemple des troubles neurologiques incurables et catastrophiques tels que la maladie de Creutzfeldt-Jakob (connue aussi sous le nom d'encéphalopathie spongiforme), ou la maladie de la vache folle. Mais l'incroyable solidité des prions, pour ne pas dire leur *indestructibilité*, est peut-être en train de se révéler très utile dans la formation des souvenirs les plus stables.

Les mécanismes cellulaires de la mémoire sont trop compliqués pour être présentés en détail dans ce livre. Il est clair, cependant, que les changements biochimiques qui sont à l'origine de la formation des souvenirs se produisent au niveau des synapses, les minuscules aires de contact entre les neurones. Ces changements peuvent se traduire par le développement de nouvelles dendrites, par une augmentation de la quantité de neurotransmetteurs (les substances chimiques responsables de la communication entre les neurones), et par une augmentation des récepteurs (les molécules auxquelles s'attachent les neurotransmetteurs). Chacun de ces facteurs améliore la connectivité à l'intérieur d'un ensemble donné de neurones, d'un réseau, de telle sorte que l'activation d'un petit groupe d'entre eux déclenchera une réaction en chaîne à travers le réseau, selon des voies spécifiques. Imaginez, en guise de comparaison, l'écoulement de l'eau au fil de sillons préformés dans le sable. De nombreux scientifiques, dont je suis, pensent que la formation de telles voies neuronales préférentielles *est* la formation de la mémoire à long terme, et que leur activation *est* l'acte de rappel d'une information stockée au préalable, ou l'acte par lequel une chose particulière est identifiée comme membre d'une catégorie connue.

L'analogie de l'eau circulant dans des sillons de sable est utile, mais jusqu'à un certain point seulement. Chaque fois que vous activez un souvenir dans votre tête, vous le modifiez très légèrement en l'inscrivant dans un nouveau contexte, lequel est défini par les circonstances particulières de l'activité mentale en cours. En conséquence, la configuration des sillons dans le sable aura elle aussi changé très légèrement. Pour bien mettre les choses au clair, je pense en ce moment à un éléphant violet avec des défenses en spirale et des rayures colorées sur la trompe. J'évoque cette créature bizarre pour la première fois de ma vie, pendant que j'écris ces mots, en couchant simplement sur le papier la première chose qui m'est passée par la tête. Au cours de ce processus, j'ai activé ma mémoire visuelle de l'éléphant, une représentation mentale bien établie que je n'active pas très souvent. Mais voilà : conséquence de cet exercice frivole, ma représentation de l'éléphant sera maintenant associée à ma représentation de la « mémoire » en tant que concept abstrait, ainsi qu'à ma représentation de l'idée des sillons dans le sable. Sur le plan mécanique cela signifie que les connexions, à l'intérieur des réseaux de neurones correspondants, ont été très légèrement reconfigurées. Ces changements peuvent n'être qu'éphémères et ne pas survivre aux rigueurs du darwinisme neuronal. D'un autre côté ils peuvent survivre si, par exemple, après les avoir évoqués dans le cadre de ce livre, je continue d'utiliser l'image de l'éléphant violet devant mes étudiants : une activité qui se traduira par une solidification des changements apportés aux réseaux de neurones impliqués. Chaque fois qu'ils sont ravivés, les souvenirs subissent systématiquement divers processus de reconstruction et de reconfiguration.

La nature variable et dynamique des réseaux de neurones explique sans doute que certains processus biochimiques supplémentaires doivent avoir lieu pour « reconsolider » un souvenir après qu'il a été utilisé dans le contexte d'une nouvelle tâche. Quand ces processus sont perturbés, un souvenir qui se trouvait auparavant dans votre tête sous une forme passive, stable, ne peut être « redéposé à sa place » dans le même état après avoir été activé dans un nouveau contexte. Ce n'est plus tout à fait le même souvenir.

Attractions cérébrales

Pendant que la recherche se poursuit sur les détails de la formation et de la récupération des souvenirs, les *neurosciences computationnelles* nous ouvrent une autre perspective, de plus en plus complexe, sur tous ces processus. Comme la biologie et la psychologie, la science du cerveau est traditionnellement une discipline empirique, dont les principes généraux ont été établis au fil d'observations et d'expérimentations minutieuses. Mais la maturité de toute discipline se juge en définitive par sa capacité à développer une branche théorique.

Et voici les neurosciences computationnelles. L'adjectif qualificatif est hélas mal choisi, à mon avis, car il échoue platement à rendre compte de l'étendue et de la richesse de cette nouvelle discipline. J'aurais préféré l'expression « neurosciences théoriques », par analogie avec la « physique théorique », et parce qu'elle a des connotations similaires (même si je sais bien que l'adjectif « théorique » a une certaine lourdeur quand il est associé à « biologie », et encore plus à « psychologie »). Autrefois, l'expression « neuroscience théorique » était souvent synonyme de verbiage et de conjectures aussi gratuites qu'improuvables ; elle avait presque un goût d'antithèse à la rigueur et à la précision implicites de l'expression « physique théorique ». C'est peut-être pour ces raisons que les neuroscientifiques utilisent l'adjectif « théorique » avec une certaine prudence, pour ne pas dire répugnance, et se sentent plus à l'aise avec les connotations austères du mot « computationnel ».

Aujourd'hui, quoi qu'il en soit, les neurosciences computationnelles constituent probablement la branche la plus rigoureuse de la recherche sur le cerveau. À leurs débuts, les méthodes favorisées dans ce nouveau domaine impliquaient pour l'essentiel des modèles mathématiques de processus cérébraux quelque peu étroits, limités. L'arrivée d'ordinateurs surpuissants a favorisé l'émergence d'un hybride étrange de méthodes théoriques et expérimentales : la modélisation par ordinateur. La structure théorique d'un système biologique complexe est posée comme postulat sous forme de modèle informatique, et puis le « comportement » du modèle est examiné de manière empirique, en lui faisant exécuter diverses tâches et en modifiant ses différents paramètres. Ce mélange de théorie et d'expérimentation a livré des résultats beaucoup plus probants et inattendus que chacune des deux méthodes isolément. Certains de ces résultats portent directement sur la machinerie cérébrale de la mémoire que nous cherchons à comprendre ; ils ont été obtenus grâce à ce que l'on appelle les *réseaux de neurones formels*.

La modélisation de réseaux de neurones formels compte parmi les outils les plus puissants et les plus prometteurs des neurosciences computationnelles. Assemblés à partir d'un grand nombre d'éléments simples richement interconnectés (les « neurones formels »), ils simulent les propriétés les plus fondamentales du fonctionnement du cerveau biologique. Comme dans le véritable cerveau, l'élément constitutif du réseau, le neurone, a des capacités limitées et ne peut pas faire grand-chose par lui-même. Comme dans le cerveau, le pouvoir de résolution de problèmes du réseau est la conséquence d'interactions multiples, à la fois séquentielles et parallèles, entre les neurones. Le pouvoir informationnel du réseau se trouve partout et nulle part en particulier ; il est distribué à travers tout le réseau.

Tout processus cognitif en cours dans le cerveau biologique réel, aussi peu complexe soit-il, implique la participation d'un nombre de neurones et de cellules gliales trop énorme pour être soumis à une analyse expérimentale de tous les phénomènes importants qui s'y produisent. Pour le dire simplement, le cerveau est une structure qui comporte trop de pièces mobiles – et, en plus, ses propriétés les plus intéressantes se trouvent dans les multiples interactions qui surviennent entre les pièces, davantage que dans les pièces elles-mêmes. Si ces multiples interactions échappent aux outils de la recherche expérimentale, cependant, nombre d'entre elles se révèlent dans les modèles dynamiques de réseaux de neurones mis en activité dans les ordinateurs.

Confrontés à diverses tâches, les réseaux de neurones formels ont des propriétés qui ressemblent de façon stupéfiante à celles du cerveau. La plus intéressante est sans doute l'apparition de capacités et de potentialités qui n'avaient pas été explicitement programmées au préalable pour le modèle par ses concepteurs. Nous appelons ce genre de capacités nouvelles, qui apparaissent spontanément, des *propriétés émergentes*. En les acquérant, les réseaux de neurones, en un sens, « s'inventent d'eux-mêmes ». Ces capacités leur viennent quand ils bénéficient d'une rétroaction explicite par rapport à leurs précédents succès ou échecs (*apprentissage supervisé*), et même quand ils ne disposent pas d'une telle rétroaction (*apprentissage non supervisé*).

Parmi les propriétés émergentes les plus fascinantes, on trouve les *attracteurs* et les *états attracteurs*. Les attracteurs sont des réseaux, des groupes de neurones étroitement interconnectés, avec des schémas d'activité stable en l'absence de stimulation directe de l'extérieur. Ces schémas d'activité, qui se perpétuent d'eux-mêmes, sont appelés « états attracteurs ». Ils sont possibles parce que les connexions entre les neurones à l'intérieur de l'attracteur sont si fortes (les sillons dans le sable si profonds, pour revenir à notre précédente analogie), que l'activation de n'importe quel sous-ensemble de neurones, même un ensemble relativement petit, suffit à entretenir tout le réseau. Pour le dire autrement, le même attracteur sera activé dans son intégralité, globalement, par l'activation de n'importe quel nombre de ses divers composants. On fait parfois référence à cette propriété des attracteurs en utilisant le terme quelque peu négatif de *dégénérescence*, introduit pour la première fois dans le domaine de la neuroscience par Gerald Edelman. En fait, la « dégénérescence » est une propriété mathématique fondamentale, largement étudiée en algèbre et en logique symbolique. Et c'est aussi, donc, une propriété très importante des attracteurs biologiques.

Pour mieux comprendre comment les attracteurs fonctionnent, il est peut-être utile de revenir à la signification originale du terme. Le mot *attracteur* a été emprunté aux mathématiques. Introduit par Jules-Henri Poincaré, le grand mathématicien du dix-neuvième siècle, il désigne une situation dans laquelle une équation aboutit à une solution unique, constante, pour toute une gamme d'entrées numériques. On disait alors qu'une telle solution « attire » une série de valeurs spécifiques dans l'équation. Un autre exemple d'« attracteur » peut être trouvé dans l'algèbre booléenne, où la même formule logique peut être exécutée par un grand nombre de combinaisons d'entrées.

Dans le cerveau, comme une équation mathématique qui a

les propriétés d'un attracteur, un réseau de neurones « attracteur » sera activé par toute une gamme d'influx différents en provenance du monde extérieur. Nous identifions un stylo court en plastique noir comme stylo, un stylo long en métal rouge comme stylo, et un stylo en or cossu et ostentatoire comme stylo, en dépit du fait que tous ces objets suscitent des informations sensorielles très différentes. N'empêche, le même réseau de neurones est activé par les trois séries d'informations malgré leurs différences – et c'est ainsi que nous reconnaissons un stylo comme stylo.

Encore plus fascinant, chaque attracteur possède ce que l'on appelle un « bassin d'attraction » – un ensemble de schémas d'activation similaires qui tendent à se transformer en états attracteurs. Cela signifie que de nombreux schémas d'activation similaires, mais non identiques, sont « reconnus » par le système comme étant en quelque sorte équivalents les uns aux autres. Les principales propriétés des attracteurs dans les réseaux de neurones formels, en particulier les propriétés de dégénérescence, sont liées à la propension qu'a un souvenir tout entier d'être stimulé par l'évocation de l'une ou l'autre de ses composantes. Et un attracteur avec un bassin d'attraction est comme un souvenir générique, pour lequel une multitude d'objets similaires sont reconnus comme membres de la même catégorie.

Bien que les notions d'attracteur et de bassin d'attraction viennent de modèles informatisés, il est extrêmement séduisant de songer qu'elles puissent aussi rendre compte des caractéristiques essentielles de la véritable formation des souvenirs dans le cerveau biologique. John Hopfield, l'un des pionniers de la modélisation des réseaux de neurones, fut parmi les premiers à proposer l'idée que les états attracteurs, en fait, sont des souvenirs.

Au grand minimum, nous savons déjà que des circuits similaires aux attracteurs existent dans le cerveau. Leur fonction n'est pas totalement claire, mais les preuves en faveur de l'hypothèse selon laquelle « les souvenirs sont des attracteurs » continuent de s'accumuler. Certaines de ces preuves viennent d'expériences de morphing. Nous avons tous vu le clip musical de Michael Jackson, « Black or White », dans lequel cette technique est apparue pour la première fois ; on y découvre des visages qui se succèdent en se fondant les uns dans les autres : des visages féminins qui se transforment en visages masculins, des visages vieux « morphés » en visages jeunes, des Asiatiques en Caucasiens, etc. La même idée a été appliquée en neurosciences dans diverses expériences. Grâce à l'infographie, on peut créer un continuum d'images qui passent, par morphing, d'un animal à l'autre : un chien devient un chat qui devient une vache qui devient un chameau. Imaginez que vous demandiez à des sujets humains de classer les créatures ainsi générées en deux groupes correspondants aux deux animaux d'origine. Vous pouvez aussi faire la même chose avec des sons synthétisés, ou des voix fondues les unes dans les autres, qui prononcent des phonèmes successifs par morphing : « A » devient « O », « O » devient « U », et ainsi de suite.

Les sujets d'études classent ce genre d'éléments informatisés avec des délimitations étonnamment précises : jusqu'à un certain point du continuum tous les éléments sont assignés, sans hésitation et de manière invariable, à une catégorie ; au-delà de ce point, ils sont assignés à l'autre catégorie, de façon tout aussi régulière et sûre. La netteté de ces classifications correspond exactement à ce que l'on peut attendre d'un cerveau doté d'attracteurs distincts, avec un bassin d'attraction spécifique associé à chaque attracteur.

Un autre pionnier de la modélisation des réseaux de neurones, Stephen Grossberg, a développé une puissante *Théorie de la résonance adaptive*, ou TRA. Selon le modèle de la TRA, les opérations qui consistent à reconnaître un événement extérieur et à lui « donner du sens » se produisent quand l'influx sensoriel de cet événement « résonne avec » – ou correspond à – l'un des réseaux, ou attracteurs, formés au préalable. D'après ce modèle, donc, l'acte de reconnaissance n'est rien d'autre que la réactivation d'un réseau de neurones préexistant. Ce système est de plus en plus accepté par les neuroscientifiques comme représentation de ce qui se passe dans le cerveau humain réel quand nous reconnaissons un objet ou quand nous récupérons un souvenir dans notre mémoire.

Les aficionados du cerveau, parmi les lecteurs de ce livre, s'interrogeront peut-être sur la relation entre attracteur et *module*. Le terme *module* était populaire en science cognitive dans les années 1980 et 1990, et l'est encore dans certains cercles. Il désigne une unité structurellement compacte, circonscrite et « informationnellement encapsulée » dans le cerveau, dédiée à une opération mentale très spécifique, parfois une opération relativement complexe. J'y faisais allusion plus haut. On supposait aussi que la communication entre les différents modules était très limitée, et qu'il n'y avait quasiment aucun chevauchement ni entre leurs fonctions, ni entre leurs circuits. Il fut à la mode, pendant quelques années, de considérer ces « modules » comme les composantes de base de la cognition. La vision modulaire du cerveau était en fait une réactivation bizarre de la phrénologie du dix-neuvième siècle... déguisée en innovation high-tech.

Pour moi, la notion de modularité attribuée aux processus supérieurs de la cognition était l'équivalent d'une invasion wisigothe, et je l'ai dit publiquement. Je l'ai combattue bec et ongles, en me trouvant souvent dans la minorité (parfois une minorité réduite à ma seule personne), et en publiant des articles aux titres courroucés, tels que « Grandeur et décadence de l'orthodoxie modulaire », dans lesquels j'anticipais la mort de ce « bidule de module ». La mort annoncée n'a pas beaucoup tardé. Aujourd'hui, la modularité est on ne peut plus discréditée, rejetée, dénigrée par la communauté neuroscientifique. Le module cognitif se voit parfois qualifié, de façon sarcastique, de « cellule grand-mère » : un neurone où est stockée l'image de votre grand-mère. Ne le cherchez pas. Il n'existe que dans les têtes de quelques partisans incurables des théories démodées de la modularité. À moins que vous ne soyez l'un d'eux, il n'y a pas de « cellule grand-mère » dans *votre* tête !

Mais l'attracteur dont nous avons parlé serait-il en réalité un module camouflé, une « cellule grand-mère » sous un autre nom ? Avons-nous inventé une terminologie de simulation informatique sophistiquée pour rebaptiser une momie conceptuelle du passé ? La réponse à cette question est un « Non » retentissant ! Le module est censé être inné : l'attracteur est émergent. Le module est censé être fonctionnellement encapsulé : de nombreux attracteurs partagent les mêmes composants neuronaux. Le module est censé être structurellement encapsulé : l'attracteur peut être, et c'est probablement le cas la plupart du temps, distribué sur un vaste territoire d'aires corticales. Ce dernier point peut être illustré par une observation simple : imaginez-vous essayant de retrouver, lors d'une conversation, le nom d'une personne que vous connaissez. Ce nom, vous l'avez sur le bout de la langue, mais il vous échappe... jusqu'à ce que la personne en question entre dans la pièce ! À l'instant où vous apercevez son visage tout sourire, son nom vous revient à l'esprit. Ce processus de rappel, qui tient presque de la révélation, se produit en dépit du fait que la personne ne porte pas de badge nominatif – et que son nom, faut-il le préciser, n'est pas non plus gravé sur son front.

Pour que ce phénomène se produise, il doit exister dans votre tête un réseau qui incorpore à la fois une composante visuelle pour l'information faciale associée à cette personne, et une composante auditive pour l'information de son nom. En dépit du fait que ces deux types d'information occupent des aires corticales très différentes (le lobe pariétal pour l'information faciale, le lobe temporal pour l'information du nom), ils s'entremêlent dans un unique attracteur. Et l'attracteur est activé tout entier dès qu'un sous-ensemble des neurones qui le composent, même petit, est stimulé.

Voilà, pour résumer, le mécanisme de la mémoire générique. Les prochains chapitres montreront clairement comment les souvenirs génériques sont de puissants outils cognitifs.

8

La mémoire, les formes
et la machinerie de la sagesse

Les vertus de l'économie mentale

Les exploits du sage (ou, à une échelle plus modeste, les prouesses de l'expert) ébahissent et confondent en général l'observateur extérieur. Le sage (ou l'expert) donne l'impression de « savoir » résoudre des problèmes aussi épineux qu'inattendus, de façon quasi instantanée et apparemment sans effort. La sagesse, c'est aussi l'aptitude à anticiper des événements qui prennent la plupart des gens complètement au dépourvu. Nous avons déjà établi que le phénomène de la sagesse, par définition très complexe, ne peut être réduit aux processus, aussi puissants soient-ils, de la reconnaissance de formes. Mais nous avons aussi établi que ces processus comportent un élément de sagesse très important, qui implique que l'individu « sage » est capable de traiter un nombre inhabituellement large de formes dont chacune recouvre toute une classe de situations importantes. Comme nous l'avons vu, cette capacité est le résultat de la présence d'un grand nombre d'attracteurs dans le cerveau. Il faut du temps pour que les attracteurs à reconnaissance de formes se constituent et s'accumulent. Les formes qui nous permettent de trouver des solutions rapides à un large éventail de problèmes sont des souvenirs génériques. Et l'arsenal de ces souvenirs génériques s'accroît avec l'âge.

Avec l'âge, de même, il est de plus en plus facile de prendre ses décisions de façon intuitive. L'intuition est souvent interprétée comme l'antithèse de la prise de décision analytique, comme un processus de nature non analytique, ou préanalytique. Mais, en réalité, l'intuition est la condensation d'un vaste ensemble d'expériences analytiques préalables. L'intuition, c'est de l'analyse compressée et cristallisée. Par conséquent la prise de décision intuitive est postanalytique plutôt que préanalytique ou non analytique. Elle est le produit de processus analytiques qui sont condensés à un tel degré que leur structure interne échappe même à la personne qui en bénéficie. C'est Herbert Simon qui a mis en relief la nature « postanalytique » de la prise de décision intuitive.

Les avantages de ces condensations mentales furent « découverts » par l'évolution il y a des millions d'années, et d'innombrables espèces en ont profité au fil d'innombrables générations. Certaines composantes de notre environnement, comme le serpent, sont « reconnues » comme dangereuses grâce à un processus instantané, automatique, extrêmement efficace, qui ne nécessite aucune réflexion. On peut considérer ce mécanisme comme une forme de sagesse « phylétique », une notion proposée par Joaquin Fuster que nous avons examinée dans un chapitre précédent. Comme tout mécanisme hautement générique, la sagesse phylétique est par définition une donnée statistique. Elle fonctionne à notre avantage la plupart du temps, peut-être une écrasante majorité de fois, mais pas toujours. Elle opère avec la force quasi absolue d'un mécanisme précâblé – et c'est ce qu'elle est. Le siège de ce mécanisme de réaction automatique précâblé se trouve dans l'amygdale, un petit groupement de cellules nerveuses logées dans la partie interne de chaque lobe temporal.

J'ai pu mesurer pleinement la force de ce type de prise de décision condensée et précâblée à l'occasion d'un voyage au Kenya il y a quelques années. Parmi les nombreuses activités classiques proposées aux touristes, j'eus la visite d'un élevage de crocodiles. Là, on me présenta un bébé crocodile tout juste sorti de l'œuf. La minuscule créature faisait à peine la longueur de ma paume, elle était maigrichonne et manifestement inoffensive. Pourtant, quand je tendis le bras pour la toucher (un processus conscient dirigé par le néocortex), une force insondable tira mon bras en arrière pour l'en éloigner (un processus automatique dirigé par l'amygdale). J'assistai, incrédule, à ce conflit neuronal – en ayant le sentiment étrange d'être l'observateur passif des mécanismes internes de mon propre cerveau, plutôt que leur agent décisionnaire. À ma plus complète stupéfaction, l'amygdale emporta la victoire et je fus incapable de toucher le bébé crocodile. D'un point de vue rationnel la situation était tout à fait ridicule, mais voilà : le mécanisme précâblé, affiné et ancré sur tant et tant de générations d'évolution de l'espèce, eut le dernier mot. De nombreuses personnes disent avoir une réaction similaire face aux serpents ; et je dois avouer frissonner légèrement chaque fois que je vois un gros serpent autour des épaules d'un bateleur (une scène qui n'est pas si rare dans nos villes). L'idée d'approcher l'animal pour le toucher ne m'a jamais traversé l'esprit.

Tout comme l'amygdale contient des condensations neuronales qui incarnent une sagesse phylétique développée sur des millions d'années, le néocortex contient des condensations neuronales qui incarnent une sagesse individuelle (ou compétence individuelle) développée à l'échelle d'une seule vie. Ces condensations se présentent sous la forme des attracteurs neuronaux que nous avons déjà étudiés. Comme dans le cas du crocodile, ces modèles cognitifs qui filtrent les informations venues du monde extérieur peuvent, à l'occasion, avoir des ratés[1]. Mais, dans l'ensemble, ils ont une très grande capacité d'adaptation.

---

1. D'après le neuroscientifique australien Allan Snyder, le prix que nous payons en nous reposant de manière excessive sur les mécanismes rapides de reconnaissance de formes est peut-être beaucoup plus élevé que nous ne le croyons. Pour découvrir le coût réel de notre dépendance vis-à-vis de ces mécanismes, Snyder s'est lancé dans une étude qui nécessitait l'inhibition temporaire des circuits cérébraux nécessaires à la reconnaissance de formes, par l'entremise d'un faible signal magnétique diffusé dans le cerveau de ses sujets (la technique est connue sous le nom de stimulation magnétique transcrânienne, ou SMT). Snyder affirme qu'à la suite de cette manipulation les sujets ont temporairement acquis des aptitudes mentales qui leur faisaient défaut auparavant. En particulier, leur capacité à dessiner se serait grandement améliorée ; ils produisaient des dessins plus riches, plus détaillés – et il en irait de même avec d'autres aptitudes. Allan est un formidable chercheur, et l'un de mes grands amis, mais j'ai refusé son invitation à participer en tant que cobaye à cette étude. Nous ne saurons donc jamais si ce livre, que j'étais en train d'écrire quand j'ai rendu visite à Snyder à son laboratoire de l'université de Sydney, aurait pu être amélioré si j'avais accepté.

La prise de décision intuitive d'un expert saute les étapes logiques et méthodiques parce qu'elle est, précisément, la condensation d'une utilisation poussée de ces étapes logiques et méthodiques par le passé. C'est cela le luxe de l'économie mentale garantie par une vaste expérience préalable. Le grand physicien Richard Feynman, dit-on, était capable de passer rapidement en revue plusieurs pages bourrées de formules mathématiques complexes, avant de conclure d'un air détaché : « Ça m'a l'air bon. » Postanalytique et sans effort !

Une autre illustration simple, quotidienne, de l'économie mentale conférée par le savoir préalablement accumulé se trouve dans notre capacité à lire le journal sans, strictement parlant, le lire vraiment. Je prends l'édition d'un grand quotidien vers la fin de l'année 2003 et je passe les titres en revue : *Milosevic à nouveau malade... Schwarzenegger donné gagnant... Bali, le poseur de bombe condamné...* Je n'ai pas besoin de lire les articles en entier pour en connaître le contenu. Le savoir que j'ai accumulé au préalable au sujet des nouvelles de cette période me permet de déduire le contenu de ces articles avec une telle précision que si je les lisais pour de bon, mot pour mot, je n'en apprendrais pas beaucoup plus que ce que je peux supposer y trouver. Le procès pour crimes contre l'humanité de l'ancien président yougoslave Slobodan Milosevic a été de nouveau repoussé, pour raisons de santé. L'ancien bodybuilder et acteur reconverti en homme politique est en tête dans la course électorale pour le poste de gouverneur de Californie. Le procès du fondamentaliste musulman qui a fait sauter une discothèque à Bali arrive à son terme.

J'aurais pu tirer toutes ces informations du journal sans en avoir la moindre connaissance préalable. Mais il aurait fallu que je lise les articles avec attention. J'aurais passé au moins une demi-heure, peut-être une heure, à extraire les données du texte imprimé, une opération qui aurait mis à l'épreuve mon attention, ma mémoire et mes capacités linguistiques. Grâce au savoir que j'avais acquis au préalable, l'opération s'est réduite, globalement, à un processus de reconnaissance quasi instantanée, merveilleusement facile, qui ne m'a pas pris plus de trente secondes. En voilà, de l'économie mentale ! Bien sûr, cet exemple avec le journal n'a qu'un lointain rapport avec les processus de prise de décision dans le cas de situations complexes, exigeantes sur le plan cognitif. Mais le principe des formes accumulées au préalable, et qui sont au service des mécanismes de l'économie mentale, est fondamentalement le même dans diverses situations en apparence très différentes.

Au niveau neuronal, les bénéfices apportés par cette économie mentale sont considérables. Et ils prennent de plus en plus de valeur avec l'âge. Pour expliquer cela, on évoque souvent les notions de « ressources mentales » et de « réserve mentale », dont on suppose qu'elles diminuent avec l'âge. En dépit de leurs connotations quelque peu mystérieuses, ces concepts ont pris de l'importance chez les neuroscientifiques impliqués dans le vieillissement cognitif. Ils servent à cerner certains aspects difficilement définissables de l'esprit, que dans la langue profane on appelle « énergie mentale » ou « lucidité ». Pour être franc, j'ai toujours eu le sentiment que « ressources mentales » était de ces expressions qui donnent *l'illusion* de mieux comprendre, alors qu'en réalité elles ne font que parer un vieux casse-tête scientifique d'un nouveau nom. (Il y a beaucoup d'exemples de ce genre dans les sciences !)

Nous ne savons pas exactement ce qui détermine les « ressources mentales » dont dispose un individu. De façon purement hypothétique, on pourrait dire qu'il s'agit de la quantité d'oxygène disponible dans le cerveau grâce à la circulation sanguine, ou de la densité de la connectivité neuronale, ou de la vitesse de transmission du signal électrique le long de l'axone, ou de la concentration de neurotransmetteurs critiques dans la synapse, ou bien d'un mélange de tous ces facteurs ! Quelle que soit leur définition, les « ressources mentales » varient selon les individus. Mais l'économie mentale, possible grâce au mécanisme de la reconnaissance de formes, nous permet de résoudre des tâches cognitives très complexes avec une dépense minimale en ressources cérébrales. De fait, l'économie mentale inhérente à la reconnaissance de formes contrebalance le déclin des ressources cérébrales censé frapper la plupart des gens quand ils vieillissent.

Un esprit paresseux, mal exercé et « pauvre en formes » sera parfois séduit par l'apparente aisance et la fluidité de la prise de décision « postanalytique » – et sera tenté de l'imiter. Loin d'être postanalytique, cette velléité pathétique sera beaucoup plus sûrement « factice-analytique » ! La tendance actuelle, dans le domaine de l'éducation, à enseigner les mathématiques aux adolescents par le biais d'« estimations » quantitatives et impressionnistes plutôt qu'en leur inculquant des méthodes de calcul explicites est l'un des pires exemples de ce genre de trucage intellectuel.

Donc, les souvenirs génériques sont des systèmes de reconnaissance de formes. Plus nous étudions leur pouvoir dans la cognition, plus nous sommes impressionnés par la prémonition de Herbert Simon, qui affirma le premier que la reconnaissance de formes était l'outil de résolution de problèmes le plus courant et le plus efficace que nous ayons à notre disposition. Cela signifie-t-il que chaque forme se qualifie comme élément constitutif de sagesse, ou même simplement de compétence ? Probablement pas – à moins de banaliser ces concepts à l'extrême. Mais plus les formes sont nombreuses, génériques, et plus elles facilitent l'accès à une solution aisée, instantanée, pour un large éventail de problèmes importants, plus elles se définissent comme éléments de sagesse. Plus certaines formes sont génériques et plus leurs représentations neuronales sont redondantes, plus elles seront résistantes aux effets de la dégénérescence cérébrale et de la démence. Plus ces formes sont activées fréquemment par l'activité mentale, plus elles deviennent « invulnérables » face au déclin cognitif. En outre, le répertoire des formes augmente sans cesse au fil du temps. Cela veut dire que le vieillissement est le prix que nous devons payer pour accumuler des « formes à sagesse ».

Plus tôt dans le livre, nous avons étudié la différence entre compétence et sagesse. Mais dans quelle mesure cette distinction est-elle vraiment significative ? Notre culture a une certaine prédilection pour les taxinomies finies, les dichotomies pures, les distinctions binaires. Cependant, la réalité est plus souvent diffuse et graduelle ; elle se définit rarement en termes de frontières rigoureuses. Je me souviens des interminables disputes que j'avais, adolescent, avec un cousin qui avait à peu près mon âge et qui était aussi précoce que moi. Nos discussions portaient sur l'idée de grandeur – et sur la question de savoir où placer le seuil qui la définit. Nous étions d'accord que Beethoven était un grand compositeur, Rembrandt un grand peintre, Tolstoï un grand écrivain. Mais que dire de Bela Bartok, de Francisco Goya ou de Theodore Dreiser ? Étaient-ils « grands », eux aussi, ou juste... remarquables ? Avec le recul, bien sûr, le débat paraît naïf et foncièrement futile. En dépit de ce qu'ont écrit des érudits comme Harold Bloom ou Charles Murray sur les personnages les plus importants du monde, il n'existe pas de frontière précise, évidente, entre la grandeur et la « remarquabilité » – et il n'y en a pas non plus entre la sagesse et la compétence. Tout cela n'est que question de degré, de subjectivité et de jugement de valeur.

Des « paquets d'habitudes »

Comme nous l'avons établi, sagesse et compétence viennent avec l'âge. Cela signifie-t-il qu'il va de soi qu'en vieillissant nous acquérons ces précieuses caractéristiques, un peu comme nous prenons des cheveux blancs et des rides sur le visage ? (Ce serait sympa, non ?) Hélas non – cela ne se passe pas de façon aussi organisée et garantie. Dans le livre d'interviews publié par le célèbre journaliste australien Peter Thompson, le sous-titre est aussi important que le titre : *La sagesse : un don bien mérité*. Le don de la sagesse est une récompense, pas un droit. Il doit se gagner. De même, il faut travailler pour avoir de la compétence dans un domaine quelconque.

Pour revenir au langage du cerveau, la sagesse comme la compétence s'obtiennent à travers l'accumulation d'attracteurs qui permettent la reconnaissance de formes dans les situations importantes. Il va sans dire que certains individus passent leur vie entière à accumuler de telles formes, et d'autres... le font moins. Chaque être humain acquiert un certain potentiel de reconnaissance de formes au fil de son existence. Mais tous les êtres humains n'acquièrent pas les formes nécessaires à la résolution de problèmes qui ont une réelle importance pour un nombre significatif d'autres gens qu'eux. De manière générale, les personnes qui ont passé leur vie à relever des défis intellectuels ardus, et qui ont été douées dans ce domaine – en d'autres termes les personnes qui sont à la fois brillantes et qui se sont montrées actives sur le plan intellectuel pendant la plus grande partie de leur existence – seront en quelque sorte récompensées par une meilleure résistance mentale aux effets du vieillissement.

Ce phénomène a été mieux compris quand on a commencé à examiner la relation entre capacité de raisonnement et culture générale (en y incluant la maîtrise du vocabulaire). Chez les individus dont la capacité de raisonnement était limitée, la culture générale et le vocabulaire se maintenaient à un niveau constant quand ils vieillissaient, ou déclinaient. Mais chez les individus dotés d'une forte capacité de raisonnement, culture générale et vocabulaire continuaient de se développer avec l'âge – sans discontinuer, et jusqu'à l'âge de quatre-vingts ans !

Cela signifie que le don qui consiste, grâce à un puissant moteur de reconnaissance de formes, à savoir résoudre des problèmes qui déconcertent la majorité des gens est l'apogée et la récompense d'une vie consacrée à affronter de nombreux défis intellectuels. Chez ceux qui ont mérité cette récompense, le « don de sagesse », pour reprendre la tournure de Peter Thompson, fait preuve d'une résistance stupéfiante face au vieillissement et à toutes sortes d'agressions neurologiques contre le cerveau. Le grand psychologue américain William James avait raison quand il écrivit : « Si seulement les jeunes pouvaient avoir conscience de la rapidité avec laquelle ils ne deviendront bientôt que des paquets d'habitudes ambulants, ils tiendraient davantage compte de leur conduite quand ils sont encore dans leur état plastique. »

Les personnes chez qui « les paquets d'habitudes (acquises) »

173

intègrent de véritables compétences continuent d'en récolter les bénéfices jusqu'à un âge avancé. Aujourd'hui, un nombre croissant d'individus âgés choisissent de demeurer actifs sur le marché du travail. C'est une évolution tout à fait positive, et réaliste d'un point de vue démographique. Mais elle soulève en même temps des inquiétudes au sujet de leurs compétences professionnelles, que l'on craint de voir amoindries par le vieillissement. Ces inquiétudes se révèlent injustifiées : les études montrent qu'il n'y a pas de relation de cause à effet entre vieillissement et performance professionnelle. Celle-ci ne décline tout simplement pas avec l'âge.

Les compétences professionnelles se trouvent aussi dans ce que l'on appelle le « savoir tacite » : le savoir procédural qui est utile pour résoudre les problèmes quotidiens qui se présentent au travail, mais qui n'est pas enseigné de manière explicite dans le cadre de la formation professionnelle. Les études ont montré que le savoir tacite ne subit aucun déclin significatif avec l'âge – ce qui pourrait expliquer qu'il n'y ait pas de relation négative entre vieillissement et compétences professionnelles. En fait, le savoir tacite décline beaucoup moins que les facultés intellectuelles spécifiques (mémoire, attention, etc.) telles qu'on les évalue avec les tests neuropsychologiques. Cela signifie qu'un professionnel âgé, en dépit du déclin de sa mémoire et de son attention, continuera en toute probabilité de faire correctement son travail.

Savoir descriptif et savoir prescriptif

Le savoir tacite est davantage associé à la résolution de problèmes qu'au simple fait de « connaître des choses ». Cela nous amène à un point très important : la distinction qu'il faut établir entre les aspects descriptifs et prescriptifs de la cognition, et entre les aspects descriptifs et prescriptifs de la sagesse et de la compétence. Comme nous l'avons observé plus haut, le savoir peut être descriptif *et* prescriptif. C'est aussi le cas de la reconnaissance de formes et des attracteurs qui incarnent ce savoir dans le cerveau.

Le savoir descriptif, c'est le savoir des choses telles qu'elles sont. On l'appelle parfois « savoir véridique ». Étant donné que les choses existent dans le monde indépendamment de vous, l'observateur, les diverses affirmations susceptibles d'être énoncées au sujet de ces choses peuvent être jugées « vraies » ou « fausses » – quels que soient vos préférences ou souhaits personnels. L'affirmation « cinq plus cinq égale dix » est vraie, l'affirmation « cinq plus cinq égale douze » est fausse. Et si vous regrettez que ce ne soit pas l'inverse, eh bien dommage pour vous ! Le savoir véridique, descriptif, est le savoir de la véritable nature des choses.

Le savoir prescriptif, en revanche, est le savoir des choses *telles qu'elles devraient être ;* c'est en particulier le savoir de ce que nous devons faire pour que les choses correspondent à nos souhaits et à nos besoins. Le savoir prescriptif, c'est le savoir de ce qu'il est nécessaire de faire, le savoir de la ligne de conduite qu'il est souhaitable d'adopter. Contrairement au savoir descriptif, le savoir prescriptif n'est pas indépendant de vous. Bien au contraire, c'est le savoir de *vos* besoins et de la ligne de conduite qui est la meilleure pour *vous*. Le savoir prescriptif ne concerne pas la nature objective, « vraie », des choses, mais la meilleure ligne de conduite à adopter vis-à-vis d'elles. Vu que le choix de cette ligne de conduite varie selon les individus, je fais souvent référence à ce savoir en utilisant l'expression *savoir centré sur l'acteur*.

Nous, les êtres humains, maîtrisons la puissante machinerie mentale qui nous permet d'acquérir et de stocker du savoir descriptif, mais cette machinerie est secondaire, auxiliaire, subordonnée à nos besoins d'acquisition et de stockage de savoir prescriptif. Les pressions évolutives qui ont donné forme à notre cerveau et à notre corps allaient dans le sens d'une amélioration de notre capacité de survie, pas de notre capacité à établir la vérité suprême – même si cette dernière pourrait joliment assister la première. À moins que vous n'habitiez dans un tonneau comme Diogène, votre objectif principal, comme pour la plupart des gens, est d'améliorer votre propre sort – et trouver la vérité est un moyen d'arriver à cette fin plutôt qu'une fin en soi[1].

Cela dit, il ne faut pas s'étonner que le savoir prescriptif soit particulièrement valorisé, tout comme sont valorisées la sagesse prescriptive et la compétence prescriptive. Les gens se tournent plus sûrement vers le sage ou l'expert pour obtenir un conseil sur la conduite qu'ils doivent tenir, que pour avoir une explication sur la nature des choses. Le pouvoir prescriptif de la sagesse et le pouvoir prescriptif de la compétence méritent un commentaire particulier.

Pour commencer, il nous faut comprendre où le savoir est formé et stocké dans le cerveau, et comprendre comment la machinerie cérébrale du savoir rend compte de la différence entre expertise descriptive et expertise prescriptive. À cette fin, il nous faut examiner deux différences majeures dans l'architecture du cerveau : entre les deux hémisphères, et entre l'avant et l'arrière du cortex cérébral. Le savoir descriptif et le savoir prescriptif sont tous deux basés sur la reconnaissance de formes, et les formes sont incarnées par des attracteurs. Puisque le savoir est stocké là où l'information entrante a été traitée pour la première fois (souvenez-vous, il n'y a pas d'entrepôts spécifiques pour la mémoire, pas de zones dédiées dans le cerveau), les attracteurs qui incarnent le savoir prescriptif et ceux qui incarnent le savoir descriptif occupent des territoires néocorticaux quelque peu différents.

Le savoir descriptif et le savoir prescriptif sont tous deux stockés dans les régions les plus avancées du néocortex, connues sous le nom de cortex associatif. Le savoir descriptif est stocké pour l'essentiel dans ses subdivisions postérieures, dans les lobes temporaux, pariétaux et occipitaux. En revanche, le savoir prescriptif est stocké dans les lobes frontaux. Des études récentes ont aussi montré que les deux hémisphères

---

1. L'ironie, c'est que traditionnellement les psychologues cognitifs ont toujours consacré l'essentiel de leurs efforts à comprendre la machinerie du savoir descriptif. Ce n'est que depuis quelques années que les mécanismes du savoir prescriptif commencent à attirer sur eux l'intérêt scientifique qu'ils méritent.

cérébraux jouent des rôles très différents dans l'acquisition et dans le stockage du savoir, dans la formation des attracteurs, ainsi que dans la machinerie de la reconnaissance de formes.

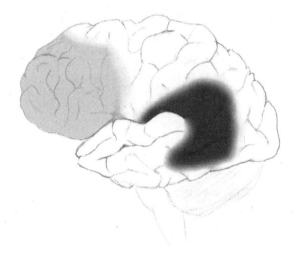

Fig. 8. **Territoires du savoir descriptif (en noir) et du savoir prescriptif (en gris).**

Dans les prochains chapitres nous explorerons davantage les mécanismes cérébraux de la sagesse et de la compétence ; nous verrons comment ces caractéristiques très convoitées dépendent des deux moitiés du cerveau et des lobes frontaux. À mesure que nous découvrirons les lobes frontaux, le rôle fondamental qu'ils jouent dans l'acquisition et le stockage du savoir prescriptif apparaîtra de plus en plus clairement. Et en examinant les différences et les interactions entre les deux hémisphères du cerveau, puis leur façon de se comporter face aux défis cognitifs nouveaux ou familiers, nous comprendrons mieux ce qui place les « formes à sagesse » à l'écart des autres manifestations de l'esprit, comment elles se constituent et pourquoi elles résistent aux assauts du vieillissement.

9

Prise de décision
« en haut, devant »

À l'intérieur des lobes frontaux

Aujourd'hui les lobes frontaux comptent parmi les régions du cerveau les plus étudiées, car ils jouent un rôle considéré comme fondamental dans notre univers mental. Les modifications qu'ils subissent, au fil de leur développement puis dans la vieillesse, intéressent au plus haut point les neuroscientifiques. Nous en sommes arrivés à voir la maturation des lobes frontaux comme le thème central du développement cognitif, leur déclin comme le thème central du vieillissement cognitif. Mais cette conclusion s'est imposée lentement et difficilement, et on comprend maintenant pourquoi : il est plus facile d'expliquer ce que les lobes frontaux *ne font pas* que ce qu'ils font précisément – or, les chercheurs ont mis longtemps à se mettre sur la bonne voie.

Je me souviens de la première fois où ma mère m'a emmené à l'opéra de Riga, ma ville natale, quand j'étais tout gosse. Alors que j'étais censé admirer le spectacle qui se déroulait sur la scène, je me trouvais incapable de détacher mes yeux du petit homme qui se tenait devant l'orchestre. Debout sur un podium, il agitait les bras et les mains en tous sens. Je ne comprenais absolument pas ce qu'il faisait là, puisqu'il ne jouait d'aucun instrument ! Inutile de préciser que ce petit homme était le chef d'orchestre...

Les lobes frontaux (plus précisément : le cortex préfrontal) sont au cerveau dans son ensemble ce que le chef d'orchestre est à l'ensemble des musiciens qu'il dirige. Pendant de longues années, psychologues et neurologues se sont trouvés face aux lobes frontaux dans la position qui était la mienne, petit garçon perplexe à l'opéra de Riga, face au chef d'orchestre.

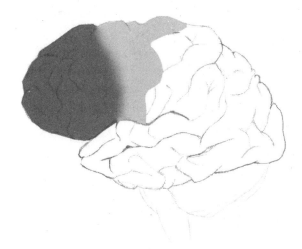

Fig. 9. **Le lobe frontal (en gris et noir) et le cortex préfrontal (en noir).**

Dans la pratique clinique, paradoxalement, le rôle des lobes frontaux dans la formation des caractéristiques centrales de la personnalité était connu depuis longtemps. La lobotomie frontale, si prisée au milieu du vingtième siècle aussi bien en Europe qu'en Amérique du Nord, avait pour objectif déclaré de modifier la personnalité de l'individu opéré – dans de trop nombreux cas, hélas, en l'anéantissant purement et simplement : elle consistait à sectionner les connexions entre les lobes frontaux et le reste du cerveau. Mais il y avait encore beaucoup de chemin à faire pour comprendre réellement, scientifiquement, le rôle et le fonctionnement des lobes frontaux.

Les scientifiques butaient sur un obstacle majeur qui venait... de leur propre fixation sur les mécanismes du savoir descriptif. Une fixation qui continua de dominer la neuropsychologie et la neuroscience cognitive jusqu'à une époque assez récente. Comme nous allons le voir, les lobes frontaux ont en fait peu de rapport avec le savoir descriptif – ils ont tout à voir, au contraire, avec le savoir *prescriptif*. Il y avait aussi un autre obstacle important : les neuroscientifiques se bornaient à étudier et à mesurer des capacités cognitives spécifiques – perception, langage, mobilité et ainsi de suite. Mais les lobes frontaux ne gèrent aucune de ces capacités, tout comme le chef d'orchestre n'est responsable d'aucun instrument en particulier.

La musique symphonique ne repose pas sur un instrument individuel. Elle émane de l'interaction de tous les instruments jouant de conserve. Et c'est le chef d'orchestre qui « met tout ça ensemble ». De même, n'importe quel comportement un tant soit peu complexe fait appel à plusieurs fonctions mentales – et ce sont les lobes frontaux qui gèrent ces fonctions sous forme d'ensembles complexes. Ils sont chargés d'établir les plans, de définir les chemins que l'organisme doit suivre pour apporter une solution ou une autre à un large éventail de problèmes. Comme le chef d'orchestre qui agite sa baguette à l'attention des différents membres de l'orchestre à mesure que la musique est jouée, les lobes frontaux stimulent des fonctions et des capacités mentales spécifiques, et les relient ensemble dans l'exécution de comportements complexes. Ce rôle de commandement est souvent appelé « fonction exécutive », par analogie avec la direction générale d'une entreprise, son PDG, ou pouvoir « exécutif », qui est chargé de définir la stratégie commerciale de la société, mais ne participe bien sûr à aucune activité spécifique, étroitement définie. Le PDG supervise les activités des employés, et il est responsable de la définition et de la mobilisation des ressources nécessaires à la progression de la stratégie globale de l'entreprise. C'est exactement ce que font les lobes frontaux dans l'organisme biologique vivant.

Plusieurs études récentes donnent à penser que l'organisation interne du cortex préfrontal possède une structure hiérarchisée, assez analogue en vérité à la hiérarchie d'une grande organisation sociale – entreprise, armée, administration –, avec un poste de commandement général au sommet, puis une cascade de divisions et de subdivisions variées. La partie la plus avancée du cortex préfrontal est chargée des prises de décision générales ; les zones qui se trouvent derrière gèrent l'organisation et l'exécution de composantes et de sous-composantes toujours plus détaillées des tâches à accomplir. Une structure tout à fait en harmonie avec le principe des gradients de l'organisation corticale fonctionnelle telle qu'elle se manifeste à travers tout le cerveau, comme nous l'avons vu plus haut dans le livre.

Plus les processus intellectuels sont systématiques, plus ils dépendent des lobes frontaux. La résolution d'un problème, quel qu'il soit, augmente l'activation corticale préfrontale si elle nécessite l'introduction d'une méthode logique, rationnelle, ou si la complexité du problème va croissant – deux facteurs qui exigent de mettre en relation de nombreux éléments et de jongler avec de nombreuses opérations mentales pour parvenir à la solution. De manière intéressante, le raisonnement inductif demande davantage de ressources préfrontales que le raisonnement déductif.

Les lobes frontaux sont donc, semble-t-il, les moteurs des actions et des pensées complexes, orientées vers un but spécifique. Cela implique que les plans et les schémas d'organisation de telles actions ou pensées sont formés à l'intérieur des lobes frontaux. Il en va de même pour les enchaînements de pensées qui sous-tendent les analyses rationnelles de divers problèmes, pour les méthodes analytiques que nous forgeons dans nos têtes quand nous cherchons une approche pertinente à ces problèmes. Elles sont toutes possibles grâce à la participation des lobes frontaux.

Nous avons établi dans les chapitres précédents que le souvenir d'un événement est stocké dans la zone du cerveau qui a participé au traitement et à l'analyse de l'événement au moment où il s'est produit et a été mémorisé pour la première fois. Puisque les plans d'action et les enchaînements de pensées de l'analyse rationnelle sont formés dans le cortex préfrontal, les souvenirs de ces plans, les souvenirs des solutions « exécutives » trouvées à divers problèmes, et les habitudes intellectuelles d'ensemble, pour l'analyse rationnelle, qu'un individu acquiert au fil du temps, sont aussi tous contenus dans le cortex préfrontal. Sur les pas de Joaquin Fuster, nous appellerons ces souvenirs des « souvenirs exécutifs ». Ils sont « prêts à l'emploi » quand la vie se répète, comme elle le fait inévitablement, avec de nouvelles variations sur des thèmes anciens. Et ce sont les lobes frontaux, en plus de leurs nombreuses autres fonctions exécutives, qui en sont les dépositaires.

Pour le dire autrement, le savoir prescriptif, les souvenirs génériques des façons les plus efficaces d'aborder toutes sortes de situations, et les souvenirs génériques des lignes de conduite optimales pour des classes entières de situations dans la vie réelle, sont tous contenus et accumulés dans les lobes frontaux. Les personnes qui possèdent de tels souvenirs génériques « savent ce qu'il faut faire » dans certaines situations épineuses qui décontenancent leur entourage. Au lieu de faire face à chaque prise de décision complexe « en partant de zéro » – ce qui risquerait de constituer une tâche insurmontable –, elles les traitent par la reconnaissance de formes. En un sens, le cortex préfrontal contient les représentations d'actions futures, et d'approches analytiques futures, applicables à des situations qui restent encore à se présenter. Puisque la sagesse tout comme l'expertise sont particulièrement précieuses pour leur pouvoir prescriptif, les lobes frontaux représentent une partie très importante de la machinerie neuronale de la sagesse et de l'expertise.

Bien que toutes ces questions occupent une place fondamentale dans le fonctionnement de l'esprit humain, ce n'est qu'aujourd'hui que les scientifiques osent commencer à y réfléchir sérieusement. Par tradition, on considérait certains aspects de l'esprit comme relevant du cerveau, et donc territoire d'exploration légitime pour les neuroscientifiques, tandis que d'autres aspects étaient censés appartenir à « l'âme » – territoire des poètes et des prédicateurs, interdit aux neuroscientifiques sérieux et dignes de ce nom. Il y a encore très peu de temps, dix ou vingt ans au maximum, la neuroscience cognitive se satisfaisait de traiter des thèmes « légitimes » et « fructueux », tels que la perception, la motricité ou la mémoire. Les attributs de l'esprit plus insaisissables, et en théorie « spécifiquement humains », comme la motivation, le jugement, l'empathie, la perspicacité, la moralité et ainsi de suite, étaient résolument inacceptables dans le courant dominant de la recherche ; quiconque prétendait vouloir les faire entrer dans le discours scientifique était considéré comme un charlatan, un audacieux dingo, ou pis encore. Ces attributs mentaux exaltés appartenaient tous au « domaine de l'âme », abandonné par les scientifiques aux poètes.

L'ambiguïté cognitive entrait elle aussi dans la liste des tabous. Selon le dogme officiel, les expériences psychologiques devaient être de nature pleinement déterministe. Quand j'étais étudiant, j'avais un professeur qui nous serinait : « Il faut savoir ce que le sujet fait. » Cela signifiait purger nos recherches et expériences de toute trace d'ambiguïté cognitive. Mais la plupart des situations de la vie réelle ne sont pas déterministes – elles sont foncièrement ambiguës ! Et la prise de décision critique doit souvent s'opérer dans un environnement obscur. Tout concept expérimental qui échoue à rendre compte de cette ambiguïté jette le bébé de la perspicacité avec l'eau du bain de l'inconséquence. Hélas, telle était la situation il y a encore peu de temps dans le domaine des sciences du cerveau.

Mais ces vieux tabous ont enfin été brisés. Aujourd'hui toutes les publications scientifiques sérieuses font la part belle à la tendance contraire : l'exploration des mécanismes cérébraux de la volition, du dynamisme, du jugement, de l'anticipation et de la prise de décision dans diverses situations hautement ambiguës. Même les caractéristiques en théorie si profondément humaines comme la volonté, l'intentionnalité, le comportement éthique et l'empathie sont aujourd'hui examinées, avec des méthodes rigoureuses, en neuroscience cognitive et en psychologie expérimentale. Il en a découlé l'invention d'une nouvelle terminologie, qui, il y a peu, aurait été considérée comme un fatras d'oxymores scandaleusement « ineptes » : on y trouve des expressions telles que *neurosciences sociales* (qui traitent des mécanismes cérébraux des interactions sociales), ou *économie comportementale* (qui traite de la psychologie de la prise de décision sur le marché). Le prix Nobel d'économie fut remis en 2002 à Daniel Kahneman, un psychologue qui a consacré toute sa carrière, avec son collègue Amos Tversky (aujourd'hui décédé), à sonder les mécanismes psychologiques (et souvent moins que parfaitement rationnels !) de la prise de décision économique dans les environnements ambigus.

Tout cela est le signe d'une nouvelle tendance en neurosciences, qui gagne en vigueur... et qui va même déjà très loin : comme si l'expression « économie comportementale » n'était pas suffisamment osée, on commence depuis quelque temps à entendre parler de *neuroéconomie*, une branche d'étude qui se penche sur les mécanismes cérébraux de prise de décision sur le marché, et qui utilise à cette fin les techniques de neuro-imagerie fonctionnelle les plus sophistiquées. On parle même de *neuromarketing* pour évaluer les réactions du cerveau face à la publicité, et on évoque l'utilisation de la neuro-imagerie fonctionnelle pour comprendre l'impact des spots publicitaires politiques pendant les campagnes présidentielles. Ces nouveaux développements nous obligent à conclure que la recherche neuroscientifique s'intéresse désormais beaucoup moins à la cognition descriptive (qu'est-ce qui est vrai ?) qu'à la cognition prescriptive (qu'est-ce qui vaut mieux pour moi ?).

Les différentes formes de cognition – descriptives (véridiques) et prescriptives (centrées sur l'acteur) – sont étroitement liées entre elles ; elles opèrent de conserve dans la plupart des circonstances. Cependant, les différences qui existent entre elles sont importantes, et pas seulement pour les psychologues et les neuroscientifiques. En 2002, la Cour suprême des États-Unis a rendu un jugement que je considère comme historique. En se déclarant opposés à la peine capitale pour les attardés mentaux, les neuf juges ont émis l'avis qu'un individu peut être maître d'une cognition descriptive normale (connaître, en théorie, la différence entre le bien et le mal), mais avoir une cognition prescriptive déficiente (être incapable d'utiliser concrètement ce savoir descriptif pour guider son propre comportement).

Par tradition, les neuropsychologues et les neuroscientifiques cognitifs se sont toujours intéressés, de manière presque exclusive, aux mécanismes cérébraux de la cognition descriptive, véridique. Ce n'est que depuis très peu de temps qu'ils essaient de comprendre la cognition prescriptive, centrée sur l'acteur. Les pressions évolutives qui ont façonné la conception et les capacités de nos cerveaux consistaient principalement à trouver

« la ligne de conduite qui est la meilleure pour soi », et la « recherche de la vérité » n'était qu'un facteur secondaire, subalterne (d'ailleurs clairement au service du premier) : dans la mesure où l'on peut affirmer cela aujourd'hui, il est assez ironique que les neuroscientifiques aient mis si longtemps à se tourner vers les mécanismes cérébraux de la cognition prescriptive. Mais cela a tout de même fini par se produire – mieux vaut tard que jamais !

Dans cette nouvelle approche, les lobes frontaux sont nos principaux sujets d'étude, puisque ce sont eux qui contiennent la machinerie neuronale du savoir prescriptif. Les lobes frontaux, dernières régions cérébrales à s'être développées au cours de l'évolution, mais qui occupent le siège du conducteur tout à l'avant, sont aussi celles qui gardent le plus jalousement leurs secrets. Quand les neuroscientifiques ont commencé à se pencher sur la cognition prescriptive, cependant, il est apparu assez rapidement que celle-ci dépendait essentiellement des lobes frontaux, et était sous leur contrôle. Leur rôle dans le savoir prescriptif fut élucidé en partie grâce aux recherches en IRM fonctionnelle menées dans le laboratoire de Kai Vogeley.

A   **B**

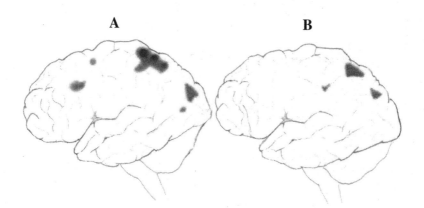

Fig. 10. **Activation cérébrale lors de tâches centrées sur l'acteur (A) et de tâches véridiques (B), observée par IRMf.** (A) Choisir des formes géométriques sur la base de préférences personnelles entraîne une activation combinée des zones préfrontales et pariétales. (B) Choisir des formes géométriques sur la base de disparités perceptuelles n'entraîne qu'une activation de la zone pariétale. Adapté avec la permission de Vogeley et autres (2003).

Cendrillon et le cerveau

S'il y a bien une région du cerveau dont la chance a radicalement tourné, c'est celle des lobes frontaux. Le revirement a été complet. « Cendrillon » de la neuroscience, elle est devenue l'un de ses sujets les plus brûlants. Dans un passé relativement récent, vers le milieu du vingtième siècle, de nombreux scientifiques considéraient encore que les lobes frontaux n'avaient qu'une fonction ornementale, ou même qu'ils étaient là pour supporter la boîte crânienne et l'empêcher de s'affaisser. (C'était comme ça ! Et ce, en dépit des avertissements de visionnaires comme John Hughlings Jackson ou Alexandre Luria, qui avaient pressenti l'importance exceptionnelle des lobes frontaux dans la cognition humaine.)

Je me souviens d'une conférence à l'université Columbia, il y a déjà de nombreuses années, où Patricia Goldman-Rakic, l'une des plus importantes chercheuses dans le domaine des lobes frontaux, avait montré une coupe schématique du cerveau : chaque lobe contenait un certain nombre d'homoncules, de minuscules « hommes bâtons », pour illustrer le degré d'intérêt scientifique dont il était l'objet. Le lobe frontal était celui qui renfermait le plus petit nombre d'homoncules. C'était alors le lobe négligé, le lobe Cendrillon.

Aujourd'hui, le schéma aux homoncules de Goldman-Rakic devrait sans doute être entièrement revu – un changement auquel elle a elle-même contribué plus que quiconque. Quand les neuroscientifiques ont commencé à percer les secrets de la cognition prescriptive, les lobes frontaux se sont révélés y jouer un rôle fondamental. Ils en assurent pratiquement tous les aspects ; ils y sont omniprésents et indispensables. Leur rôle est si important et si global qu'on le qualifie souvent, désormais, de « métacognitif ». Pour être tout à fait précis, enfin, ce n'est pas l'intégralité des lobes frontaux qui est impliquée dans ces aspects supérieurs du fonctionnement de l'esprit, mais une de leur section particulière : le cortex préfrontal.

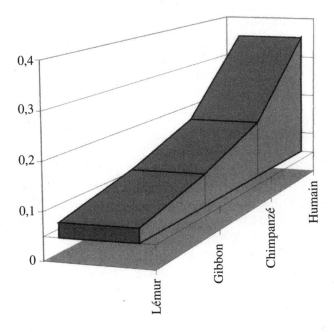

Fig. 11. **Évolution du cortex frontal.** Exprimé en proportion du cortex frontal par rapport aux autres cortex. D'après Brodmann (1909).

Le cortex préfrontal est apparu il y a relativement peu de temps dans l'histoire de l'évolution ; il n'a atteint un niveau de développement appréciable que chez les mammifères, et n'a connu une montée en puissance radicale que chez les primates supérieurs. Ce qui cadre bien avec le rôle exceptionnel qu'il joue dans les caractéristiques mentales souvent considérées, à tort ou à raison, comme spécifiquement humaines, et nous distinguent de nos cousins mammifères.

À présent que le centre de gravité de la recherche neuro-scientifique se déplace vers les lobes frontaux, avec une attention particulière pour le cortex préfrontal, il est de plus en plus à la mode de les impliquer dans presque tout ce qui représente les couches supérieures de la conquête spirituelle humaine. Certains auteurs ont recours à un langage extravagant pour décrire sa fonction. Alexandre Luria lui-même, l'une des plus augustes autorités en la matière, disait du cortex préfrontal qu'il était l'« organe de la civilisation ». D'autres ont affirmé que toute la partie humaine de l'évolution a été dominée par le développement des lobes frontaux. Moi aussi je suis coupable d'avoir contribué à cette mythologie en mettant sur la jaquette de mon précédent livre une parodie un peu sacrilège de *La Création d'Adam*, de Michel-Ange, sur laquelle on voit Dieu donner l'humanité à Adam en illuminant ses lobes frontaux.

Ces manifestations d'enthousiasme excessif mises à part, la recherche a démontré sans l'ombre d'un doute que le cortex préfrontal est essentiel pour tous les aspects de la cognition qui font le lien entre l'individu et la société. Les études en neuro-imagerie fonctionnelle ont révélé que les lobes frontaux s'activent quand les individus réfléchissent à des dilemmes sociaux ou moraux, quand ils éprouvent de l'empathie, ou bien quand on leur demande de « lire dans les pensées d'autrui » (il s'agit là des études sur la fameuse théorie de l'esprit). Chez les patients atteints de lésions aux lobes frontaux, on observe souvent une incapacité stupéfiante à faire preuve de la moindre perspicacité quant aux mondes intérieurs des autres gens. De façon tout aussi étonnante, ces patients ne sont pas moins « coupés » de leur potentiel de réflexion dans le domaine de la morale ; ils deviennent également incapables d'émettre des jugements critiques sur leur propre monde intérieur et sur les circonstances de leur propre vie. Ils souffrent d'une forme particulière d'anosognosie, différente de l'anosognosie causée par les lésions à l'hémisphère droit, mais pas moins dévastatrice. Par ailleurs, les études ont montré que les criminels, en particulier les criminels violents, ont souvent des cortex préfrontaux anormalement petits, ou anormalement inactifs sur le plan physiologique. On a enregistré des volumes réduits de substance grise préfrontale chez certaines personnes souffrant de trouble de la personnalité de type antisocial, et on a observé un niveau insuffisant d'activation frontale – un phénomène appelé *hypofrontalité* – chez certains individus sujets aux manifestations d'agressivité impulsive.

Cela signifie-t-il que nous naissons avec un certain « savoir moral », ou « savoir social », dont les lobes frontaux seraient le siège ? Le désir naïf des scientifiques de trouver un « module pour chaque chose » a-t-il finalement culminé dans la découverte d'une espèce de « module de moralité » qui contiendrait notre « instinct moral » ?

De fait, il est aujourd'hui à la mode de parler des lobes frontaux comme du « siège de la moralité ». Est-ce possible ? J'en doute fort. Connaissant l'histoire de la civilisation humaine comme nous la connaissons maintenant, je suis assez sceptique vis-à-vis de la notion de « moralité innée ». Préférant adopter une position qui ne soit ni trop romantique ni trop nihiliste, j'ai tendance à considérer le cerveau comme un appareil moralement agnostique, en tout cas au sens littéral du terme. À mon sens, la notion même d'« instinct de la moralité » est aussi fantasque, sinon davantage, que la notion d'« instinct du langage ». Je crois fermement que les normes éthiques qui régulent notre comportement social sont des constructions mentales globalement culturelles, et absolument pas « précâblées ».

Cela signifie-t-il que je refuse au cortex préfrontal le moindre rôle dans le développement moral ? Pas du tout ! Je crois qu'il est très important pour la formation des concepts éthiques – mais de façon indirecte. Nous savons qu'il est responsable de l'« organisation séquentielle » des comportements, de leur gestion au fil du temps, de l'agencement des diverses opérations mentales inhérentes à tout acte complexe, en séquences cohérentes et temporellement ordonnées. Cela signifie très probablement que le cortex préfrontal renferme les mécanismes cognitifs qui permettent d'établir la relation entre l'« avant » et l'« après ». De là, en vertu de sa capacité à établir des *relations temporelles*, il a pris une place fondamentale dans l'établissement du niveau d'abstraction suivant, plus complexe : les *relations causales* – les relations entre faits et conséquences.

Notre cortex préfrontal bien développé est sans doute nécessaire à l'établissement de toute une classe de relations du type « si/alors » (« si A, alors B »). L'homme a la capacité à intégrer cette règle générale, mais pas les autres primates. Cette capacité est la pierre angulaire de multiples techniques cognitives complexes que, à tort ou à raison, nous associons à notre espèce. Le langage est l'une d'entre elles, puisque les structures « si/alors » sont à la base des grammaires complexes qui articulent la parole. Cela met en lumière le rôle souvent négligé du cortex préfrontal dans l'émergence du langage au cours de l'évolution, dans le développement du langage chez l'enfant et dans son usage quotidien.

Mais la capacité à saisir les relations « si/alors » est aussi, probablement, au cœur du développement moral. Bien qu'insuffisante en elle-même, l'opération qui consiste à faire le lien entre causes et conséquences est nécessaire – sert de condition préalable – à tout raisonnement moral ou à la bonne compréhension des jugements éthiques. Pour renverser une affirmation que je faisais un peu plus haut, même si les lobes frontaux ne contribuent au raisonnement moral que de façon indirecte, et même s'ils sont moralement neutres, ils constituent bel et bien la composante fondamentale, la pierre angulaire neurobiologique sur laquelle repose le développement des concepts moraux.

Parmi les autres fondations du raisonnement moral, l'une des plus importantes est notre capacité à imaginer diverses lignes de conduite, et leurs conséquences : « Que se serait-il passé si j'avais fait X au lieu de Y ? » Il faut aussi mentionner la capacité à nourrir des regrets quand nous parvenons à la conclusion qu'au moment où nous étions à un carrefour et devions prendre une décision, nous avons choisi la mauvaise direction. La capacité à produire ce genre de « raisonnement contrefactuel » est importante, et pas seulement dans la sphère morale. Elle est capitale pour aboutir à de bonnes prises de décision dans tous les domaines – économique, politique ou personnel. Sans le bénéfice du raisonnement contrefactuel, tout processus d'« apprentissage à partir de l'expérience » serait cruellement handicapé et se limiterait à des tâtonnements maladroits. Aujourd'hui, nous savons que le raisonnement contrefactuel et la capacité à éprouver des regrets dépendent des lobes frontaux. Comme l'a montré un groupe de scientifiques français conduits par Nathalie Camille, les patients atteints de lésions dans une certaine zone des lobes frontaux – le cortex orbitofrontal – perdent ces aptitudes dans des proportions considérables.

L'empathie (pouvoir se projeter dans l'esprit d'autrui) et la capacité à produire des raisonnements moraux comptent parmi les plus importants ingrédients de la sagesse selon toutes les définitions du terme, à part égale avec la capacité à résoudre des problèmes de manière efficace. Dans la plupart de ses définitions, la sagesse implique la capacité de gérer des considérations pragmatiques « centrées sur l'acteur », et des considérations éthiques « mues par l'empathie ». Mon sentiment intuitif personnel quant à la nature de la sagesse va aussi dans ce sens. Le cortex préfrontal a pour rôle spécifique de fournir la machinerie neuronale qui réunit ces deux facteurs et les fait travailler ensemble dans un processus unique, bien intégré, qui conduit à la prise de décision.

Aujourd'hui nous avons toutes les raisons de penser que le développement du cortex préfrontal a joué un rôle central dans l'émergence de nombreuses, et peut-être de *toutes* les caractéristiques qui définissent notre humanité à nos propres yeux. Cela signifie-t-il que ces caractéristiques sont *spécifiquement* humaines ? Quel que soit le degré réel de discontinuité, dans l'évolution, entre le cerveau humain et ceux des autres espèces, nous avons souvent tendance à l'exagérer dans la vision romantique (égoïste) que nous nous donnons de nous-mêmes. Il est nécessaire de faire preuve d'une certaine retenue, afin de ne pas anthropomorphiser des caractéristiques qui ont peut-être – sans doute – atteint leur point culminant chez les humains, mais qui ne nous sont à coup sûr pas réservées exclusivement, au sens qualitatif, et qui ne sont pas dichotomiques – c'est-à-dire définies soit par leur présence absolue (chez l'homme), soit par leur absence absolue (chez les autres espèces).

Prenez l'« empathie » et la capacité à « lire dans l'esprit d'autrui ». Ces deux traits admirables, rassemblés dans le parler neuroscientifique sous l'expression peu commode de « théorie de l'esprit », sont indubitablement nécessaires pour constituer un groupe d'êtres humains soudés les uns aux autres. La recherche en neuro-imagerie fonctionnelle a montré que ces caractéristiques mentales supérieures dépendent des lobes frontaux. Nous nous les approprions fièrement, nous les êtres humains, les *Homo sapiens sapiens*, et nous rechignons à les accorder à d'autres espèces. Face à certaines preuves irréfutables, nous concédons de mauvaise grâce que quelques autres primates, les grands singes pour les nommer, possèdent des rudiments de ces capacités. En guise d'exemple une célèbre photographie vient à l'esprit : un bébé chimpanzé se précipite pour réconforter son « ami » humain lorsque celui-ci feint la douleur.

Mais que dire de Brit, mon bullmastiff ? Dans sa jeunesse, comme n'importe quel chiot, il aimait se glisser dans ma penderie, attraper une chaussette, sortir précipitamment de la chambre et s'installer sur le canapé du salon pour mâchonner la chaussette avec contentement et désinvolture. Comme n'importe quel maître, je le pourchassais à travers l'appartement et lui retirais la chaussette de la gueule. Au bout de quelque temps, le comportement de Brit changea. Il menait toujours des incursions dans la chambre pour y chiper une chaussette, mais au lieu de s'enfuir avec elle jusqu'à son canapé préféré... il se mit à me les apporter directement, où que je me trouve dans l'appartement à ce moment-là.

Jamais je n'ai dressé Brit à avoir ce comportement. Quelque part dans son esprit canin, néanmoins, il a dû supposer que si je lui reprenais systématiquement les chaussettes, c'était sans doute que j'en avais grand besoin. Et avec son bon cœur de chien, il a commencé à me rendre service en me les livrant en main propre. Selon n'importe quelle définition de l'expression, Brit manifeste une certaine capacité à former la « théorie de l'esprit » !

Ce n'est pas tout. Et là, il s'agit d'une chose que j'ai découverte complètement par hasard : quand je fais mine d'être triste ou accablé, en me prenant le visage dans les mains puis en commençant à pleurnicher, Brit s'inquiète. Il interrompt aussitôt l'activité qu'il a en train, approche en courant et me lèche le visage. Il ne fait pas cela quand je mime d'autres émotions – quand je fais semblant de rire de bon cœur ou de me mettre à crier d'un air coléreux. Il se montre assez sélectif vis-à-vis de mes différentes manifestations d'émotion, et ce bien que nous ne soyons pas du tout de la même espèce (mais grands copains quand même, il faut l'admettre). L'espèce canine se trouve très, très loin du pinacle du développement des lobes frontaux, cependant elle possède indiscutablement un cortex préfrontal, sans doute assez pour que Brit ait une capacité rudimentaire (et peut-être pas si rudimentaire que ça !) à « lire dans mes émotions » et à faire preuve d'empathie.

Quand je suis accaparé, en outre, par une conversation avec quelqu'un, ou bien quand je lis un livre, ou quand je travaille sur l'ordinateur, au bout d'un moment Brit s'approche et me donne des petits coups de patte, gentiment mais de façon insistante. Apparemment il fait cela non pas parce qu'il a besoin de quelque chose, mais parce qu'il veut que je dirige mon attention sur *lui* – et je suis tenté d'interpréter cette attitude comme le signe d'une conscience de soi rudimentaire : un autre attribut cardinal de la vie cognitive « développée » qui dépend selon toute vraisemblance des lobes frontaux.

En dépit de toute l'affection que j'ai pour Brit, je ne crois pas être le maître d'un « superchien » doté d'attributs intellectuels exceptionnels, qui seraient absents chez les autres membres de l'espèce canine ou chez les autres mammifères. Je suis convaincu que si j'avais une autre créature, un animal de niveau comparable sur le plan de l'évolution, et si je l'avais chez moi depuis le plus jeune âge comme Brit, je ferais des observations tout à fait similaires. Par conséquent, c'est peut-être une erreur de penser que les attributs supérieurs de la cognition, empathie ou théorie de l'esprit, sont apparus abruptement, comme un *deus ex machina*, durant les tout derniers stades de l'évolution. Il est beaucoup plus probable qu'ils se sont développés de manière graduelle, tout au long de la plus grande partie de l'évolution des mammifères, et que le processus a commencé dès que les lobes frontaux ont fait leur apparition dans le cerveau.

Comme il sied au chef d'orchestre ou au patron d'une entreprise, les lobes frontaux disposent d'un exceptionnel réseau de « contacts ». Ou encore, pour souligner l'importance de ces connexions, imaginez un marionnettiste (les lobes frontaux) dont la capacité à contrôler les marionnettes (les autres parties du cerveau) dépend du nombre et de la solidité des fils des marionnettes, sans lesquels il serait complètement impuissant. Comme nous le savons déjà, ces fils, les faisceaux de communication entre les lobes frontaux et le reste du cerveau, se développent et acquièrent leur potentiel avec une extrême lenteur : ils ne deviennent pleinement opérationnels qu'entre les âges de dix-huit et trente ans. Cela a été démontré par l'étude des durées de formation de la myéline, le tissu gras blanc qui isole les neurones et augmente la vitesse et la fiabilité de la transmission du signal dans toutes les connexions.

Pour étudier la maturation des lobes frontaux et leur évolution, on peut observer le développement de ce que l'on appelle les neurones « en fuseau ». Ces neurones particuliers transportent l'information entre des régions très éloignées du cerveau ; on les trouve principalement dans le cortex orbitofrontal. Ils commencent à apparaître pendant les premiers mois de la vie, mais leur nombre augmente radicalement pendant la deuxième et la troisième année. Les neurones en fuseau sont particulièrement fascinants, car ils sont très prolifiques chez les humains, modestement représentés chez les grands singes d'Afrique, et complètement absents chez les autres espèces. Il est par conséquent très tentant de les associer à la conscience, à la volition et aux autres attributs très avancés de l'esprit.

Prenons un peu de recul pour réfléchir de nouveau à la signification sociale de la période de l'existence qui va de dix-huit à trente ans. Comme nous l'avons déjà vu, l'âge de dix-huit ans est très intéressant car il est reconnu par la plupart des sociétés occidentales modernes comme le seuil de la maturité sociale, du passage de l'adolescence à l'époque adulte. L'âge de trente ans (à plus ou moins quelques années près, là encore) est aussi très intéressant. C'est à cette période, dans de nombreuses sociétés occidentales, que les individus peuvent prétendre aux plus hautes fonctions électives. Sans avoir reçu de conseil neuroscientifique explicite, donc, de nombreuses sociétés modernes ont « découvert » que l'intervalle de dix-huit à trente ans est celui de l'apparition des composantes fondamentales de la maturité cognitive. Comme je l'ai fait remarquer plus haut, cette correspondance entre la chronologie de la maturation sociale et celle de la maturation biologique des lobes frontaux n'est guère une coïncidence. Aujourd'hui, de nombreux scientifiques (dont je fais partie) pensent que le développement

194

complet et la pleine fonctionnalité des lobes frontaux sont des conditions impératives pour la maturité sociale.

Bien sûr, cela ne signifie pas que les fonctions exécutives apparaissent sur la scène des facultés intellectuelles à un âge déterminé, de manière soudaine et abrupte, et qu'une transition quasi instantanée permet de passer de leur complète absence à leur présence bien établie dans tous leurs aspects. Comme la plupart des caractéristiques biologiques et cognitives, elles se développement graduellement – de telle façon que la question à poser n'est pas « fonctions exécutives, oui ou non ? », mais « dans quelle mesure ? ».

Il en va de même pour les différences entre les individus. Comme tous les autres attributs de notre vie mentale, les fonctions exécutives – les prouesses du chef d'orchestre qui dépendent des lobes frontaux – varient d'une personne à l'autre. La neuropsychologie de ces différences n'en est qu'à ses balbutiements, mais nous acceptons largement l'idée selon laquelle des citoyens parfaitement normaux et bien faits ont des talents très variables pour ce qui est de la musique, de la littérature, de l'athlétisme et de toutes sortes d'activités. Et même si dans la vie courante nous jugeons souvent les gens à la va-vite en classant d'un côté ceux qui ont telles ou telles capacités, de l'autre ceux qui ne les ont pas, la réalité est en général moins affaire de « en avoir ou pas » que de « dans quelle mesure ? ».

Comme toutes les autres composantes de notre corps – notre taille, notre poids, la couleur de nos yeux ou de nos cheveux, notre capacité pulmonaire, notre tension moyenne –, nos cerveaux sont aussi l'expression de nos caractéristiques individuelles. La mesure du talent que les gens possèdent pour telle ou telle activité dépend pour une très large part des caractéristiques de leur cerveau.

C'est un postulat général qui est aussi valable pour les fonctions exécutives. L'expression *intelligence émotionnelle*, populaire depuis quelque temps, rend compte d'une partie du rôle joué par les lobes frontaux – mais d'une partie seulement. Dans la mesure où nous jugeons le concept de « fonction exécutive » utile (et c'est le cas !), le concept d'« intelligence exécutive » mérite probablement aussi d'entrer dans la partie.

Les diverses fonctions assurées par les lobes frontaux, comme la planification, la prévoyance, le contrôle des pulsions, la « théorie de l'esprit », tendent à constituer un tout cohérent. Elles vont ensemble : chez l'individu neurologiquement intact, elles tendent à être toutes bien développées, toutes modestement développées, ou toutes pauvrement développées. L'*intelligence exécutive* recouvre toutes ces fonctions des lobes frontaux et reflète leur cohésion. Enfin, elle varie entre les individus de la même façon que n'importe quel autre aspect de la cognition.

Toute situation complexe de la vie réelle exige l'intervention des fonctions exécutives sous contrôle des lobes frontaux – probablement pas de *toutes* dans le contexte d'une tâche unique, mais d'un sous-ensemble significatif parmi elles. Pour mieux comprendre comment les lobes frontaux guident le comportement dans la réalité, imaginez un homme d'âge mûr, disons même bien mûr, qui projette d'écrire un livre. Il n'est pas écrivain de métier, et la langue dans laquelle il s'efforce de noircir des pages n'est pas sa langue maternelle. Deux facteurs qui ont pour conséquence de donner au processus d'ensemble un caractère quelque peu plus volontariste que s'il écrivait dans sa langue d'origine – et pour compenser ce handicap, notre auteur se repose fortement sur ses lobes frontaux.

Les styles varient selon les écrivains. J'ai entendu des auteurs affirmer qu'ils ignorent ce qui va sortir de leur plume avant de se mettre à faire glisser le stylo sur le papier (ou les doigts sur le clavier). Avec une telle approche, la pensée et l'écriture s'entremêlent en un processus unique, fluide. Mais notre auteur imaginaire gère sa petite affaire selon une méthode très différente. Il programme avant d'agir. Chaque jour, il consacre un bon moment à une activité qui pourrait passer pour de l'oisiveté forcée : il se promène dans Central Park avec son très gros et très gentil chien. Mais il n'est pas désœuvré. Il réfléchit aux grandes lignes de son livre, et à la structure de ses divers chapitres, bien avant d'en écrire le premier mot. Il crée d'abord un plan général en fonction duquel il rédigera ensuite le texte – et en procédant ainsi il utilise ses lobes frontaux. Puisque la capacité à créer un programme avant de passer

196

à l'action est liée au cortex préfrontal, ce dernier doit trimer dur chez notre auteur pendant qu'il déambule en compagnie de son chien de Strawberry Fields à la fontaine de Bethesda Terrace. Cette méthode de travail, assez particulière, évoque davantage la sculpture que l'écriture. Après avoir créé un plan général dans sa tête, notre auteur écrit un brouillon des grandes lignes de chaque chapitre, qu'il améliore ensuite, pour leur donner forme petit à petit, jusqu'à en être satisfait. Le processus n'est pas linéaire, écriture du premier chapitre, puis du deuxième, puis du troisième et ainsi de suite. Le processus est plutôt *hiérarchique* : d'abord un plan d'ensemble, puis une série de squelettes de chapitres, puis les chapitres rédigés et de plus en plus aboutis. Une méthode de travail qui relève presque davantage de l'exercice architectural que de la production littéraire. La capacité à mener plusieurs activités parallèles en suivant le déroulement d'un plan général est elle aussi contrôlée par les lobes frontaux.

Par sa nature même, le livre en construction mélange plusieurs domaines, dont la biologie, la psychologie et l'histoire. Cela signifie que pour chaque section de l'ouvrage l'auteur doit avoir accès à une section particulière de la banque de savoir qu'il a accumulée au cours de ses cinquante et quelques années d'existence. S'il fait cela avec une relative aisance, et de manière quasi inconsciente, l'acte par lequel il sélectionne mentalement les informations pertinentes n'en est pas moins guidé par ses lobes frontaux – qui continuent donc de travailler très intensément.

L'auteur tient évidemment à ce que ses futurs lecteurs aillent au bout du livre, ce qui signifie entre autres choses qu'il ne doit pas être trop long. Une condition qui ajoute une pression supplémentaire au processus de sélection des informations pertinentes. Notre auteur ne peut pas inclure dans l'ouvrage tout le savoir qu'il possède, aussi intéressant soit-il, et doit se débrouiller pour établir des priorités. En faisant cela, il a recours à une sorte d'éditeur maison, un agent dont la fonction est d'autoriser l'entrée de certains éléments dans le texte, et d'en rejeter d'autres, moins importants. Encore une contrainte pour les lobes frontaux, car l'éditeur maison, c'est eux !

À mesure que notre auteur progresse dans l'écriture de ses chapitres, les thèmes varient et se croisent : de la biologie à la psychologie, puis de là à l'histoire, puis de nouveau à la biologie, et ainsi de suite. La capacité de l'auteur à basculer d'un sujet à l'autre de façon relativement fluide est un hommage supplémentaire à rendre à ses lobes frontaux, car c'est le cortex préfrontal qui est chargé de la flexibilité mentale.

Comme la plupart des écrivains, notre auteur aspire à dire quelque chose de nouveau, quelque chose d'original, quelque chose qui n'a jamais été dit ou écrit auparavant. Il essaie de créer un contenu inédit. Mais très peu de choses sont absolument nouvelles. Dans la plupart des cas la nouveauté est reliée, d'une façon ou d'une autre, au savoir qui la précède. Et comment la nouveauté apparaît-elle ? Elle est créée en configurant de manière originale, selon des assemblages inconnus jusqu'alors, des bribes de l'ancien savoir. Les éléments sont anciens, mais leur agencement est nouveau, sans précédent historique, et donc sans correspondance exacte avec aucune des représentations mentales déjà contenues dans la tête de l'auteur. L'assemblage d'une nouvelle configuration mentale à partir des éléments d'anciennes représentations est un processus très différent de celui qui consiste simplement à accéder à des représentations mentales existantes – comme cela se passerait par exemple s'il s'agissait pour l'auteur de dresser la liste de certains faits scientifiques établis, pour un article de journal ou une encyclopédie. Là encore le cortex préfrontal entre en jeu, car c'est lui qui a le rôle particulier de « jongler avec les représentations mentales », de les réarranger et de les reconfigurer en fonction de besoins nouveaux.

Tout écrivain souhaite que ses lecteurs prennent du plaisir à lire son livre, qu'ils le jugent intéressant et instructif, et notre auteur imaginaire ne fait pas exception à la règle. Pour y parvenir, il doit entrer dans l'esprit du lecteur, se mettre à sa « place mentale », former dans son propre cerveau une représentation du monde intérieur du lecteur. Quand il efface un paragraphe parce qu'il est « barbant », ou pimente le récit avec une anecdote parce qu'elle est « rigolote », il établit ces jugements du point de vue du lecteur. Il essaie de lire dans l'esprit de son lecteur. Comme nous le savons déjà, cette capacité repose fermement sur les lobes frontaux.

Enfin le manuscrit est prêt – plus ou moins. Par chance, notre auteur a un excellent éditeur qui examine le texte d'un œil constructif, mais critique. Cet apport éditorial externe est lui aussi géré par les lobes frontaux – mais là, il s'agit de ceux de l'éditeur.

Les lobes frontaux dans l'esprit vieillissant

Tant mieux, peut-être, si l'éditeur a vingt ans de moins que notre auteur imaginaire ! Malheureusement, comme nous l'avons vu, les lobes frontaux sont plus sensibles aux effets du vieillissement que la plupart des autres régions du cerveau. Mais cette vulnérabilité face à la dégénérescence ne signifie pas pour autant que la sagesse prescriptive, ou l'expertise prescriptive, disparaît avec l'âge. Elle ne signifie pas non plus que les lobes frontaux se dégradent de la même façon, uniformément, chez tous les individus. Joaquin Fuster a dit que le cortex préfrontal contient les représentations génériques de schémas d'actions qui sont efficaces pour de vastes gammes de situations et de problèmes. Il les appelle *souvenirs exécutifs sémantiques* et *souvenirs des concepts d'action*. Ces souvenirs ayant des caractéristiques générales variables, ils sont organisés hiérarchiquement. Comme les autres souvenirs génériques, les souvenirs génériques exécutifs sont relativement invulnérables en cas de lésions cérébrales. C'est ce qui permet à un grand patron ou à un leader politique vieillissant de continuer d'être un dirigeant efficace, malgré un certain déclin de ses capacités à affronter de nouvelles opérations mentales. (Pensez à Winston Churchill, dont l'attention fléchissait mais dont la pensée stratégique restait inattaquable.)

Les personnes dotées de cette « intelligence exécutive » ont un avantage considérable pour trouver la meilleure conduite à tenir en cas de situation véritablement inédite. À mesure qu'elles avancent dans la vie, elles ont toutes les chances d'accumuler une vaste « bibliothèque neuronale » de « souvenirs génériques exécutifs » – souvenirs de solutions efficaces à des problèmes épineux – sous la forme d'attracteurs qui résident, complètement ou en partie, dans les lobes frontaux. Leur bibliothèque neuronale sera plus étendue que celle de la plupart des gens. Résultat : ces personnes trouveront sans doute les solutions efficaces, « exécutives », de multiples situations nouvelles, et apparemment épineuses, en se concentrant sur les similitudes entre ces situations et d'autres problèmes (abordés auparavant et déjà résolus) grâce à une rapide opération de reconnaissance de formes exécutive. Sans être identiques, en outre, l'« intelligence émotionnelle » et l'« intelligence exécutive » sont étroitement liées. Si l'intelligence émotionnelle a elle aussi un siège particulier dans le cerveau, il se trouve dans les lobes frontaux. Et les souvenirs exécutifs qui sont stockés dans les lobes frontaux bénéficient de l'information qu'elle détient.

Comme pour toutes les parties du cerveau ou du corps, la vitesse du vieillissement des lobes frontaux varie selon les individus. Une longévité accrue des lobes frontaux, c'est sans doute une garantie d'esprit sain jusqu'à un âge avancé. Ceux qui entretiennent leurs lobes frontaux en bon état de fonctionnement sont ceux qui ont les meilleures chances d'avoir l'esprit clair jusque très tard. De fait, il a été démontré que les individus âgés qui fonctionnent bien sur le plan cognitif ont des lobes frontaux physiologiquement très actifs.

Même quand il survient, le déclin des lobes frontaux au fil du vieillissement affectera surtout la capacité de l'individu à trouver des solutions « exécutives » à certaines situations véritablement nouvelles. Mais ce qui est nouveau ou familier varie aussi selon les gens. Puisque la plupart des situations nouvelles entrent en résonance, dans une certaine mesure au moins, avec des expériences passées, les personnes qui ont accumulé une vaste bibliothèque neuronale de souvenirs génériques exécutifs bien ancrés ont d'excellentes chances de conserver une bonne capacité de résolution de problèmes – même en dépit du déclin cognitif, et en tout cas pendant quelque temps.

Dans les chapitres à venir nous examinerons comment l'activité mentale et l'exercice intellectuel renforcent, de fait, le tissu neuronal qui les sous-tend. C'est aussi valable pour les lobes frontaux. Les individus qui ont une belle histoire, tout au long de leur vie, de prises de décisions exécutives complexes, ont donc de meilleures chances de préserver jusqu'à un âge très avancé l'intégrité neuronale de leurs lobes frontaux, que les individus « suivistes », passifs, qui n'ont que modestement exercé leur fonction exécutive plus tôt dans la vie.

L'exercice qui consiste à faire basculer les capacités exécutives et l'intelligence exécutive du domaine de l'âme platonique vers le domaine du cerveau biologique a de nombreuses conséquences importantes. Il y a quelque temps, à l'occasion d'une interview pour la *Harvard Business Review*, on me demanda s'il était possible de développer le « talent exécutif », et comment. Cette question, qui présente un intérêt particulier pour les dirigeants d'entreprise, devrait aussi éveiller la curiosité du grand public. Quelle que soit notre activité professionnelle, nous sommes tous confrontés, à des degrés divers, à la nécessité de prendre des décisions « exécutives » dans le contexte de nos vies personnelles.

Je livrai au journaliste une réponse mesurée. Peut-être est-il possible de développer le talent exécutif, et il est important de comprendre comment y parvenir. Mais il est tout aussi important de l'identifier, d'abord, chez les individus qui en sont naturellement dotés. Et il est tout aussi important de reconnaître son absence, ou sa limitation, tout aussi naturelles, chez les autres. Comme n'importe quel attribut de l'esprit dont les fondements sont biologiques, le talent exécutif n'est pas un don accordé à chacun à part égale. Au lieu de s'imaginer que les capacités exécutives peuvent être développées avec autant de facilité chez tout le monde, les dirigeants d'entreprise devraient faire ce que font les entraîneurs en athlétisme, les chorégraphes et les professeurs de musique quand ils veulent transmettre leurs secrets à des étudiants : repérer les talents naturels et concentrer leurs énergies sur ceux qui sont doués, au lieu de les dissiper aux quatre vents. Tous ces maîtres savent que la clé du succès, plus que toute autre chose, repose sur une sélection judicieuse des candidats.

Cela, bien sûr, nous conduit inévitablement à une autre question : comment faire pour repérer le talent exécutif ? Une fois encore, il est plus facile de dire comment *ne pas* le chercher. Il ne faut pas le chercher en faisant passer des tests d'intelligence, par exemple. Il a été démontré que les patrons d'entreprise les plus doués n'ont pas, en général, un QI exceptionnel. Leur QI est respectable, dans la fourchette « moyenne haute à supérieure ». Mais ils ne crèvent pas le plafond, loin de là. Dans la même veine, les patients atteints de sévères lésions des lobes frontaux (à cause d'un accident vasculaire cérébral, d'un choc traumatique ou d'autres affections neurologiques) conservent souvent des QI normaux – indépendamment du fait que leur capacité à se comporter de façon cohérente est anéantie.

Le lecteur de ce chapitre, qui en a parcouru les pages jusqu'à ces lignes, est sans doute déjà suffisamment impressionné par la complexité des fonctions exécutives. Vu leurs nombreux aspects, il n'est ni possible, ni pratique, de les mesurer avec un étalon unique. Il faut des mesures multiples, afin d'examiner séparément diverses caractéristiques, comme la capacité de planification, la concentration, la flexibilité mentale, l'empathie, la capacité à gérer la nouveauté et la capacité à se mettre à la « place mentale » d'autrui.

Cette dernière est particulièrement intéressante. Si, comme nous l'avons établi plus haut, mon chien Brit possède une modeste dose de cette capacité, un individu qui interagit avec des dizaines de personnes, et dirige leurs activités, doit par contre en posséder une dose très importante ! La capacité à entrer dans l'esprit d'autrui est également essentielle dans les situations qui suscitent l'altruisme, la coopération, ou l'antagonisme. Vous devez être tout aussi capable de vous projeter dans l'esprit d'autrui pour être un bon ami que pour constituer un concurrent ou un adversaire efficace. Les personnes qui mènent des vies longues et réussies ont généralement leur part de ces deux formes d'interaction.

La capacité à se mettre à la place mentale des autres commence par l'intérêt que l'on manifeste vis-à-vis d'eux – et, pour ainsi dire, vis-à-vis de leur esprit. L'importance de cette affirmation est difficile à surestimer. Je crois vraiment que l'une des premières choses à faire, pour développer une véritable intelligence exécutive, c'est avoir de l'intérêt pour l'esprit des autres.

Je ne prétends pas connaître d'outil particulièrement savoureux pour mesurer cet attribut mental spécifique qu'est la curiosité envers l'esprit d'autrui. Mais je pense qu'elle se prête d'elle-même très bien à l'observation dans les conditions naturelles. En compagnie d'autres gens, telle personne se livre-t-elle à des soliloques satisfaits et ininterrompus, ou bien pose-t-elle des questions, au moins de temps en temps ? Dans ma vision des choses, le second type de comportement est une promesse d'intelligence exécutive. L'autre attitude est celle d'une personnalité incorrigiblement stupide sur le plan exécutif, aussi prétentieuse ou pontifiante soit-elle par ailleurs.

D'après mon expérience personnelle, les gens particulièrement pénétrants, perspicaces et judicieux ont tendance à extraire des autres le maximum d'informations possible, plutôt que de chercher à les éblouir avec l'étalage de leur propre savoir. Nous avons tous en tête des situations où cette autosatisfaction s'est manifestée dans des proportions vraiment comiques. J'ai vu des ignorants livrer leur vision du monde à des diplomates chevronnés, d'autres enchaîner des platitudes sur la musique en présence de grands musiciens. Et j'ai subi ma part de raseurs qui glosaient avec un bel aplomb sur le destin de la Russie... qu'ils avaient visitée pendant une semaine en voyage organisé. Une belle perte de temps pour toutes les parties concernées ! Mais tellement révélatrice !

10

Nouveauté, routines
et les deux moitiés du cerveau

Le mystère de la dualité

L'énigme des lobes frontaux montre bien à quel point le cerveau garde jalousement ses secrets. Mais parmi les mystères de la machinerie cérébrale, aucun n'a attiré sur lui autant d'attention, depuis quelques années – aussi bien dans les publications scientifiques que dans la presse grand public –, que celui de la *dualité* du cerveau. Pourquoi le cerveau se compose-t-il de deux moitiés, l'hémisphère droit et l'hémisphère gauche, et en quoi sont-ils différents l'un de l'autre ? Cette question occupe une place centrale dans notre récit ; elle est essentielle pour la compréhension des caractéristiques cognitives que ce livre tente d'éclaircir.

Le génie et la sagesse (ou le talent et la compétence) sont des dons « jumeaux », admirés à parts égales, mais malgré tout très dissemblables. Et comme nous le savons déjà, ils ne sont pas siamois : l'un peut exister en l'absence de l'autre. Nous avons aussi vu qu'ils s'expriment de manière optimale à des âges différents : génie ou talent tendent à se manifester dans la jeunesse, sagesse ou compétence aux stades plus avancés de la vie.

Quelle est la machinerie cérébrale qui sous-tend ces deux types d'aptitudes à la fois si étroitement liées et si distinctes ? Comment se distinguent-elles, et comment s'unissent-elles dans

204

les processus cognitifs ? Nous sommes enfin prêts à nous attaquer à cette question.

Comme l'ont montré les précédents chapitres, la compétence et sa forme suprême, la sagesse, dépendent de la disponibilité de *formes* qui renferment à la fois de l'information descriptive et de l'information prescriptive. Ces formes nous permettent de traiter des problèmes nouveaux, épineux, et apparemment spécifiques, en les considérant comme de simples variantes de problèmes rencontrés auparavant, ou en les apparentant à des problèmes auxquels une solution a déjà été apportée.

Mais que se passe-t-il quand vous êtes dans une situation qui ne trouve de correspondance dans aucune des formes stockées dans votre cerveau ? D'après notre étude, nous savons que l'élaboration des formes est un processus complexe et long, très long, qui ne peut être compris en termes binaires au moindre moment particulier : « oui, il y a forme/non, il n'y a pas forme ». Cela signifie qu'une forme peut être *en partie* constituée, et *en partie* prête à l'emploi. Nous étudierons cette affirmation en détail plus loin ; pour le moment, pour être clair, envisageons un éventail simplifié de possibilités. Supposons que, lorsque l'individu se trouve face à un problème, il n'y ait que deux options : soit une forme adaptée est trouvée dans son répertoire cognitif, soit ce n'est pas le cas. Ou, pour utiliser la terminologie de Stephen Grossberg, soit la *résonance adaptive* avec l'un des attracteurs précédemment constitués a lieu, soit elle est impossible. À présent, nous avons deux classes de situations à considérer : les situations familières, routinières, et les situations originales, nouvelles. Comment le cerveau se comporte-t-il face à ces deux épreuves ?

C'est là qu'entrent en scène les hémisphères cérébraux et le mystère de la dualité. La dualité est l'une des propriétés les plus fondamentales du cerveau. Elle en imprègne tous les aspects, tous les niveaux, du tronc cérébral jusqu'au néocortex. Chaque structure, chaque noyau, chaque faisceau neuronal qui se trouve d'un côté du cerveau... a son double de l'autre côté. Autrefois on pensait que la dualité se caractérisait par une symétrie parfaite. Aujourd'hui nous savons que la symétrie cérébrale, en réalité, n'est qu'approximative et partielle. Certes, les hémisphères sont beaucoup plus symétriques qu'asymétriques ; il vaut mieux les comprendre comme deux variations sur un seul thème fondamental que comme deux thèmes différents. Il est vrai aussi qu'ils ne fonctionnement pas séparément, isolés l'un de l'autre. Ils sont liés ensemble, interconnectés par de riches faisceaux de communication, et ce à tous les niveaux, aussi bien corticaux que sous-corticaux. Au niveau cortical, les voies de connexion entre les deux hémisphères sont organisées en larges structures appelées le *corps calleux*, la *commissure blanche antérieure* et la *commissure blanche postérieure*. Celles-ci, avec quelques autres, permettent un dialogue permanent entre les deux hémisphères – ou plutôt, une myriade de dialogues en parallèle.

Globalement, bien sûr, le cerveau fonctionne comme un tout, un ensemble bien intégré, et non comme deux ensembles disjoints. Mais cette unité est une unité de contrastes. Comme nous allons le voir, les subtiles différences structurelles et bio-chimiques qui caractérisent les hémisphères se traduisent par de profondes différences fonctionnelles pour chacun d'eux.

Parmi les quelques rares éléments qui échappent à l'impératif de dualité, on trouve les glandes endocrines – pinéale et hypophyse –, deux petits groupes de noyaux enfouis profondément à la base du crâne. C'est cette particularité si frappante de la glande pinéale qui conduisit René Descartes, le grand philosophe du dix-septième siècle, à déclarer qu'elle était le point de rencontre du corps et de l'âme. Il espérait ainsi résoudre le dilemme qu'il avait lui-même inventé, le dualisme corps/esprit. Aujourd'hui, nous savons que la glande pinéale joue un rôle beaucoup plus humble, quoique relativement important, en assurant la production de mélatonine et en contribuant à la régulation du cycle éveil-sommeil. La glande hypophyse, une autre structure qui échappe à la dualité, assure la sécrétion et la libération de diverses hormones.

Peu de problèmes ont davantage captivé les chercheurs, et peu leur ont inspiré davantage d'hypothèses extravagantes, que celui de la dualité du cerveau humain. Pourquoi avons-nous besoin de deux hémisphères ? Pourquoi deux valent-ils mieux qu'un seul ? De nombreuses hypothèses ont été avancées, au fil des décennies, pour répondre à ces questions – mais il apparaissait toujours des preuves contradictoires qui les ébranlaient, ou les anéantissaient purement et simplement.

Langage et cerveau : les origines de la méprise

La quête visant à comprendre le fonctionnement des deux moitiés du cerveau était auparavant dominée par plusieurs suppositions tacites. La première, c'était que les différences se limitaient au cortex. Seconde supposition, ces différences ne concernaient que les fonctions cognitives – cela veut dire que les structures internes et la biochimie devaient être identiques des deux côtés du cerveau. Selon une troisième supposition, les différences hémisphériques n'existaient que chez les humains : pour toutes les autres espèces il y avait symétrie parfaite entre les deux moitiés du cerveau, structurellement, biochimiquement et fonctionnellement parlant.

Comme on finit heureusement par le comprendre, chacune de ces trois idées assombrissait le paysage plus qu'elle ne le clarifiait. Et chacune, en définitive, était fausse. Une fois qu'elles furent écartées, il fallut aussi réviser une des doctrines les plus enracinées de la neuropsychologie et de la neuroscience cognitive : celle qui voulait que la distinction entre le langage et les fonctions non verbales fût l'essence même de la différence entre les deux moitiés du cerveau.

Pour aller au cœur de cette méprise, nous devons examiner certains traits fondamentaux du langage et des hémisphères. On sait depuis des années que l'hémisphère gauche joue un rôle plus important pour le langage que l'hémisphère droit – d'où l'expression *hémisphère dominant du langage*. Les indices qui tendaient à confirmer cette observation ne manquaient pas. Chez les adultes, l'accident vasculaire cérébral, les blessures crâniennes traumatiques ou tout autre type de lésions cérébrales affectent le langage – ils entraînent une maladie appelée « aphasie » quand ils touchent l'hémisphère gauche, mais pas dans le cas de l'hémisphère droit. (Comme nous le découvrirons bientôt, chez les enfants c'est beaucoup moins évident ; une réalité aux conséquences profondes, dont l'importance a échappé pendant des années aux théoriciens de la spécialisation hémisphérique.)

La stimulation électrique du lobe temporal gauche pendant une opération de neurochirurgie entraîne des hallucinations auditives : le patient entend littéralement des voix prononcer des mots intelligibles, ou même des phrases entières. Les hallucinations auditives si courantes chez les schizophrènes ont aussi, en général, l'apparence d'énoncés bien formés plutôt que de sons incompréhensibles. C'est probablement parce que la schizophrénie affecte davantage l'hémisphère gauche que le droit. Une crise d'épilepsie dont le siège se trouve dans le lobe temporal gauche a pour conséquence des phases hallucinatoires similaires, durant lesquelles le patient « entend des voix » (c'est pourquoi, d'ailleurs, l'épilepsie du lobe temporal est parfois diagnostiquée à tort comme un symptôme de schizophrénie). La dyslexie, un trouble du développement du langage qui touche les enfants, est plus courante chez les gauchers que chez les droitiers : c'est peut-être le reflet de lésions précoces dans l'hémisphère gauche, et du changement consécutif de main dominante (un phénomène qui vaut souvent aux individus concernés le qualificatif peu agréable de gauchers *pathologiques*, par contraste avec les gauchers *naturels*, héréditaires). L'aphasie (difficultés d'expression ou de compréhension du langage) est causée par un dysfonctionnement de l'hémisphère gauche. Le trouble particulier qu'on appelle *logorrhée* (la tendance à produire de longues envolées verbales, à la façon d'un perroquet, comme on l'observe dans le syndrome de Williams) touche des patients qui ont un hémisphère gauche plus grand que la normale. Tous ces éléments désignent donc l'hémisphère gauche comme le « siège » du langage. Mais, là encore, les observations ont été faites le plus souvent chez des patients adultes : cela déforme l'image globale de la spécialisation hémisphérique, et cela masque certains de ses aspects les plus importants.

De l'autre côté du cerveau, on a longtemps pensé que les lésions de l'hémisphère *droit* n'affectaient que les processus cognitifs indépendants du langage : par exemple le trouble de

la reconnaissance faciale (une maladie connue sous le nom de
« prosopagnosie »), ou celui de la perte des aptitudes musicales
(« amusie »).

Ces observations, et d'autres encore, ont donné forme aux
hypothèses canoniques sur la nature des différences fonctionnelles fondamentales entre les deux moitiés du cerveau. Du fait
du rôle primordial du langage dans la société humaine, l'expression *hémisphère dominant du langage* devint simplement
hémisphère dominant, ce qui revenait à donner une plus grande
importance à la moitié gauche du cerveau. L'hémisphère droit,
lui, était souvent appelé *hémisphère non dominant*, ce qui lui
conférait un statut inférieur et, sans doute, une moins grande
« utilité ». Aujourd'hui encore, trop souvent, les neurochirur-
giens prennent d'infinies précautions quand ils opèrent l'hémisphère gauche, mais se montrent beaucoup plus cavaliers avec
l'hémisphère droit.

Remarquez que l'hypothèse qui était censée rendre compte
des différences fondamentales entre les hémisphères ne portait
pas sur une éventuelle opposition entre informations visuelles
et auditives, mais sur l'opposition entre les processus du langage (parlé aussi bien qu'écrit) et les processus qui n'ont rien à
voir avec le langage (visuels aussi bien qu'auditifs)[1].

Mais cela ne s'arrêtait pas là ! Cette vision « simpliste »
(comme nous allons bientôt le prouver) devint encore plus étri-
quée et se réduisit à une petite phrase – une simplification
excessive de la simplification excessive, pour ainsi dire. Peu à
peu, on vit s'installer la croyance selon laquelle *l'hémisphère
gauche serait l'hémisphère du langage, et l'hémisphère droit
serait l'hémisphère visuo-spatial*. Cette idée, prise au pied de
la lettre, est encore ancrée dans la tête de nombreux scientifiques qui étudient le cerveau, et probablement dans celle de la

---

1. Bien des gens ont encore du mal à comprendre que langage parlé et langage écrit
ont fondamentalement les mêmes racines et sont arbitrés dans une large mesure par les
mêmes structures cérébrales. Cela entraîne toutes sortes de malentendus dans le monde
de l'éducation, notamment par rapport aux troubles de l'apprentissage. On ignore souvent, par exemple, que presque toutes les dyslexies (troubles de la lecture) sont subordonnées aux dysphasies (troubles de la parole). Une méprise qui a pour conséquence
des diagnostics erronés et des traitements mal adaptés.

plupart des psychologues et médecins qui traitent les troubles cérébraux, car il faut généralement des années pour que les découvertes les plus avancées entrent dans la pratique clinique. Mais, de toute évidence, il s'agit d'une erreur. La recherche a remis cette affirmation en question et nous a obligés à adopter une vision entièrement nouvelle de la dualité du cerveau.

Sans trop entrer dans les détails techniques, permettez-moi d'expliquer pourquoi. Dans notre étude sur les différences hémisphériques, comme c'est souvent le cas, pensée claire et logique binaire sont bien meilleurs guides que n'importe quel raisonnement compliqué. La logique binaire nous dicte que toute distinction basée sur l'opposition entre processus du langage et processus cognitifs non verbaux ne peut être significative que pour les êtres vivants dotés de l'aptitude au langage. L'espèce humaine est la seule à posséder cette aptitude – en tout cas dans une certaine définition étroite du mot « langage ». Par conséquent, nous sommes les seuls êtres vivants pour qui la distinction entre langage et fonctions non verbales a la moindre signification. Il s'avère que cette conclusion imparable soulève un énorme problème théorique et empirique, et sonne rien de moins que le glas de la théorie traditionnelle de la spécialisation entre « hémisphère du langage » et « hémisphère visuo-spatial ».

Pendant de longues années, on a bel et bien prétendu que les différences entre les deux moitiés du cerveau n'existaient que chez l'homme. C'était une hypothèse apparemment logique, raisonnable. Mais il y avait une autre hypothèse, qui resta elle aussi indéboulonnable pendant un bon moment, qui n'était ni raisonnable ni logique, même en apparence, et que de nombreux scientifiques considéraient comme insatisfaisante : de façon invraisemblable, on affirmait que chez l'homme chaque hémisphère cérébral était le miroir de l'autre, aussi bien structurellement que biochimiquement. Ce postulat tracassait les chercheurs pour une raison évidente : il fallait bien, tout de même, que les différences fonctionnelles entre les deux hémisphères aient un certain fondement dans la réalité ! L'idée de la symétrie naturelle parfaite était inconcevable, insensée, puisqu'elle signifiait que deux structures rigoureusement identiques étaient à même de donner naissance à deux ensembles de fonctions très différents.

Aiguillonnés par leur insatisfaction et enhardis par l'apparition de nouvelles et puissantes technologies de neuro-imagerie, un certain nombre de neuroscientifiques, les meilleurs de notre domaine, se mirent en quête de différences structurelles, entre les deux hémisphères, qui soient à même de rendre compte de leurs différences fonctionnelles. Comme la recherche, à ce moment-là, tentait encore et toujours d'expliquer le lien entre le langage et l'hémisphère gauche, les études se concentrèrent sur les « zones du langage » du cerveau. Pour beaucoup, les premiers travaux accumulèrent les prises de mesure, avec une très grande précision, des zones corticales du langage ; ils furent menés par Norman Geschwind (sans doute le père de la neurologie comportementale nord-américaine) et ses collègues.

Les différences structurelles entre les hémisphères ne tardèrent pas à apparaître. Deux régions cérébrales sont particulièrement importantes pour le langage : le *planum temporal*, chargé de la distinction des phonèmes, et l'*opercule frontal*, crucial pour l'articulation des sons. On découvrit que ces deux régions sont plus grandes dans l'hémisphère gauche que dans l'hémisphère droit chez les individus droitiers. Quelle meilleure preuve espérer pour justifier la suprématie de l'hémisphère gauche pour le langage ?

Mais, très vite, on s'aperçut que ces structures sont également plus importantes du côté gauche que du côté droit chez les grands singes, qui n'ont pas de « langage » comme le nôtre (malgré les prouesses de la célèbre Koko, entraînée par des scientifiques, dans les années 1980, à utiliser une langue des signes rudimentaire). Qui plus est, la paléoanthropologie nous apprit, grâce à l'étude d'endocrânes (empreintes du cerveau sur la surface intérieure de la boîte crânienne), que l'australopithèque avait déjà un cerveau asymétrique. Les recherches avancèrent ; de nombreuses autres différences entre les deux hémisphères furent relevées – aussi bien dans leurs morphologies que dans leurs biochimies. Aucune de ces différences, en outre, ne put être spécifiquement assignée à l'homme. Bien au contraire : au lieu de nous isoler dans notre « humanité », toutes les différences observées entre les deux moitiés du cerveau nous unissent à d'innombrables autres espèces, avec lesquelles nous formons une seule famille. Nous partageons la plupart de ces différences hémisphériques avec les autres primates et certaines avec des mammifères aussi humbles que les rats et les souris.

Les différences entre les deux hémisphères apparurent à tous les niveaux d'étude : depuis la « vue aérienne » du cerveau (la neuroanatomie générale), jusqu'au niveau moléculaire. Pour la neuroanatomie générale, on observe par exemple une légère « torsion » (rotation anti-horaire) des hémisphères, avec une saillie avant plus prononcée de l'hémisphère droit et une saillie arrière plus prononcée de l'hémisphère gauche ; ou encore, on observe des différences dans la taille du planum temporal et de l'opercule frontal (tous deux plus larges dans l'hémisphère gauche). Au niveau plus fin du câblage cérébral, on a trouvé des disparités dans l'épaisseur corticale des deux hémisphères (le cortex droit est plus épais que le gauche, en tout cas chez les mâles). Et au niveau du microcâblage (« cytoarchitectonique » dans le parler scientifique), il y a des différences pour les neurones en fuseau, beaucoup plus prolifiques dans le lobe frontal droit que dans le gauche. Au niveau biochimique on a relevé des différences dans les répartitions, à travers les deux hémisphères, de la dopamine et de la noradrénaline. Celles-ci comptent parmi les principales substances chimiques du cerveau (neurotransmetteurs et neuromodulateurs), et y sont essentielles dans la transmission du signal : il y a un peu plus de faisceaux à dopamine à gauche, et un peu plus de faisceaux à noradrénaline (noradrénergiques) à droite. Au niveau moléculaire, enfin, on a observé des asymétries gauche/droite, pour les hippocampes, dans la distribution des unités microscopiques des récepteurs NMDA. Les récepteurs NMDA jouent un rôle important dans la mémoire et dans l'apprentissage, car ils permettent la communication entre les neurones liés par le glutamate, un des neurotransmetteurs les plus répandus dans le cerveau. Comme nous le savons déjà, les hippocampes sont des structures cérébrales fondamentales pour la mémoire. *Et sans la moindre exception, nous partageons toutes ces différences hémisphériques avec les autres espèces mammifères.*

Ces recherches, dont on espérait qu'elles clarifieraient les choses, créèrent donc une encore plus grande confusion. Pour dire cela autrement, si l'on suppose que des fonctions différentes requièrent des structures différentes, il en découle que des structures différentes impliquent des fonctions différentes. Mais chez le chimpanzé ou le gorille, les différences fonctionnelles ne peuvent être comprises en termes de distinction entre langage et processus non verbaux. Et encore moins chez le rat ou la souris. Même si nous avons un grand respect pour les facultés intellectuelles de nos cousins mammifères, et même si nous avons pleinement conscience de leurs méthodes de communication variées et souvent élaborées (les hurlements des loups et les chants des baleines, pour n'en citer que deux), il s'agit de fonctions qui sont *toutes* non verbales !

Bien sûr, les romantiques invétérés qui adhèrent obstinément à la notion de langage animal peuvent réfuter cet argument. Ils peuvent même le retourner pour conclure que l'existence de différences hémisphériques chez d'autres espèces que la nôtre est une preuve, en vérité, du langage animal. En ce cas, qu'ils soient prêts à pousser le débat très loin ! Des études récentes, menées par Alberto Pascual et ses collègues, ont révélé certaines asymétries cérébrales chez quelques groupes de... drosophiles. Ces asymétries leur donnent un avantage particulier par rapport aux drosophiles moins chanceuses qui ont des cerveaux symétriques. Si ces deux types de mouches du vinaigre sont capables de former des souvenirs à court terme, seules les mouches aux cerveaux asymétriques savent former efficacement des souvenirs à long terme. Par conséquent, l'asymétrie cérébrale est un système très basique, et phylogénétiquement très ancien, qui devance l'émergence des capacités verbales de millions et de millions d'années... À moins, bien sûr, que vous ne croyiez au langage de la drosophile !

Les chercheurs comprirent qu'il était temps d'établir un nouveau cadre conceptuel. Nous avions besoin d'un changement de paradigme dans notre façon de penser la dualité du cerveau. La quête de ce nouveau paradigme démarra enfin – inévitable face au déluge de données que livraient les études. Le rôle pré-pondérant de l'hémisphère gauche dans le langage n'était pas remis en cause, mais il n'était plus question de se contenter de cette caractéristique pour expliquer les disparités entre les deux hémisphères. Il apparaissait que les différents rôles joués par les hémisphères pour le langage n'étaient que l'expression par-ticulière, et dérivée, d'une différence plus fondamentale – mais qui restait à découvrir. Une différence, en outre, qui pourrait être observée et comprise de façon significative aussi bien chez l'homme que chez les animaux. *Quelle différence ?*

Comme il arrive bien souvent, quand la science rigoureuse manque de repères, les métaphores approximatives fleurissent. Des expressions clinquantes fusèrent : l'hémisphère gauche était qualifié de « séquentiel », et l'hémisphère droit de « simul-tané ». L'hémisphère gauche estampillé « analytique », l'hémi-sphère droit, « holistique ». Hélas pour ces métaphores, il ne s'agissait que de... métaphores : des instruments poétiques, pas des outils scientifiques. Il était quasiment impossible de les mettre à l'épreuve avec des expériences précises, ou, pour utili-ser la fameuse expression de Karl Popper, de les *réfuter*. En science, les hypothèses qui ne peuvent être réfutées, même potentiellement, même en principe, les déclarations qui sont si élastiques qu'elles feraient honte à l'oracle de Delphes lui-même ne peuvent être acceptées et considérées comme vraies. Les expressions lyriques citées plus haut eurent donc davan-tage de succès dans la presse populaire que dans les publica-tions scientifiques sérieuses. La recherche devait continuer.

Un nouveau paradigme : nouveauté et routine

L'intérêt que je portais à la dualité du cerveau me poussa vers une théorie très différente de toutes celles qui prévalaient en neuropsychologie à cette époque. Il s'agissait d'une théorie dont l'axe principal était la différence entre l'*ancien* et le *nou-veau*. J'estimais que pour comprendre *en quoi* les hémisphères sont différents l'un de l'autre, il fallait avoir une approche dynamique et observer les *processus* du cerveau, plutôt que se fixer sur des constantes statiques. Notre vie mentale est en permanence en état de fluctuation, et le mot clé y est *apprentissage*. Par apprentissage, je n'entends pas « exercices scolaires » ; je désigne le processus qui consiste, pour chaque individu, à maîtriser le monde extérieur et son propre monde intérieur dans toute la richesse de leurs nombreuses manifestations. L'apprentissage ne survient pas, en général, de manière instantanée, comme une révélation miraculeuse, comme un basculement abrupt de l'ignorance totale au savoir parfait – c'est un processus.

Je posai comme postulat que les deux hémisphères jouent des rôles différents, mais complémentaires, dans ce processus universel, et qu'ils n'entretiennent pas la même relation avec ce qui est nouveau et ce qui est familier. L'hémisphère droit est l'hémisphère de l'innovation, l'hémisphère audacieux, l'explorateur de l'inconnu. L'hémisphère gauche est le dépositaire du savoir compressé, des systèmes stables de reconnaissance de formes qui permettent à l'organisme de traiter de manière efficace et percutante des situations familières, des routines cognitives.

Cette opposition nouveauté/routine m'était venue à l'esprit il y a fort longtemps, vers la fin des années 1960. J'étais alors étudiant en neuropsychologie, à Moscou, et je travaillais avec Alexandre Luria à l'hôpital de neurochirurgie de Burdenko. À ce moment-là, je me rendis compte pour la première fois que les lésions de l'hémisphère gauche avaient des effets beaucoup moins dévastateurs chez les enfants que chez les adultes. C'était l'inverse, en revanche, en cas de lésions de l'hémisphère droit. J'avais le sentiment que mes observations, si elles étaient justes, pouvaient avoir des conséquences assez considérables. Elles donnaient à penser qu'il se produisait un large transfert du contrôle cognitif, de l'hémisphère droit vers l'hémisphère gauche, au cours du développement des facultés intellectuelles, et peut-être même tout au long de la vie.

Mais ces observations, à l'époque, n'étaient guère plus qu'une liste d'impressions anecdotiques – fondation bien fragile pour une grande théorie ! J'avais évidemment besoin d'études plus systématiques pour l'étayer ou la réfuter. Comme

215

c'est souvent le cas en science, une idée dérangeante peut devenir le point de départ d'un programme de recherche résolu et méthodique. Il me fallut cependant mettre mes idées en sourdine quelques années, le temps de préparer mon évasion d'Union soviétique, puis de réussir à m'installer à New York, dans mon nouveau pays.

La raison pour laquelle l'hémisphère droit serait mieux adapté au traitement de la nouveauté et l'hémisphère gauche serait le dépositaire des routines mentales devait très probablement se trouver dans de subtiles différences de leurs architectures, de leurs câblages internes. En me basant sur les nombreux résultats que la recherche moderne commençait à produire, je parvins à la conclusion qu'il existe deux de ces différences subtiles, mais aux conséquences importantes, dans les structures des deux hémisphères.

La première différence a trait à la façon dont la surface hémisphérique globale est allouée aux différents types de cortex. Dans l'hémisphère droit, le *cortex associatif hétéromodal* semble favorisé ; mais dans l'hémisphère gauche c'est plutôt le *cortex associatif unimodal* qui est favorisé. Ces deux types de cortex participent à de nombreuses opérations complexes de traitement de l'information, mais pas de la même façon. Le cortex unimodal est limité au traitement de l'information qui lui arrive par le biais d'un système sensoriel particulier – visuel, auditif ou tactile. Des zones distinctes existent à l'intérieur du cortex unimodal pour chacun de ces systèmes sensoriels. Il démantèle le monde qui nous entoure en représentations distinctes. En guise d'analogie, imaginez un objet dans un espace tridimensionnel, projeté sur les coordonnées x, y, et z, qui génèrent trois représentations partielles : c'est ce que fait le cortex associatif unimodal avec l'information entrante. Par contre, le cortex associatif hétéromodal est chargé d'intégrer les informations qui lui arrivent par différents canaux sensoriels, pour reconstituer l'image synthétique du monde multimédia qui nous entoure.

La seconde différence a trait à l'interconnexion des diverses régions corticales à l'intérieur des deux hémisphères. L'hémisphère gauche semble favoriser davantage les connexions locales, entre régions corticales adjacentes. En revanche, l'hémisphère droit semble favoriser les connexions plus lointaines, entre régions corticales distantes. La connectivité de l'hémisphère gauche évoque une flotte de taxis : vous les prenez pour aller d'un bout à l'autre de la ville, mais pas d'un bout à l'autre du continent. La connectivité de l'hémisphère droit est plutôt celle d'une flotte d'avions de ligne : vous y embarquez pour traverser le continent. Dans ce contexte, le sort des neurones en fuseau est particulièrement intéressant. Vous vous souvenez peut-être, d'après le chapitre précédent, que les neurones en fuseau transportent l'information entre des régions du cerveau très distantes les unes des autres. Eh bien... comme pour confirmer le tableau de la connectivité hémisphérique présenté ici, il se trouve que les neurones en fuseau sont beaucoup plus répandus dans l'hémisphère droit que dans le gauche – et ce chez toutes les espèces étudiées.

Manifestement, dans sa forme « canonique », la théorie de l'opposition nouveauté/routine s'applique surtout aux droitiers. La plus grande partie des études sur la spécialisation hémisphérique mettent en jeu des sujets droitiers ; par conséquent la dynamique de l'interaction hémisphérique chez les gauchers reste pour le moment mal comprise. La spécialisation hémisphérique est moins bien définie chez les individus gauchers et ambidextres, pour lesquels les deux hémisphères sont fonctionnellement plus semblables. Chez eux, de manière intéressante, les hémisphères se ressemblent aussi davantage sur le plan structurel, avec par exemple une asymétrie (rotation anti-horaire) réduite ou inexistante. Pour environ soixante à soixante-dix pour cent des gauchers, cependant, le profil de la spécialisation hémisphérique se rapproche de celui qu'on observe chez les droitiers. On peut supposer que, chez eux aussi, l'hémisphère droit est responsable de la nouveauté, et l'hémisphère gauche responsable des routines cognitives, avec basculement de l'hémisphère droit vers le gauche au fil du temps. Pour environ trente à quarante pour cent des gauchers, le profil de la spécialisation hémisphérique est inversé : il n'est sans doute pas trop extravagant de penser que chez ces gens l'hémisphère gauche est responsable de la nouveauté, le droit responsable des routines cognitives, et que le basculement hémisphérique s'opère de gauche à droite. Quoi qu'il en soit, si la direction effective de la dynamique hémisphérique au fil du temps peut varier entre gauchers et droitiers, le postulat de départ, à savoir qu'un hémisphère est responsable de la nouveauté, et l'autre de la routine, reste valide.

Les conséquences de la théorie nouveauté/routine portaient loin et impliquaient une coupure radicale avec les conceptions qui prévalaient alors quant aux rôles des deux hémisphères. Sans assigner un répertoire de fonctions fixes à chaque hémisphère, cette théorie prédisait un changement continuel de la nature des interactions entre les deux moitiés du cerveau. Ce qui est nouveau aujourd'hui deviendra routinier demain, dans une semaine, ou dans un an. Les formes appropriées seront constituées dans le cerveau, et le problème qui, aujourd'hui, ne trouve sa solution qu'au terme d'un effort intellectuel exigeant et épuisant, sera bientôt résolu grâce à une opération de reconnaissance de formes quasi instantanée. La théorie nouveauté/routine remettait aussi en question un autre principe implicite de la neuropsychologie : à savoir que l'organisation fonctionnelle est la même dans tous les cerveaux humains. Mais ce qui est nouveau pour une personne ne l'est pas forcément pour une autre ! Par conséquent, ma théorie laissait entrer les différences individuelles, pour le fonctionnement de nos cerveaux, à un degré beaucoup plus élevé qu'on ne l'avait jamais imaginé auparavant.

Mon idée pouvait être fausse. Au début, en fait, je n'y croyais moi-même qu'à moitié ; je la trouvais plus élégante que convaincante. Mais elle répondait assurément au critère de réfutabilité de Popper (la réfutabilité est la condition *sine qua non* de toute science digne de ce nom), une qualité qui la plaçait à part des nombreuses autres théories proposées à l'époque pour expliquer la spécialisation hémisphérique. La prédiction réfutable qui découlait de mon idée était directe et sans équivoque. Si elle ne tenait pas la route, la théorie tout entière s'écroulerait comme un château de cartes. N'importe quel processus de constitution de forme dans le cerveau – qu'il s'agisse d'une forme descriptive (apprendre un nouveau concept) ou prescriptive (apprendre à résoudre une nouvelle classe de problèmes) – devait susciter d'abord la participation de l'hémisphère droit, puis celle du gauche. Il devait aussi se produire un basculement graduel du « centre de gravité cognitif », et la direction de ce basculement devait être hautement prévisible, régulière et unidirectionnelle : de droite à gauche.

Ma théorie présentait une autre facette assez séduisante – et très importante, vu le déluge d'études qui montraient que les cerveaux non humains sont eux aussi asymétriques : la distinction entre nouveauté et routine serait significative non seulement pour l'homme, mais aussi pour toute créature capable d'apprentissage. Les animaux se fabriquent eux aussi des formes qui leur permettent de naviguer dans leur propre univers, grâce au mécanisme de la reconnaissance de formes. Mon bullmastiff Brit répond aux ordres familiers (« assis », « viens », « descends », « non ! ») que sont susceptibles de lui donner tous les employés de mon cabinet, en dépit du fait qu'il les a appris avec ma voix. Et il sait qu'il ne doit pas entrer dans certaines pièces (la cuisine ou la salle de bains) dans mon appartement ou au bureau.

Brit s'est aussi inventé une aptitude troublante à reconnaître les portiers d'immeuble. Dans le centre de Manhattan, où nous habitons, de nombreux portiers ont dans leurs poches des biscuits qu'ils distribuent aux chiens du quartier. Désormais, Brit s'arrête souvent devant l'un d'eux – n'importe lequel d'entre eux, même quand il s'agit d'une entrée d'immeuble et d'un portier qu'il rencontre pour la première fois. Il s'assied devant le brave homme, le fixe d'un regard enthousiaste et, plein d'espoir, attend son biscuit et refuse de se remettre en route. Il ne gratifie que les portiers, exclusivement les portiers, de ce comportement. Je n'ai toujours pas compris comment il fait la différence entre les portiers et le reste de l'humanité, mais c'est comme ça ! Et c'est un exemple par excellence de reconnaissance de formes significative et autodidacte chez un individu d'une espèce non humaine.

Nombre de mes exemples d'apprentissages spontanés de reconnaissance de formes viennent des chiens, parce que ce sont des mammifères que j'ai côtoyés toute ma vie, et dont j'ai tiré une grande expérience. Mais on peut sans le moindre doute trouver des exemples similaires pour de nombreuses autres espèces, car la distinction entre nouveauté et routine est significative pour elles aussi. Par conséquent, la théorie nouveauté/routine pourrait en principe servir à éclaircir le mystère de la dualité du cerveau au fil de l'évolution des mammifères. Même si elle paraît éloignée de la quête que nous menons pour comprendre notre propre humanité, l'énigme de la dualité du cerveau dans le contexte de l'évolution compte parmi les défis les plus fondamentaux et les plus difficiles de la neuroscience cognitive. La théorie nouveauté/routine, semble-t-il, nous a rapprochés de la solution du mystère mieux que n'aspiraient à le faire les théories de la spécialisation hémisphérique basées sur la distinction entre processus verbaux et non verbaux.

11

La dualité du cerveau en action

Toutes les formes à gauche, s'il vous plaît

Plus l'idée de l'opposition entre nouveauté et routine s'imposait à moi, plus elle me fascinait... et plus elle m'intimidait par son audace. J'eus bientôt le sentiment qu'il me fallait revenir sur Terre, me confronter à la réalité : je consultai un ancien collègue et ami intime, le neuropsychologue Louis Costa. Ensemble, nous définîmes plusieurs études pour mettre mon hypothèse à l'épreuve. Nous voulions être certains qu'elle serait capable de résister aux rigueurs de la « réfutabilité » telle que l'a définie Popper.

Rien n'est plus exaltant, pour un scientifique, que de faire une prédiction bien argumentée, mais risquée, en rupture avec les préceptes établis de son époque – et de la voir se réaliser. De « mouiller la chemise intellectuelle », pour ainsi dire, pour gagner finalement la partie. Vous espérez en dépit de tout, en vous exhortant à ne croire qu'à moitié à votre propre idée, de peur qu'en cas de fiasco la déception ne soit trop amère – et ça marche ! Si, en outre, la reconnaissance publique et les félicitations sont agréables, rien ne vaut (en tout cas pour moi) la fierté tranquille, intime, que l'on éprouve quand on teste son propre courage intellectuel et que l'on obtient la victoire.

Nos premières conclusions se basèrent sur deux types d'observations. Nous accumulâmes d'abord une série de preuves en comparant les effets des lésions cérébrales, côté gauche et côté droit, sur certaines fonctions cognitives de nos patients. Le second groupe de résultats venait de plusieurs études sur des individus sains, effectuées avec les appareils expérimentaux disponibles à l'époque : une sorte de projecteur appelé « tachistoscope » pour les processus visuels, et des écouteurs pour les processus auditifs. Ces méthodes furent extrêmement utiles dans les années 1960, 1970 et 1980, mais elles étaient aussi rudimentaires qu'imprécises. Avec le recul, je les qualifie parfois de « paléolithiques » : elles relèvent de la préhistoire de la neuroscience cognitive plutôt que de sa véritable histoire.

Avec stupéfaction et beaucoup de joie, quoi qu'il en soit, nous découvrîmes que nos prévisions tenaient bon. Refusant de nous estimer satisfaits, nous continuâmes d'inventer des études supplémentaires pour tester notre hypothèse. Celles-ci aussi livrèrent des résultats convaincants ! La recherche scientifique ressemble aujourd'hui de plus en plus souvent à un travail de groupe, organisé à la façon d'une ligne d'assemblage high-tech dans un esprit de rentabilité industrielle, et elle perd ce qui est à la source du contentement le plus pur, la joie d'une pensée claire et lumineuse, genre de plaisir unique n'appartenant qu'aux quêtes intellectuelles solitaires. Mais, cette fois, je connus un de ces moments rares, qui fut l'un des sommets de ma carrière. En 1981, nous nous sommes enfin sentis assez en confiance pour publier notre théorie dans un article dont le titre un peu obscur reflétait sans doute le maniérisme russe que j'avais encore à l'époque : « Différences hémisphériques dans l'acquisition et l'usage des systèmes descriptifs ».

Le basculement de droite à gauche du contrôle cognitif se révélait un phénomène universel, capable de rendre compte de l'essence de n'importe quel processus d'apprentissage, sur toutes les durées possibles, qu'il s'agisse d'heures ou d'années. Un individu qui se trouve confronté à une situation ou à un problème véritablement nouveau s'y attaque pour l'essentiel avec l'hémisphère droit. Mais une fois que la situation devient familière, une fois qu'elle est maîtrisée, l'hémisphère gauche joue le rôle principal. Nous découvrîmes que les formes qui sont à l'origine de la puissance cognitive de tout individu, et qui captent l'essence de situations apprises (ou plutôt, de classes entières de situations similaires) sont, une fois constituées, stockées dans l'hémisphère gauche.

Les résultats de nos études remettaient en cause les principes les plus sacro-saints de la neuropsychologie. Il importait peu que la tâche cognitive considérée impliquât ou non le langage. Ce qui comptait, c'était uniquement le fait que la tâche soit nouvelle ou familière. Un exercice *verbal*, mais avec une tournure inhabituelle (comme par exemple déterminer quelles lettres de l'alphabet sont présentes dans un mot, ou associer des verbes à des noms communs) mettait davantage en prise l'hémisphère droit que le gauche – alors que d'après les anciens préceptes, tout processus de langage devait engager l'hémisphère gauche, et lui seul ! Mais quand la tâche « inhabituelle » devenait familière, l'hémisphère gauche était de plus en plus impliqué. En revanche, un exercice verbal qui simulait davantage la façon dont nous utilisons le langage dans la vie quotidienne activait l'hémisphère gauche dès le début.

De même, une tâche visuo-spatiale de nature familière (par exemple, reconnaître des visages connus) activait surtout l'hémisphère gauche – alors que, d'après les anciens préceptes, tout processus cognitif visuo-spatial, y compris la reconnaissance faciale, devait essentiellement stimuler l'hémisphère droit. En revanche, un exercice de comparaison de photographies de visages inconnus activait surtout l'hémisphère droit. Et ainsi de suite...

Et puis l'apparition de technologies puissantes de neuro-imagerie fonctionnelle a révolutionné la recherche sur le cerveau. La neuropsychologie, traditionnellement rudimentaire, habituée au papier et au crayon noir, ajouta tout à coup à son vocabulaire des termes délicieusement high-tech comme TEP, IRMf et TEM, et des formes sophistiquées d'électroencéphalographie (EEG) ou de magnétoencéphalographie (MEG – avec enregistrement des fréquences gamma associées aux prises de décision complexes). Ces techniques sont basées sur des principes physiques différents, mais, toutes, elles nous ouvrent une fenêtre d'observation directe sur le cerveau en activité. L'information obtenue est « macroscopique » : il s'agit davantage d'une vue d'ensemble des différentes aires cérébrales que

223

de l'image d'une loupe à fort grossissement. Elle ne nous renseigne pas sur l'activité des neurones individuels, ou même de circuits neuronaux précis. Mais, en dépit de leurs limitations, ces techniques nous montrent quand même quelles constellations de régions cérébrales et quelles structures deviennent actives pendant les différents processus cognitifs, et dans quelles conditions.

Les toutes nouvelles méthodes de neuro-imagerie fonctionnelle permettent une observation encore plus directe et précise de la dynamique du cerveau et des modifications de l'activité cérébrale au cours du temps. Depuis quelques années, nous bénéficions d'une abondance d'informations nouvelles, qui clarifient toujours davantage les rôles des deux hémisphères dans l'apprentissage. Les plus récentes méthodes d'analyse confirment que le « transfert du centre de gravité cognitif » – du côté droit vers le côté gauche du cerveau – est une règle universelle incontournable pour un très large éventail de tâches cognitives, depuis les tâches verbales jusqu'aux tâches visuospatiales, et ce sur différentes échelles temporelles (qui peuvent aller de quelques heures à plusieurs décennies).

Le transfert a pu être démontré avec une expérience en laboratoire, d'une durée de quelques heures, au cours de laquelle les sujets eurent à apprendre des tâches variées qui leur étaient inconnues au préalable. Invariablement, quelle que soit la nature de la tâche, l'hémisphère droit était dominant chez tous les individus sans exception aux premiers stades de l'acquisition de la nouvelle capacité cognitive. Mais l'hémisphère gauche prenait le relais à mesure qu'ils acquéraient la maîtrise de l'exercice. On trouve aussi une autre illustration de ce phénomène dans une étude EEG des fréquences gamma de l'activité cérébrale, réalisée par des neuroscientifiques japonais, qui portait sur une tâche nouvelle et ambiguë – étude suscitée par notre travail sur la prise de décision centrée sur l'acteur.

Le transfert de droite à gauche a aussi pu être démontré dans le cas de diverses aptitudes professionnelles, ou aptitudes de la vie courante, dont l'acquisition prend parfois des années. Chez les débutants qui accomplissaient les tâches cognitives associées à ces aptitudes, on enregistrait une nette activation de l'hémisphère droit. Mais, pour les pratiquants aguerris, la même tâche entraînait une activation claire et nette de l'hémisphère gauche. La musique offre aussi un bon exemple. Quand on demande à des individus sans formation musicale (la plupart d'entre nous) de reconnaître des mélodies, l'hémisphère droit travaille mieux et se montre très actif. Or chez les musiciens professionnels, c'est le contraire : l'hémisphère gauche travaille mieux et s'active résolument.

Enfin, il apparut que même la latéralisation du langage, le « saint Graal » de la neuropsychologie traditionnelle, n'était pas ce que l'on avait cru jusqu'alors. Il n'est pas vrai que le langage est le monopole de l'hémisphère gauche dès ses balbutiements. L'hémisphère droit joue un rôle fondamental dans l'acquisition du langage chez les jeunes enfants. La preuve en fut donnée de façon claire avec des études sur des enfants normaux, en utilisant diverses méthodes expérimentales. D'autres preuves, particulièrement irréfutables, se présentèrent ensuite quand on examina les effets des lésions cérébrales sur le langage. Dans la droite ligne des observations que j'avais faites des années plus tôt en Russie, on découvrit que, chez les enfants, les dégâts dans l'hémisphère droit contrecarrent de façon significative le développement du langage. Chez les adultes, en revanche, les lésions de l'hémisphère droit ne troublent en général pas le langage – mais celui-ci est touché s'il s'agit de lésions à l'hémisphère gauche. Par contre, en cas de tâche verbale inhabituelle ou inconnue, l'hémisphère droit sera impliqué même chez les adultes – comme Mark Jung-Beeman et ses collègues l'ont démontré dans une élégante expérience qui faisait appel à des problèmes de ce genre : « Quel mot produit plusieurs composés s'il est associé aux mots *pine* (pin), *crab* (crabe), et *sauce* (sauce) ? » (Solution : *apple*, qui donne *pineapple* [ananas], *crabapple* [pomme sauvage] et *applesauce* [compote de pommes]). Quand les sujets avaient tout à coup la révélation de la solution – « Eurêka ! » –, une activation de l'hémisphère droit était enregistrée en IRMf et en EEG.

L'acquisition du langage en tant que processus de constitution des formes commence à un stade très précoce, avec l'apprentissage des sons de la langue maternelle : l'*apprentissage phonologique.* Ma langue natale est le russe ; aussi bon mon anglais soit-il (assez bon pour que j'écrive ici mon troisième livre dans cette langue d'adoption), mes processus linguistiques et les processus cognitifs qui les sous-tendent sont forcément quelque peu différents de ceux d'un anglophone de naissance.

Notre pays est encore une terre d'immigrants. Si beaucoup d'entre eux n'apprennent jamais qu'un anglais fonctionnel, rudimentaire et simplifié, il y a par contre des individus qui atteignent un niveau de compétence ahurissant, voire une véritable virtuosité dans leur langue d'adoption, et qui deviennent des orateurs et des auteurs prolifiques. On a tout de suite en tête les noms de Vladimir Nabokov ou de Joseph Conrad (celui-ci en Angleterre). Mais il y a aussi, plus récemment, les noms de Henry Kissinger, d'Elie Wiesel et de George Soros, pour n'en citer que quelques-uns. Tous, ils possèdent une maîtrise spectaculaire de l'anglais ; peut-être même supérieure, à un certain stade de leur vie, à leur maîtrise de leur langue maternelle. Il n'empêche que leur rapport à l'anglais est différent de celui d'un anglophone de naissance. Il n'est pas moins bon, il est peut-être même meilleur à certains égards – mais il comporte des différences qui sont profondes, et qui ne se limitent pas à la simple manifestation « extérieure » de leur accent d'Europe centrale ou d'Europe de l'Est. Les accents, d'ailleurs, ne disparaissent en général jamais complètement chez les individus exposés à une seconde langue quand ils sont déjà adolescents[1].

Certaines de ces différences sont transparentes, prévisibles avec un minimum de bon sens, et donc guère surprenantes. Généralement, l'individu acquiert les différents aspects du lexique d'une langue à des âges variables. Cela signifie que si vous êtes exposé pour la première fois à votre langue d'adoption après un certain âge, votre maîtrise de certains pans de son

---

1. De façon amusante et quelque peu incongrue, l'un des accents les plus prononcés qui put se trouver chez un individu polyglotte extrêmement doué était celui, à mon sens, de Roman Jakobson (1896-1982), un émigré juif russe devenu professeur à Harvard – l'un des plus grands linguistes américains, célèbre pour ses études sur la structure des langues.

vocabulaire restera fragile pendant toute votre vie. Paradoxalement, plus simples sont les mots, plus la règle se vérifie. Un individu qui sait très bien s'exprimer sera capable d'utiliser avec éloquence, dans sa seconde langue, les terminologies les plus sophistiquées de la science, de la philosophie, des arts ou de la politique, mais il fera preuve d'une hésitation presque comique quand il s'agira de livrer les noms de simples objets de la vie courante, de plantes ou d'animaux. Pour ma part, je me retrouve tout le temps dans ce genre de situations assez drôles, sinon ridicules, et qui me rendent en tout cas plutôt humble.

Il y a une autre différence, plus difficile à cerner mais plus profonde, entre les locuteurs de naissance et ceux qui ont acquis une excellente maîtrise d'une nouvelle langue, au niveau de l'attention : entre le fait d'*entendre* et celui d'*écouter*. J'ai beau m'exprimer avec aisance et capter sans problème l'information qui parvient à mes oreilles, ma pratique de l'anglais me demande un effort supérieur à celui d'un anglophone de naissance – même si celui-ci est par ailleurs mon égal sur le plan culturel et intellectuel. L'anglais me demande davantage d'attention que le russe. C'est ainsi, même si *en apparence*, comme je l'entends souvent dire, la qualité de mon anglais est désormais égale à celle d'un anglophone de souche (mon accent mis à part). Pour le dire autrement, en anglais je dois écouter pour entendre ; en russe j'entends sans écouter. La communication dans une seconde langue requiert, aussi longtemps qu'elle dure, des ressources mentales supplémentaires, et demande plus d'efforts au locuteur. C'est peut-être une des raisons pour lesquelles les individus bilingues perdent d'abord la maîtrise de leur seconde langue, et reviennent à leur langue maternelle, en cas de dégénérescence cognitive ou de démence précoce – en dépit du fait que pendant des dizaines d'années ils ont conversé presque en permanence dans leur langue d'adoption, comme ce fut le cas du tristement célèbre Joseph Staline.

Le cerveau gère-t-il différemment la langue maternelle et la langue d'adoption ? Les recherches récentes montrent que c'est effectivement le cas. Pendant de nombreuses années – à vrai dire pendant des *décennies* – les scientifiques ont supposé que les mécanismes cérébraux du langage étaient uniformes et modulaires, et ils ont cru que le langage occupait chez tous les individus les mêmes régions du cerveau : à savoir, plusieurs zones bien définies de l'hémisphère gauche. Mais, grâce à la manne d'idées et de découvertes révolutionnaires qui ont transformé la neuroscience cognitive ces dernières années, nous savons maintenant que la machinerie cérébrale du langage est loin d'être statique. Les différentes étapes et les différents degrés de développement du langage reposent sur plusieurs constellations de régions très diverses dans le cerveau. Comme nous le savons déjà, la recherche a montré que l'hémisphère droit joue un rôle fondamental, vital, au début du développement du langage chez les enfants. Ensuite, son rôle diminue peu à peu avec l'âge, pour devenir relativement limité dans le cerveau adulte. Cela a été prouvé en comparant des enfants normaux d'âges variables et en examinant les effets de diverses lésions hémisphériques au fil des âges. Cette dynamique du développement de la langue maternelle est en accord avec le principe général de l'organisation du cerveau : l'hémisphère droit est chargé de traiter l'information nouvelle, tandis que l'hémisphère gauche s'occupe des capacités cognitives bien établies.

La dynamique cérébrale d'une deuxième ou d'une troisième langue est encore plus complexe que celle de la première langue. Une seconde langue est par définition nouvelle. Cependant elle n'est pas entièrement originale, puisque d'une part les différentes langues du monde ont beaucoup de points communs, d'autre part l'acquisition d'une deuxième ou d'une troisième langue se base nécessairement sur la première langue, qui est déjà bien enracinée. Plusieurs études récentes sur les individus bilingues ont montré que les régions cérébrales activées pour la première et la seconde langue ne sont pas identiques, mais qu'il existe des chevauchements considérables. La dynamique cérébrale de la première langue chez un adulte bilingue est, de façon générale, circonscrite à l'hémisphère gauche. En revanche, la dynamique cérébrale de la seconde langue implique la participation de l'hémisphère gauche et celle de l'hémisphère droit. À ce sujet, l'essentiel des preuves nous vient d'études en neuro-imagerie fonctionnelle sur des individus bilingues neurologiquement sains. (Mais on rapporte aussi de nombreuses anecdotes d'individus bilingues qui retournent à leur première langue, après des décennies d'usage d'une seconde langue, à la suite d'un accident vasculaire cérébral dans l'hémisphère droit.)

Il apparaît donc que l'hémisphère droit joue un rôle critique dans l'acquisition du langage lorsqu'il s'agit encore d'une capacité cognitive relativement nouvelle (comme c'est le cas pour une première langue chez l'enfant, et pour une seconde langue chez l'adulte). Mais plus la langue est maîtrisée, plus son traitement est monopolisé par l'hémisphère gauche. Comme nous l'avons établi plus haut, le langage est un système de formes génériques, lesquelles sont stockées dans l'hémisphère gauche à mesure qu'elles se constituent dans le cerveau.

Les autres types de formes

Et c'est aussi le cas pour les autres formes génériques. Avec tout le respect qui est dû au langage et à son rôle dans la cognition humaine, il faut quand même insister sur le fait que notre monde mental regorge de processus de reconnaissance de formes différents, qui sont pilotés par des souvenirs génériques relativement indépendants du langage. Comme nous l'avons déjà vu, dans les plus banales situations de la vie quotidienne nous dépendons de manière critique de notre capacité à identifier instantanément tels ou tels éléments spécifiques de notre environnement, à les reconnaître comme membres de catégories familières – même si nous n'avions jamais rencontré ces éléments auparavant. Comment savez-vous ce qu'ils sont, puisque vous ne les aviez jamais vus ? C'est là que la reconnaissance de formes entre en scène ! Chacune de nos représentations génériques n'est rien d'autre qu'un réseau de neurones, à l'intérieur de votre cerveau, qui a les propriétés d'un attracteur (nous avons déjà parlé des attracteurs) : il sera activé par toute une gamme d'influx sensoriels correspondant à toute une classe de choses similaires. Nous utilisons cette capacité cognitive quasiment à chaque instant de notre vie. Vous voyez un nouveau modèle de voiture et vous savez malgré tout que c'est une voiture, pas un palmier. Vous déambulez dans les allées d'un grand magasin : vous n'avez pas besoin qu'on vous dise quel article est une chemise, lequel est une paire de chaussures, et ainsi de suite. Sans cette capacité, nous serions perdus dans une forêt d'objets étranges, indéfinis, et nous devrions tout le temps réapprendre la signification de chacun d'eux à partir de zéro.

Certaines lésions cérébrales perturbent cette précieuse capacité, avec pour conséquence une maladie qu'on appelle « agnosie associative ». Détail particulièrement pertinent dans le cadre de notre discussion, l'agnosie associative peut être causée par des lésions à l'hémisphère gauche, ou aux deux hémisphères, mais pas par des lésions dans le seul hémisphère droit. Cela signifie que l'hémisphère gauche est bel et bien le siège des formes génériques, celles qui sont liées au langage et celles qui ne le sont pas. Si vous êtes droitier, par exemple, le réseau de neurones qui représente le concept de « chaise » dans votre tête, tout en étant sans doute largement distribué, occupe pour l'essentiel les lobes occipitaux, temporaux et pariétaux de votre hémisphère gauche.

Toutes les formes génériques ne sont pas descriptives. Certaines sont prescriptives – et elles sont aussi stockées dans l'hémisphère gauche. Nous en avons parlé dans le précédent chapitre, mais permettez-moi de développer un peu plus le sujet. Non seulement nous reconnaissons les divers objets qui nous entourent, mais nous savons aussi quoi en faire. Nous savons tenir une cuiller, un peigne, un stylo. Les positions des mains pour l'utilisation de chacun de ces objets sont toutes différentes, mais nous ne les confondons pas. Nous savons comment nouer les lacets de nos chaussures et faire un nœud de cravate, nous savons passer les boutons dans les boutonnières, manier un marteau ou des ciseaux. Les mouvements associés à tous ces objets sont, là encore, très différents, et nous ne les mélangeons pas davantage.

Qui plus est, comme pour le fauteuil Art déco que nous

reconnaissons comme « fauteuil », nous n'avons pas besoin d'apprendre et de réapprendre ces capacités motrices pour chaque objet. Une fois que vous savez manipuler des ciseaux, vous pouvez utiliser n'importe quelle paire de ciseaux ; quand vous savez faire un nœud de cravate, aucune cravate ne vous résiste plus, quelle que soit sa largeur ou sa longueur. C'est pourquoi ces capacités motrices, elles aussi, sont génériques. Certains types de lésions cérébrales sont susceptibles de les détériorer – c'est une maladie qu'on appelle l'*apraxie idéatoire*. Et là encore, l'apraxie idéatoire peut être causée par des lésions à l'hémisphère gauche ou aux deux hémisphères, mais pas par des lésions au seul hémisphère droit. Il en découle que les formes génériques prescriptives sont elles aussi stockées dans l'hémisphère gauche, qu'elles soient associées ou non au langage.

Pour résumer, l'hémisphère gauche est responsable de la plupart des processus basés sur la reconnaissance de formes, aussi bien ceux qui impliquent le langage que les autres, ceux qui n'ont aucun rapport avec le langage. Les lésions dans l'hémisphère gauche entraînent à la fois des défaillances du langage (aphasies), et des défaillances de la reconnaissance de formes non verbale et de l'usage des formes (agnosies et apraxies).

De son côté, l'hémisphère droit joue un rôle crucial aux premiers stades de la vie, quand l'arsenal de formes prêtes à l'emploi est encore limité. Une réalité que les neuropsychologues spécialistes du développement ont fini par admettre. Pendant longtemps, on a cru que tous les troubles de l'apprentissage et du développement cognitif étaient liés au dysfonctionnement de l'hémisphère gauche. Mais, depuis quelques années, les scientifiques ont étudié une foule de maladies qui sont dues à un dysfonctionnement précoce de l'hémisphère *droit* – troubles de l'apprentissage non verbal, syndrome d'Asperger et d'autres encore. Le neuropsychologue canadien Byron Rourke, en particulier, a beaucoup apporté à la compréhension du dysfonctionnement hémisphérique droit dans divers troubles du développement.

Certains symptômes provoqués par le dysfonctionnement hémisphérique droit ne peuvent être décelés qu'à l'aide de tests neuropsychologiques précis. Mais d'autres symptômes sont

« visibles à l'œil nu », même pour un observateur néophyte, et ils en disent long sur le rôle de l'hémisphère droit car ils mettent en relief les aptitudes cognitives qui sont amoindries quand cet hémisphère est abîmé. Les personnes souffrant de dysfonctionnement hémisphérique droit évitent, en général, les situations nouvelles, inconnues. Elles tendent à se raccrocher à leurs routines, à leurs petites habitudes, et se montrent souvent rigides, apeurées, mal disposées vis-à-vis du moindre écart par rapport aux scénarios bien enracinés de la plupart des circonstances de leur vie.

Ces manifestations de dysfonctionnement hémisphérique droit peuvent être assez spectaculaires. D'autant qu'elles affectent en particulier le comportement en société. Certaines personnes sont socialement vives, adroites, et d'autres sont socialement gauches, embarrassées. La maladresse sociale, en outre, est souvent observée chez des individus qui sont par ailleurs remarquablement doués dans un domaine particulier : scientifiques et ingénieurs, par exemple, ou autres informaticiens – les fameux « coincés » que l'on imagine rivés à leurs claviers et quasiment coupés du monde. À petites doses cette maladresse peut être attachante, mais elle devient extrêmement perturbante quand elle atteint un certain degré de gravité. Aujourd'hui, nous savons que cette gaucherie sociale cliniquement dévastatrice est souvent due à des lésions dans l'hémisphère droit.

Pourquoi ? La réponse est à chercher dans le fait que certains types de situations ne se prêtent pas, ne se prêteront jamais, à être réduites à un nombre fini de formes. Pour gérer ces situations de manière efficace, l'individu doit constamment improviser et se reposer sur son « sentiment » plutôt que sur une reconnaissance de formes « tombée du ciel ». Il en découle que certains types de décisions sont toujours le domaine de l'hémisphère droit. Le jugement social et la capacité à gérer les relations interpersonnelles semblent tomber dans cette catégorie. Les situations sociales sont tout simplement trop diverses, trop fluctuantes et trop nuancées pour se prêter à une codification précise et durable à travers un nombre fini de schémas – de formes.

Ce qui distingue un individu socialement gracieux d'un individu socialement gauche, c'est moins leur connaissance des normes sociales que leur capacité à y adhérer en souplesse, d'une façon qui ne paraisse pas contrainte, pénible ou artificielle. Nous connaissons tous des gens qui font tout parfaitement bien, « dans les règles » – mais trop bien, justement, trop « réglementairement ». Et c'est bien à cause de cela que ces gens passent pour d'intraitables obsédés du scénario préréglé, pour des maniaques ; ils évoquent des caricatures d'automates, comme dans la danse ou certaines scènes très stylisées du théâtre contemporain. Leur comportement ressemble à une succession de clichés maladroits, dont chacun correspond davantage au « concept » de l'attitude visée qu'à une attitude naturelle, dont chacun est privé de nuance, de fluidité et d'élégance. Ces gens essaient désespérément de « s'intégrer », mais ils finissent par commettre un impair presque à chaque mouvement ; mal perçus, mal compris, ils sont vus comme des bêtes curieuses et rejetés comme des parias sociaux. Chez les patients souffrant de dysfonctionnement hémisphérique droit, ces caractéristiques se manifestent souvent de façon assez prononcée – pour les enfants comme pour les adultes.

À mesure que nous progressons de l'enfance vers l'âge adulte, nous accumulons des formes qui nous permettent de gérer les situations nouvelles comme si elles nous étaient déjà familières. Une fois constituées, ces formes prêtes à l'emploi sont stockées principalement dans l'hémisphère gauche ; à mesure que leur répertoire s'étoffe, l'individu se repose de plus en plus sur la moitié gauche de son cerveau. Le noyau du contrôle mental, « le centre de gravité cognitif », se déplace graduellement de l'hémisphère droit vers l'hémisphère gauche. Il s'agit évidemment d'un processus lent, pas d'une transition abrupte, qui se produit de surcroît à des rythmes variables selon les différentes capacités cognitives. Pour être précis, donc, nous ne parlons pas d'un processus unique, un seul grand basculement de droite à gauche, mais d'une myriade de processus qui se déploient en parallèle, sur des périodes et à des vitesses variables. Tous, cependant, représentent le même phénomène spécifique : le basculement de droite à gauche du centre de contrôle cognitif est un mouvement fondamental des processus mentaux supérieurs.

A B C

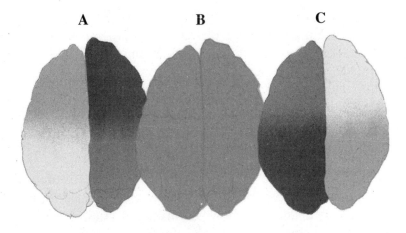

Fig. 12. **Le rôle des deux hémisphères dans l'apprentissage.** Plus la teinte est sombre, plus le niveau de participation est élevé. (A) L'hémisphère droit est dominant quand vous êtes confronté à un défi cognitif original. (B) Les deux hémisphères sont impliqués à parts égales à un stade intermédiaire d'apprentissage. (C) L'hémisphère gauche est responsable du « pilote automatique cognitif » dans l'exercice des capacités mentales bien développées. Dans une certaine mesure, le rôle du cortex préfrontal (partie haute des schémas) décroît aussi pour les capacités mentales établies.

Un basculement qui prend toute la vie

À présent, considérons la vie sur toute son étendue. Dans la plupart des études sur les modifications des fonctions cérébrales au cours du développement, la question implicite est : « En quoi les enfants sont-ils différents des adultes ? » Mais récemment, du fait de l'intérêt croissant que les scientifiques portent au vieillissement, la question s'est élargie : « En quoi les jeunes adultes diffèrent-ils des seniors ? »

Durant la dernière décennie, cette question a été posée dans un certain nombre d'études en neuro-imagerie fonctionnelle utilisant la TEP et l'IRMf. On a comparé les schémas d'activité cérébrale d'adultes à différents âges. Les résultats ont confirmé la progression continue du basculement de droite à gauche du « centre de gravité cognitif », tout au long de la vie. Chez les adultes jeunes, on observe une activation nettement plus importante du cortex préfrontal droit. Mais, chez les adultes âgés, le cortex préfrontal gauche devient beaucoup plus actif. Une fois encore, l'activation ne semble pas dépendre de la nature de la tâche ; elle peut être aussi bien verbale (par exemple la reconnaissance de mots) que visuo-spatiale (la reconnaissance faciale). Le basculement droite/gauche est un phénomène qui se produit tout au long de la vie, de l'enfance à l'âge moyen, et de là jusqu'à la vieillesse. Cette idée, avancée pour la première fois par deux de mes plus brillants amis, Jason Brown et Joseph Jaffe, est désormais confirmée empiriquement de façon de plus en plus irréfutable.

Le basculement de droite à gauche du centre de contrôle cognitif est donc un cycle fondamental de la vie de notre esprit, non seulement pendant le passage de l'enfance à l'âge adulte, mais aussi jusqu'à la toute fin de l'existence. Au début de ce chapitre, nous avons examiné comment ces changements sont étudiés en laboratoire, pour des processus à court terme. Maintenant, nous savons aussi que des changements similaires se produisent tout au long de l'existence. Et contrairement à ce que l'on croyait mordicus dans le passé, *c'est l'hémisphère droit qui est l'hémisphère dominant aux premiers stades de la vie.* Ensuite, au fil du vieillissement, il perd peu à peu du terrain face à l'hémisphère gauche, qui accumule une « bibliothèque » toujours plus vaste de systèmes efficaces de reconnaissance de formes (grâce aux attracteurs neuronaux). L'hémisphère droit est essentiel dans la jeunesse – la saison de l'audace, la saison de l'aventure en terres inconnues. L'hémisphère gauche est essentiel dans les années de la maturité – la saison de la sagesse, la saison où l'on peut voir des choses nouvelles à travers le prisme de nombreuses expériences passées.

Comment comprendre les différences de représentation du savoir dans les deux hémisphères et rendre compte de leurs différents rôles aux divers stades de l'apprentissage ? Au moment même où j'écris ce livre, ces différences sont l'objet de nombreuses recherches, grâce à la neuro-imagerie fonctionnelle et grâce à l'informatique. Mais, dans l'immédiat, les lecteurs les plus « scientifiques » de ce livre pourront trouver utile l'analogie suivante : elle fait appel à la statistique descriptive, la façon la plus simple de représenter de grands ensembles de données avant même qu'une analyse plus élaborée (« statistique inférentielle ») ne soit effectuée. Dans la statistique descriptive, le même ensemble de données peut être représenté de deux façons différentes : sous la forme de données groupées et sous la forme d'un nuage de points individuels. La première représentation est une moyenne générale qui rend compte de l'essence de la totalité de toutes les expériences passées, mais dans laquelle les détails, les spécificités, n'apparaissent pas. La seconde représentation est une bibliothèque d'expériences spécifiques, mais dont on ne peut extraire les généralités essentielles.

Les données groupées sont représentées par des moyennes et des écarts types. En revanche, les données individuelles sont représentées par des diagrammes de points dispersés. Quand une nouvelle information est intégrée, les deux représentations sont mises à jour de façon très différente. Les données groupées doivent être recalculées chaque fois qu'une information est reçue, ce qui donne aussi une nouvelle moyenne et un nouvel écart type. Par contre, les diagrammes de points dispersés seront mis à jour par le simple ajout de points de données individuels.

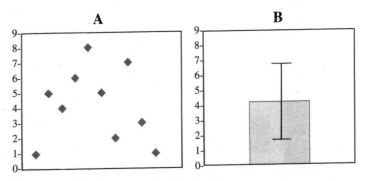

Fig. 13. **La représentation du savoir dans les deux hémisphères.** (A) Dispersé (chaque point de donnée rend compte des propriétés spécifiques d'une classe réduite de situations) – c'est comme cela que le savoir est représenté dans l'hémisphère gauche. (B) Moyenne et écart type (moyenne approximative pour toutes les situations) – c'est comme cela que le savoir est représenté dans l'hémisphère droit. Cette figure relève davantage de la métaphore heuristique que de la description à prendre au pied de la lettre.

Imaginez que l'hémisphère droit représente le savoir cumulatif de l'organisme par le biais d'une moyenne corticale et d'un écart type cortical, les « grandes moyennes » de toutes les expériences passées, mais dans lesquelles les détails sont perdus. Pensez l'hémisphère gauche comme une sorte de diagramme cortical dispersé, comme une bibliothèque de représentations relativement spécifiques, dont chacune correspond à une classe assez restreinte de situations similaires.

Supposez maintenant que l'organisme soit confronté à un nouveau défi cognitif. Si ce défi trouve sa correspondance avec au moins une des représentations spécifiques (un des attracteurs) contenues dans l'hémisphère gauche, il est identifié comme familier et traité en fonction du résultat d'une expérience précédemment acquise, spécifique à ce type de situation. Mais, s'il n'y a pas correspondance, le défi cognitif est identifié comme original. Puisqu'il n'entre en résonance avec aucun savoir spécifique lié à une situation déjà résolue, la seule façon d'aborder cette situation inédite est d'utiliser de l'information « moyennée », par défaut, contenue dans l'hémisphère droit.

Imaginez par exemple qu'un bocal rempli d'une substance gélatineuse se matérialise dans votre cuisine. Si votre hémisphère gauche l'identifie comme « confiture », vous déciderez peut-être de la manger. Si votre hémisphère gauche l'identifie comme « lessive liquide », vous la mettrez peut-être dans la machine à laver. Mais si vous échouez à la reconnaître comme ayant sa place parmi les choses qui vous sont familières, si en d'autres termes vous ne savez pas ce que c'est, l'option par défaut contenue dans l'hémisphère droit sera de la traiter avec prudence, et peut-être de la jeter.

Les souvenirs génériques que nous accumulons en vieillissant nous permettent donc d'employer des « raccourcis », et ce de façon de plus en plus régulière, pour la résolution de problèmes ; ces raccourcis nous évitent le pénible travail mental nécessaire pour vaincre les nouveaux défis mentaux. Notre « bibliothèque de formes » s'accroît tout au long de la vie, et ces formes sont stockées dans l'hémisphère gauche. Cela signifie qu'avec l'âge nous dépendons de plus en plus de l'hémisphère gauche et de moins en moins de son voisin. À mesure que nous accumulons des formes, le « taux d'utilisation hémisphérique », pour ainsi dire, bascule inexorablement de la droite vers la gauche. Un phénomène qui, à son tour, est lourd de conséquences pour le cerveau et pour la résistance des deux hémisphères face au vieillissement. Nous en parlerons plus loin, au chapitre 13.

À présent, il est temps d'examiner la relation entre la nouveauté, les hémisphères cérébraux et les lobes frontaux. L'hémisphère droit n'est pas la seule partie du cerveau importante pour la gestion de la nouveauté cognitive. Nous savons, depuis le chapitre précédent, que les lobes frontaux jouent aussi un rôle crucial dans cette opération. Les études en neuro-imagerie fonctionnelle montrent qu'ils sont particulièrement actifs quand l'organisme se trouve confronté à des défis originaux. À mesure que les tâches deviennent familières, plus autonomes et plus faciles, le rôle du cortex préfrontal diminue.

Il ne faut pas s'étonner que la créativité dépende elle aussi des lobes frontaux. Ingegerd Carlsson et ses collègues ont étudié le débit sanguin cérébral régional (DSCr) des zones préfrontales chez des sujets hautement créatifs et chez des sujets faiblement créatifs (leur créativité à tous était mesurée au préalable avec un test psychologique particulier). Les niveaux de DSCr frontal au repos étaient plus élevés dans le groupe des personnes les plus créatives. Face à un nouveau défi cognitif, le groupe « hautement créatif » manifestait une activation frontale bilatérale, tandis que dans le groupe « faiblement créatif » on n'enregistrait qu'une activation frontale gauche. Il apparaît donc que les lobes frontaux gauche et droit participent ensemble à la résolution de problèmes chez les individus hautement créatifs, tandis que chez les individus moins créatifs seul le cortex préfrontal gauche est impliqué. Une autre étude du même genre a révélé que face à une tâche exigeant de l'ingéniosité, les personnes créatives se montrent à la hauteur de la situation grâce à une activation accrue de l'hémisphère droit. Et cette activation droite est particulièrement prononcée dans les lobes frontaux. Par contre, les personnes moins créatives restent à la merci de leur hémisphère gauche, avec un hémisphère droit qui reste relativement inactif.

Le transfert du « centre de gravité cognitif » de l'hémisphère droit vers l'hémisphère gauche étant un phénomène universel, qui touche la vie de chacun de nous, la question suivante s'impose : ce changement se produit-il chez tous les individus de la même façon, avec une uniformité constante, ou y a-t-il des différences individuelles ? Sachant ce que nous savons déjà sur le cerveau et la cognition, nous pouvons nous attendre à ce que la réponse se trouve plutôt dans la deuxième proposition.

De fait, chez certaines personnes la créativité est une caractéristique qui dure toute la vie, sans être amoindrie par le vieillissement. Leurs cerveaux sont-ils « câblés » de façon particulière, et si oui, comment ? Imaginez l'expérience intellectuelle suivante : supposons que nous disposions d'un test psychologique qui nous permette de mesurer la sagesse. Supposons qu'à l'aide de ce test nous puissions mettre d'un côté les sages, de l'autre les « non-sages ». Supposons, ensuite, que nous placions tous nos sujets face à un problème dont la solution requiert de la sagesse. Quelles différences verrions-nous entre les schémas d'activation cérébrale des personnes dotées de sagesse, et ceux des personnes qui en sont privées ? Je crois qu'une activation très prononcée des régions préfrontales gauches apparaîtrait pour les sages. Et chez ceux d'entre nous qui, en vieillissant, ont trouvé la sagesse tout en conservant leur don de créativité, on observera une double activation intense des régions préfrontales droite et gauche.

En comprenant de mieux en mieux les mécanismes des deux hémisphères cérébraux, nous nous rapprochons un peu de la solution de certains des problèmes les plus mystérieux de la cognition. Mais la cognition n'existe pas par elle-même, seule, comme si elle se trouvait dans un vide impartial, émotionnellement neutre. Bien au contraire, cognition et émotion sont inextricablement liées – et cette union met aussi en jeu les deux hémisphères cérébraux ! C'est le sujet du prochain chapitre.

12

Magellan sous Prozac

Le yin et le yang du cerveau

Plus d'un tabou a été brisé, durant les dernières décennies, dans le domaine de la recherche sur le cerveau. Comme les lobes frontaux, les mécanismes cérébraux des émotions comptent parmi les territoires auparavant interdits qui se sont enfin ouverts à l'investigation scientifique. Traditionnellement, les émotions étaient considérées comme le « point vulnérable » de la psychologie, un domaine trop sensible, indigne des neuroscientifiques sérieux. Cette attitude avait un léger parfum de dépit : il y a encore quelques années, les neuroscientifiques ne savaient tout simplement pas où commencer leurs recherches dans la neurobiologie des émotions.

La situation commença à changer avec les travaux de Joseph LeDoux, de Richard Davidson, d'Antonio Damasio et de quelques autres, qui abordèrent le sujet avec des méthodes rigoureuses. LeDoux découvrit les grandes lignes du rôle de l'amygdale dans les émotions. L'amygdale est une structure sous-corticale phylogénétiquement ancienne, qui fait partie du « cerveau limbique[1] » : une caractéristique qui donne à penser

---

1. Les expressions *cerveau limbique* et *système limbique*, introduites au milieu du vingtième siècle, sont quelque peu anachroniques, et leurs définitions neuroanatomiques sont imprécises. Elles sous-entendent une relative unité fonctionnelle entre certaines structures cérébrales, telles que le cortex orbitofrontal, le cortex cingulaire, l'amygdale et l'hippocampe, avec des connexions entre toutes ces régions. Certains

que les mécanismes de traitement des émotions ont commencé à apparaître assez tôt dans l'évolution. Pendant longtemps, les scientifiques sont restés fixés sur l'hypothèse tacite qui voulait que le néocortex, la partie la plus jeune du cerveau, ne servît qu'à la réflexion impartiale, rationnelle, émotionnellement neutre. Il en résultait une nette dichotomie à l'intérieur de notre monde intérieur : d'un côté le monde de l'émotion gouverné par les structures limbiques sous-corticales « chaudes », et de l'autre le monde de la pensée rationnelle gouvernée par le néocortex « froid ».

La dichotomie était trop « belle » pour être vraie ; elle était même carrément fausse. Le vécu affectif et l'expression des émotions font participer le néocortex. C'est aujourd'hui très clair. Qui plus est, la représentation corticale des émotions est divisée. L'hémisphère gauche est impliqué dans les émotions positives, l'hémisphère droit est impliqué dans les émotions négatives. Cette division hémisphérique du travail pour les émotions a constitué l'une des découvertes les plus excitantes de la neuropsychologie de ces dernières décennies ; elle est au cœur du sujet de ce chapitre.

On commença à s'interroger sur la division hémisphérique du traitement des émotions à partir de l'observation de personnes atteintes de lésions cérébrales. Les cliniciens savent depuis longtemps que les lésions de l'hémisphère gauche ont souvent pour conséquence un état dépressif chez le patient. En revanche, les lésions de l'hémisphère droit engendrent des épisodes de manie, ou ce qui peut passer pour une légère euphorie (ou, au moins, un certain état de nonchalance connu sous le nom de *belle indifférence*). Les deux effets, pour les lésions côté gauche comme pour celles côté droit, sont particulièrement nets quand les réactions des patients face à divers stimuli émotionnels sont comparées à celles de personnes normales.

Dans le passé, on considérait que ces effets latéralisés des lésions cérébrales sur les émotions s'expliquaient par le fait

---

noyaux thalamiques et hypothalamiques y sont aussi parfois inclus. Récemment, la recherche a remis en question cette unité fonctionnelle. Mais, par tradition, l'expression *système limbique* continue d'être employée.

que les patients avaient conscience, au moins à un certain degré, de leur état et de leur trouble. Comme nous le savons déjà, chez les adultes les lésions de l'hémisphère gauche perturbent le langage. Le langage est une aptitude si importante et si globale que ses défaillances ne peuvent évidemment passer inaperçues pour le malade – et c'est une source de grande détresse. Par contre, les fonctions de l'hémisphère droit sont plus insaisissables, moins accessibles à l'introspection. Les patients sont en général moins conscients de leur disparition ou de leur affaiblissement, et par conséquent moins perturbés. Leur nonchalance apparente – alors qu'ils auraient toutes les raisons d'être déprimés – pouvait être interprétée à tort comme une manifestation de contentement ou d'euphorie. C'était ainsi en tout cas qu'on raisonnait à l'époque.

De fait, un patient souffrant de lésions hémisphériques droites est souvent étonnamment inconscient des défaillances cognitives qu'elles entraînent – un phénomène connu sous le nom d'*anosognosie*. L'impression de sérénité bienheureuse que dégagent ces malades constitue, pour l'observateur extérieur, un contraste saisissant avec la triste réalité des lésions cérébrales catastrophiques dont ils sont affligés.

L'anosognosie prend souvent la forme de l'« héminégligence gauche » : une affection qui apparaît quand le cerveau n'est plus capable de recevoir et de traiter correctement les informations en provenance de la moitié gauche du monde extérieur. Ce trouble se manifeste ainsi parce que les voies sensorielles qui transportent l'information du monde extérieur jusqu'au cerveau sont pour l'essentiel croisées : les données sur la moitié gauche du monde sont envoyées à l'hémisphère droit, et les données de droite sont envoyées à gauche. Quand les lésions affectent le côté gauche du cerveau, le patient découvre en général assez facilement le handicap qui en résulte, et apprend à le compenser. Mais quand les lésions se trouvent du côté droit, le malade reste souvent dans l'ignorance de leurs conséquences ; il ne peut donc pas les compenser, et l'héminégligence gauche risque de devenir aussi sévère qu'intraitable.

L'anosognosie prend parfois des formes assez surréalistes : lorsque le malade, incapable de « sentir » le problème qui vient de l'intérieur de son propre cerveau, produit des commentaires fantastiques sur le monde extérieur. Comme le monsieur de la maison de retraite que nous avons rencontré plus tôt, par exemple, qui ne voyait pas son steak sur le plateau et accusait les infirmières de conspiration. Mais l'héminégligence et l'hémi-inattention gauche ne se limitent pas aux informations visuelles. Les sensations tactiles peuvent aussi être affectées, et cela engendre le phénomène dit de la « main étrangère ». Un patient qui souffre de ce trouble, suite par exemple à un accident vasculaire cérébral, reniera le côté gauche de son corps en l'attribuant à une autre personne ; il concoctera une histoire bizarre pour expliquer ce que la main « étrangère » fait à côté de lui. Et il ne s'inquiétera absolument pas de sa propre situation neurologique.

En revanche, un patient souffrant d'aphasie (déficience du langage), suite à un accident vasculaire cérébral de l'hémisphère gauche, a souvent tout à fait conscience de son handicap, qui le met au supplice, le terrifie ou l'afflige jusqu'aux larmes. C'est pour cette raison que l'on supposait autrefois que la dépression, chez ces patients-là, était une réaction consciente face à leur défaillance cognitive.

Mais la recherche a montré depuis lors que le lien entre les hémisphères et l'affect ne peut s'expliquer par le seul degré de conscience du malade vis-à-vis de ses symptômes. Un hémisphère, c'est grand. Affirmer que certaines manifestations émotionnelles sont provoquées par des lésions quelque part dans l'hémisphère, ça ne suffit pas. Il est important de savoir *où* elles se trouvent *exactement*. Quand la question commença à être étudiée sérieusement, il apparut que les lésions du lobe frontal gauche sont particulièrement susceptibles de provoquer la dépression – davantage que des lésions dans toute autre partie de l'hémisphère gauche.

Mais là, il y a un mystère. Comme nous le savons déjà, les blessures du lobe frontal ont aussi pour conséquence l'anosognosie. Un patient qui a des lésions, même majeures, dans les régions frontales gauches, n'est tout simplement pas assez conscient de ses propres défaillances pour être troublé. Par conséquent, c'est une erreur d'affirmer que la dépression est due à la prise de conscience, chez le patient, du trouble cognitif causé par les lésions frontales gauches dont il est atteint – en tout cas c'est une proposition hautement invraisemblable. À l'inverse, les lésions des régions frontales *droites* ont souvent pour conséquence un état de nonchalance blasée, de détachement émotionnel, qui ne peut se justifier uniquement par le fait que le patient ignore sa maladie. Ces lésions droites, d'ailleurs, créent souvent des épisodes de manie, voire une franche euphorie.

On a aussi remarqué que les lésions hémisphériques, droites ou gauches, produisent de temps en temps des manifestations émotionnelles tellement extrêmes qu'on ne peut les expliquer par le seul degré de conscience du malade vis-à-vis de sa situation. Les patients atteints de lésions hémisphériques gauches s'abandonnent parfois à des crises de larmes pathologiques, et chez les malades aux lésions hémisphériques droites ce sont les crises de rire qui sont de temps en temps aberrantes. Ces changements affectifs doivent donc bel et bien avoir un rapport avec l'emplacement, à droite ou à gauche, des lésions.

L'étape suivante, pour les chercheurs, consista à examiner la relation entre les divers états émotionnels et les deux côtés du cerveau *chez les personnes normales*. Les premières études furent réalisées avec l'EEG (électroencéphalographie), qui demeura le principal outil de ce genre de recherche jusque dans les années 1970 et 1980. L'avènement de la neuro-imagerie fonctionnelle (TEP et IRMf) dans les décennies suivantes permit un regard encore plus direct sur la relation entre l'affect et les deux moitiés du cerveau. Les pionniers du domaine sont Richard Davidson et ses collègues.

Les études livrèrent des résultats fascinants. Quand les sujets normaux voyaient des vidéos ou d'autres images qui contenaient une information agréable, l'activation cérébrale augmentait dans l'hémisphère gauche, en particulier dans le cortex préfrontal. En revanche, quand ils voyaient des images désagréables ou tristes, l'activation augmentait dans l'hémisphère droit, et là encore surtout dans le cortex préfrontal. Une distinction similaire apparut de façon très claire quand on proposa aux sujets un jeu vidéo basé sur la finance. Quand ils se trouvaient en situation de gagner de l'argent, on enregistrait une activité relativement plus importante du lobe frontal gauche. Mais quand ils perdaient de l'argent, c'était dans le lobe frontal droit que l'activité était plus intense. Quand on se pencha sur les mécanismes cérébraux de diverses expériences à caractère spirituel, on observa des effets similaires : la méditation, avec pour corollaire l'immersion dans un état d'esprit apaisant, introspectif, activait le cortex préfrontal gauche et réduisait l'activation préfrontale droite. Une augmentation de l'activité des régions frontales gauches fut notée chez les nonnes en prière, et ce en parallèle à une baisse d'activité de plusieurs régions de l'hémisphère droit.

Prises comme un tout, les études des personnes atteintes de lésions cérébrales et celles, en neuro-imagerie, d'individus en bonne santé, montraient de façon très claire que les deux hémisphères ont des rôles relativement directs, et opposés, dans l'apparition et l'expression des émotions. L'hémisphère gauche gère les émotions positives, et l'hémisphère droit les émotions négatives : de véritables yin et yang du cerveau[1] !

L'étape suivante consista à explorer les différents types de personnalité émotionnelle. Davidson et ses collègues découvrirent qu'il existe bel et bien différents styles émotionnels, qui se caractérisent par une prédominance de l'activation hémisphérique gauche ou de l'activation hémisphérique droite. Certaines personnes tendent à avoir un tempérament positif, enjoué, et d'autres sont enclines à la déprime. Leurs profils d'activation cérébrale diffèrent et s'opposent selon des critères stables et cohérents, qui correspondent à différentes dynamiques électrophysiologiques. Les zones frontales gauches tendent à être plus actives chez les personnes insouciantes et heureuses, et les aires frontales droites sont plus actives chez les maussades portées à la dépression. Si, pour une raison quel-

---

1. Il ne faut pas confondre l'apparition et l'expression des émotions personnelles avec la capacité à reconnaître et à traiter les manifestations d'émotion chez autrui. Celle-ci semble reposer pour l'essentiel sur l'hémisphère droit, et ce aussi bien pour les émotions positives que pour les émotions négatives – probablement en raison du fait que ce type de traitement de l'information ne se prête pas facilement à la reconnaissance de formes.

conque, l'activité des zones frontales gauches est diminuée, tristesse et dépression font leur apparition. De même, l'activation des zones frontales droites est associée à des émotions précisément négatives, comme le dégoût ou la peur. Même les sentiments très complexes, par exemple les réactions émotionnelles douloureuses et négatives face à l'exclusion sociale, sont latéralisés et réquisitionnent le cortex frontal droit. Cela a été démontré par Naomi Eisenberger et ses collègues avec une astucieuse expérience en IRMf dans laquelle certains sujets se voyaient évincés de la partie de ballon virtuelle à laquelle ils participaient.

Les différents types émotionnels, et leur lien avec les deux hémisphères, semblent innés – ou en tout cas ils apparaissent très tôt, dès le début de la vie. Une activation frontale gauche particulièrement intense a été observée chez des nourrissons de dix mois très joyeux, et une activation frontale droite remarquablement forte caractérise les pleurnicheurs du même âge.

La division hémisphérique du travail, pour la régulation de nos émotions, n'est pas limitée au néocortex. Elle concerne aussi les amygdales. Chez les individus en bonne santé, l'amygdale gauche se montre plus active face à des stimuli positifs que face à des stimuli négatifs. En revanche, les personnes anxieuses ont une activation exagérée de l'amygdale droite quand elles voient des visages effrayants ou neutres. Et chez les personnes dépressives, il y a une baisse d'activité de l'amygdale gauche. Ces observations permettent de conclure qu'il existe deux « circuits émotionnels » cohésifs, dont chacun inclut le lobe frontal et l'amygdale dans chaque hémisphère. De fait, il a été démontré que le circuit fronto-amygdalien est impliqué dans de nombreux processus de prise de décision associés à des satisfactions ou à des récompenses – y compris le processus qui consiste à sélectionner les plats les plus alléchants au menu d'un restaurant.

Dans certaines maladies psychiatriques, on observe des différences non seulement dans les schémas d'activation hémisphériques des patients, mais aussi dans la taille même de leurs structures cérébrales. Les individus souffrant du trouble d'anxiété généralisée ont souvent une amygdale droite particulièrement développée. En revanche, les individus qui ont subi une résection chirurgicale de l'amygdale droite pour soulager des crises d'épilepsie intraitables (une opération qu'on appelle lobectomie temporale antérieure) perdent la capacité à évaluer l'expression de la peur sur le visage d'autrui.

D'autres structures cérébrales sont aussi impliquées dans la régulation des émotions, comme le cortex cingulaire (une région ancienne du cortex, en forme de ruban, qui borde la limite extérieure du corps calleux, l'important faisceau de voies de connexion entre les deux hémisphères), ou certaines parties du thalamus (un ensemble sous-cortical de noyaux qui se projettent en direction de diverses régions corticales). On sait encore peu de chose sur la latéralisation fonctionnelle de ces structures, mais il est très probable qu'elles reproduisent la division du travail entre les hémisphères corticaux droit et gauche.

Il apparaît donc que le cortex préfrontal, l'amygdale et le cortex cingulaire – ainsi, peut-être, que d'autres structures – travaillent de conserve pour le traitement de l'apparition et de l'expression des émotions, et possèdent à cette fin deux systèmes de contrôle distincts et parallèles. Du côté gauche du cerveau le système arbitre les émotions positives, et du côté droit il arbitre les émotions négatives. Bien sûr, la plupart des expériences de la vie réelle sont complexes, mitigées. Elles ne sont ni simplement douces, ni simplement aigres, mais plus sûrement aigres-douces, comme le yin et le yang imbriqués l'un dans l'autre dans le motif noir et blanc traditionnel. Par conséquent, dans la plupart des situations de la vie réelle les deux circuits fronto-amygdaliens opèrent ensemble, mais en apportant à tout instant des contributions variables à l'équilibre émotionnel.

Convergence des thèmes

Le lecteur attentif de ce livre aura sans doute remarqué que notre recherche sur la nature de la spécialisation hémisphérique a suivi plusieurs pistes à la fois, qui se sont déployées en parallèle sans beaucoup d'échanges ou de points de convergence. La première piste était celle de la cognition : on examina l'hypothèse qui voulait que l'hémisphère gauche fût l'hémisphère du langage et l'hémisphère droit l'hémisphère visuo-spatial. Comme nous le savons déjà, c'est le thème central de la neuropsychologie depuis de nombreuses années. La seconde piste, plus récente dans l'histoire de la neuroscience, nous a fait découvrir les émotions, en explorant les relations qui unissent les deux moitiés du cerveau et les affects négatifs ou positifs.

Ces deux thèmes fondamentaux de la neuropsychologie n'ont jamais réussi à s'unir dans un projet commun. Ils existent depuis longtemps, isolés l'un de l'autre, explorés par différentes catégories de chercheurs, exposés dans des réunions scientifiques différentes, consignés dans des monographies différentes. Cette situation, aussi invraisemblable puisse-t-elle paraître, n'est pas très surprenante. Il n'y a pas de méthode logique, ni de méthode empirique, qui permette de soutenir qu'il existe une relation intrinsèque entre d'un côté le langage et l'affect positif, de l'autre côté les fonctions visuo-spatiales et l'affect négatif. Le langage est un outil émotionnellement neutre, ou plutôt émotionnellement *équipotentiel*. Il possède à parts égales les moyens d'encoder et d'exprimer les émotions positives et les émotions négatives. De même, l'imagerie visuelle se prête aussi bien, ou aussi mal, à rendre compte des deux types d'émotions.

Dans le parler scientifique formel, on dit que la distinction langage/fonction visuo-spatiale et la distinction émotion positive/émotion négative sont *orthogonales* – irréductibles l'une à l'autre. Mais qu'est-ce que cela signifie au juste ? Leurs affiliations parallèles avec les deux hémisphères ne sont-elles que pures coïncidences ? La science a toujours prospéré sur l'impératif esthétique de la parcimonie, ou de l'économie de moyens : la capacité à faire le lien entre une multitude d'observations et un nombre minimal de principes théoriques. Cet impératif, par tradition, a toujours été largement adopté dans le discours scientifique, au point que considérations esthétiques et considérations explicatives s'entremêlent souvent de façon presque interchangeable. Une théorie parcimonieuse a de la valeur en elle-même ; elle est plus crédible, plus séduisante, et elle a de meilleures chances d'être acceptée comme génératrice d'une véritable explication sur le phénomène étudié. En revanche, une théorie qui manque de parcimonie est automatiquement considérée comme suspecte quant à son pouvoir explicatif. Dans une théorie scientifique convaincante, les thèmes doivent converger.

De ce point de vue, la coexistence de deux principes orthogonaux, apparemment contingents, de spécialisation hémisphérique, aurait dû paraître aussi insatisfaisante que troublante aux yeux des neuropsychologues et des neuroscientifiques cognitifs. Cela fut-il le cas ? Pas nécessairement. Ce domaine de recherche s'est tellement fragmenté, au fil des décennies, que de nombreux scientifiques ne se soucient de trouver de l'ordre qu'à l'intérieur de leur propre niche, relativement réduite, et pas entre les diverses niches. Mais moi, j'étais inquiet. La parcimonie, la nécessité d'avoir un faisceau directeur qui soit à même de réunir les fils disparates de la recherche sur le cerveau, est depuis toujours l'un de mes principaux impératifs intellectuels.

La théorie nouveauté/routine que nous avons abordée dans le chapitre précédent apporte à la recherche cette économie de moyens essentielle, car elle relie les aspects cognitifs et émotionnels de la spécialisation hémisphérique comme ne le faisait aucune des théories précédentes. C'est ainsi, parce qu'il existe un rapport intrinsèque entre d'un côté les routines cognitives et l'affect positif, de l'autre la nouveauté et l'affect négatif. Et voilà comment ça fonctionne :

L'hémisphère gauche est l'hémisphère des routines cognitives. Comme nous l'avons déjà établi, le cerveau se montre extrêmement sélectif quand il s'agit d'admettre une information dans le stockage à long terme. Dans un cerveau normal, le seul savoir qui gagne le statut de « routine » et mérite le stockage à long terme dans l'hémisphère gauche est celui qui a prouvé son utilité sur une certaine période de temps. L'information inutile (ce que vous avez mangé au déjeuner il y a exactement vingt ans, par exemple) ne réussit pas à entrer dans la bibliothèque des routines de reconnaissance de formes hébergées dans l'hémisphère gauche. Le contenu du stock hémisphérique gauche se compose, à une écrasante majorité, d'informations « utiles », qui en vertu de leur utilité sont bonnes pour l'organisme.

En revanche, l'hémisphère droit gère la nouveauté. Il entre en action chaque fois que le répertoire cognitif qui est à la disposition de l'organisme échoue à résoudre le problème posé, chaque fois qu'une exploration ou analyse nouvelle est nécessaire. L'activation hémisphérique droite se produit en cas de disparité entre les capacités et les besoins de l'organisme. La recherche d'une solution inédite est provoquée par l'insatisfaction vis-à-vis du statu quo, ou par une situation qui est frustrante, c'est-à-dire mauvaise pour l'organisme.

L'étude de la biochimie cérébrale permet de mieux cerner le rapport étroit qui existe entre les aspects cognitifs et les aspects émotionnels de la spécialisation hémisphérique. Comme nous le savons déjà, les deux hémisphères cérébraux ne sont pas identiques, ni structurellement ni biochimiquement. Certains neurotransmetteurs sont légèrement plus abondants dans l'hémisphère droit que dans le gauche. C'est le cas en particulier de la noradrénaline. D'autres neurotransmetteurs sont légèrement plus abondants dans l'hémisphère gauche, comme la dopamine.

Ces asymétries biochimiques ont des conséquences très nettes, aussi bien sur la cognition que sur les émotions. Les expériences sur les animaux ont montré qu'une augmentation du niveau de dopamine entraîne des comportements stéréotypés, trop « appris ». La dopamine est associée à la satisfaction et au renforcement des comportements à succès. La dopamine joue aussi un rôle dans l'expérience du plaisir et dans l'accoutumance. Elle semble donc arbitrer les émotions positives *et* les routines cognitives. C'est parfaitement logique, puisque les routines cognitives rendent compte des expériences qui se sont avérées bonnes (réussies) dans le passé.

Par ailleurs, les études sur les animaux ont aussi montré qu'une augmentation des niveaux de noradrénaline déclenche des comportements d'exploration infatigable – une quête incessante de nouveauté. Parallèlement, on a découvert qu'il y a un lien entre niveaux anormaux de noradrénaline et dépression. Ce neurotransmetteur arbitre donc à la fois les émotions négatives *et* les comportements exploratoires. Là aussi c'est parfaitement logique, puisque l'échec de l'organisme à satisfaire ses besoins entraîne à la fois des émotions négatives *et* la quête de nouvelles solutions. Il est également intéressant de noter qu'en cas de baisse des niveaux de sérotonine, un autre neurotransmetteur impliqué dans la dépression, on observe l'apparition d'une sorte d'inflexibilité cognitive – ce qui souligne encore une fois le lien entre processus cognitifs et affect.

On pourrait alors poser la question suivante : le rôle des hémisphères dans la gestion des émotions est-il subordonné à leur rôle dans la cognition ? Dans ce scénario, le lien entre les émotions positives et l'hémisphère gauche est dû au fait que l'activation hémisphérique gauche correspond à des situations intrinsèquement « bonnes » (une bonne cohésion entre les besoins de l'organisme et ses capacités à satisfaire ces besoins). De même, le rapport entre les émotions négatives et l'hémisphère droit, c'est que l'activation hémisphérique droite correspond à des situations intrinsèquement « mauvaises » (une disparité entre les besoins de l'organisme et ses capacités à satisfaire ces besoins). Ou bien est-ce le contraire ? Les rôles des deux hémisphères dans la gestion des émotions viennent-ils en premier, et leurs rôles dans le traitement des situations familières ou nouvelles n'en sont-ils que le produit dérivé ?

En fait, c'est un peu la question de « la poule et de l'œuf » – une question à laquelle non seulement il n'y a pas de réponse, mais qui en définitive n'est pas si importante que ça. Cependant, il est intéressant de remarquer que, parmi toutes les régions néocorticales, c'est le cortex préfrontal qui devient particulièrement actif dans le traitement des émotions, avec le cortex frontal gauche pour les émotions positives, et le cortex frontal droit pour les émotions négatives. Comme nous l'avons vu, le cortex préfrontal joue un rôle capital dans la prise de décision et dans l'analyse des situations centrées sur l'acteur. Le cortex préfrontal a pour fonction de calculer « ce qui est bon pour l'organisme », plus qu'il ne doit calculer « ce qui est vrai » au sens abstrait ou objectif. À mon sens, cela montre que les « affiliations » émotionnelles des cortex cérébraux droit et gauche sont subordonnées aux fonctions cognitives des lobes frontaux.

Si c'est le cas, le cerveau régule donc les émotions par l'intégration simultanée de circuits « verticaux » et « horizontaux ». Les amygdales sont responsables de la réponse émotionnelle instantanée (précâblée ou préprogrammée dans une large mesure), et les lobes frontaux traitent les émotions basées sur l'analyse rationnelle, cognitive. Ces deux flux de réactions émotionnelles, l'un rationnel et cortical, l'autre instinctif et sous-cortical, fusionnent dans les circuits fronto-amygdaliens, ce qui produit une intégration verticale des émotions. En même temps, l'interaction, via le corps calleux et les commissures blanches, entre le circuit fronto-amygdalien gauche « positif » et le circuit droit « négatif », produit une intégration horizontale des émotions.

L'élan de la découverte

Jusqu'à maintenant, dans ce chapitre, nous avons examiné de façon quelque peu abstraite la relation entre émotions et processus cognitifs, et leurs rapports avec les différentes fonctions des deux hémisphères. Mais il est évident que les styles cognitifs et les styles émotionnels varient selon les individus. Il est temps à présent d'étudier la relation entre les styles cognitifs individuels et les styles émotionnels individuels, et leurs rapports aux deux hémisphères cérébraux.

Pour entamer notre réflexion, essayons d'imaginer Ferdinand Magellan en train d'avaler un cachet de Prozac[1], ou Christophe Colomb sous Prozac. Certains historiens ont dit que si le Prozac avait existé à l'époque des grands navigateurs, ceux-ci auraient gobé leurs comprimés et seraient restés faire la bringue à Séville, Lisbonne ou Cadix au lieu de se lancer dans leurs explorations capitales. Par chance ces idées ne correspon-

---

1. Célèbre antidépresseur. (*N.d.T.*)

252

dent à aucune réalité – sinon l'Amérique n'aurait peut-être jamais été découverte par les Européens, la ligne internationale de changement de date n'aurait jamais été créée.

L'idée d'un Colomb sous Prozac est fantaisiste, mais elle nous renvoie à une vérité essentielle : toute quête d'innovation radicale, tout voyage dans l'inconnu s'appuie, ou prend son élan, sur un sentiment d'insatisfaction par rapport au statu quo. C'est un sentiment puissant et oppressant, cohérent par sa tonalité affective avec les émotions attribuées à l'hémisphère droit. La quête d'exploration, de nouveauté, de *ce qui devrait être*, va de pair avec l'insatisfaction par rapport à *ce qui est*. Les gens parfaitement contents de leur sort ne découvrent pas de nouvelles terres, ne font pas le tour du monde en bateau et ne créent pas de révolutions scientifiques. Si tout va pour le mieux dans le meilleur des mondes, pourquoi se casser la tête à le changer ?

L'image classique du pionnier n'est pas celle du type heureux et souriant, mais de l'homme maussade. Le trouble bipolaire et les accès de dépression sont connus pour être le destin d'innombrables grands écrivains, scientifiques et explorateurs. La psychologue Kay Redfield Jamison, elle-même atteinte de trouble maniaco-dépressif, a écrit des pages émouvantes sur le lien entre créativité et maladie psychiatrique.

Jablow Hershman et Julian Lieb ont qualifié le trouble maniaco-dépressif de « clé du génie ». Dans une série d'ouvrages fascinants, ils en explorent le rôle dans les vies créatives de grands héros et de grands scélérats de l'histoire. Ils soutiennent que les plus importants personnages qui ont façonné la civilisation humaine, tels que Beethoven, Byron, Dickens, Newton, Pouchkine, Schumann ou Van Gogh, étaient tous frappés par cette maladie. Churchill souffrait lui aussi d'épisodes de dépression – ce qu'il appelait ses « chiens noirs » –, et le rythme acharné de sa production littéraire tout au long de sa vie est signe d'hypomanie. Michel-Ange est connu pour ses dépressions, mais on ignore s'il avait également des poussées d'hypomanie.

Le trouble maniaco-dépressif a également joué un rôle dans le génie obscur de bâtisseurs d'empires politiques et militaires, de grandes personnalités agressives et expansionnistes. D'après Hershman et Lieb, Napoléon, Hitler et Staline souffraient tous les trois de cette maladie, et ce depuis les toutes premières années de leurs exploits respectifs. Il en allait de même pour le prince russe Potemkine, favori et Premier ministre de facto de Catherine la Grande, connu pour ses tristement célèbres « villages Potemkine » (des façades factices qui cachaient la misère du pays pour plaire au tsar), mais aussi pour son assiduité au travail et son extrême efficacité.

Certains de ces héros (Newton, Churchill) et de ces scélérats (Staline, Hitler) sont déjà apparus dans les premiers chapitres, qui traitaient du déclin cognitif de quelques personnalités historiques. La présence conjointe d'un trouble affectif et du déclin cognitif chez ces individus n'est peut-être pas un simple hasard. D'importantes études scientifiques montrent que la dépression au long cours est un facteur de risque pour la démence.

Les rapports qui font le lien entre créativité et caractéristiques maniaco-dépressives sont abondants, mais anecdotiques. Je ne connais aucune étude ou statistique rigoureuse qui permette d'associer le trouble affectif léger et le génie reconnu comme tel. Pour constituer une telle étude, il faudrait prendre en considération tous les exemples de génie atteints de trouble affectif, et tous les exemples de génie qui n'ont aucun symptôme de ce genre, et calculer le ratio entre les deux valeurs. Ce chiffre serait alors à comparer à un chiffre établi de façon similaire pour l'ensemble de la population. C'est une tâche énorme, décourageante pour plusieurs raisons, dont la moindre ne serait pas de décider quels individus considérer comme génies (à moins de se reposer sur une étude comme celle de Charles Murray, qui a classé les plus éminentes personnalités de l'histoire du monde) – il est probable qu'elle ne sera jamais entreprise.

Néanmoins, deux chercheurs de l'université Stanford, Connie Strong et Terence Ketter, se sont bien rapprochés de cet objectif... avec une méthode moins extravagante. Grâce à divers questionnaires psychologiques, ils se sont aperçus que les individus en bonne santé et créatifs sur le plan artistique étaient, en termes de structure de la personnalité, beaucoup plus proches des individus souffrant de trouble maniaco-dépressif de niveau léger, que des individus ordinaires. Les chercheurs concluent que les « caractéristiques affectives négatives », parmi lesquelles certaines formes légères de dépression, ou le trouble bipolaire, sont fortement corrélées à la créativité. Dans le même ordre d'idées, il a été démontré que la quête de nouveauté est une caractéristique particulièrement courante chez les personnes souffrant de trouble bipolaire.

Cela, bien sûr, soulève des questions intéressantes : quels sont les mécanismes cérébraux du trouble maniaco-dépressif ? Quelle est sa neuroanatomie fonctionnelle ? Souvenez-vous que la neuro-imagerie fonctionnelle et les études sur les lésions cérébrales indiquent qu'il existe un lien entre dysfonctionnement hémisphérique gauche et dépression, et entre dysfonctionnement hémisphérique droit et manie. Qu'en est-il du trouble bipolaire, qui est différent à la fois de la dépression unipolaire (accès mélancolique) et du trouble de l'humeur unipolaire à versant maniaque ? Les premiers éléments de recherche montrent que les schémas d'activation cérébrale peuvent être spectaculairement différents, chez un même patient, pendant les épisodes maniaques et pendant les états dépressifs. Mais ce sont là des cas extrêmes. Qu'en est-il des caractéristiques stables de l'activité cérébrale des patients bipolaires – profil dominant, la plupart du temps, chez les personnes souffrant de trouble maniaco-dépressif ? Les études disponibles aujourd'hui donnent à penser que le profil d'activation cérébrale général de ces patients est analogue au profil observé dans la dépression et qu'il diffère du profil observé dans la manie. Il se caractérise essentiellement par une sous-activation de l'hémisphère gauche, tandis que l'hémisphère droit présente des schémas d'activation normaux.

Ce profil physiologique correspond à un état psychologique d'insatisfaction persistante et tenace vis-à-vis des choses « telles qu'elles sont » – état qui s'accompagne d'un penchant à vouloir « changer les choses ». Les épisodes hypomaniaques alimentent ce penchant en énergie, bien au-delà des niveaux observés chez la plupart des gens. C'est l'effet combiné de l'insatisfaction de fond et des poussées intermittentes d'énergie qui anime et pousse en avant la concrétisation de projets créatifs[1].

Mais la tonalité émotionnelle de l'individu n'est pas nécessairement une constante. On peut défendre l'idée qu'elle change au fil de la vie et qu'il existe de véritables « saisons émotionnelles ». Être en paix avec soi-même est un état d'esprit hautement désirable, il n'y a aucun doute là-dessus, mais chez une jeune personne il peut paraître décevant : il a un parfum d'autosatisfaction excessive, de vieillissement prématuré ; il sent le renoncement, l'abandon de toute vocation, la médiocrité, voire carrément l'anomalie. Le tableau romantique de la jeunesse exige une certaine dose de mécontentement et d'agitation, cette tension intérieure qui alimente l'audace et la rébellion. Si l'on passe rapidement en revue les cataclysmes politiques des dernières décennies, on constate que les étudiants étaient au cœur de bon nombre (sinon de la plupart) d'entre eux, depuis les grandes manifestations américaines et françaises dans les années 1960 jusqu'aux événements de la place Tienanmen dans les années 1980, et ceux de l'Indonésie dans les années 1990. Tous ces exemples correspondent à une expression spectaculaire de la tonalité affective de l'hémisphère droit.

Mais, quand nous vieillissons, la tonalité affective optimale change. Les recherches montrent que l'âge venant, dans la seconde moitié de la vie, les émotions négatives sont moins accentuées et la tonalité affective dominante devient plus positive. Un phénomène qui se reflète dans l'activité cérébrale : avec les années, l'amygdale devient moins réactive face aux stimuli émotionnels négatifs, tandis que sa réponse aux influx positifs ne subit pas de modification. Ainsi, l'équilibre change en faveur des émotions positives, et la tonalité affective de

---

1. Il existe plusieurs types de troubles bipolaires. Le trouble bipolaire I est le plus sévère, où l'on trouve de graves épisodes maniaques entrecoupés de graves crises de dépression, souvent accompagnés de manifestations psychotiques. Le trouble bipolaire II est moins sévère, avec des épisodes hypomaniaques au lieu de crises de manie aiguë. Le trouble cyclothymique est la forme la moins sévère, avec seulement de légers épisodes hypomaniaques et dépressifs, qui passent inaperçus au plan clinique.

l'hémisphère gauche devient la norme. Nos représentations culturelles sont en accord avec ces découvertes. Un octogénaire insatiable est souvent perçu, à tort ou à raison, comme un exemple de vie frustrée, de cycle incomplet, de personnalité qui se bat pour « trop peu, trop tard ». Être en paix avec soi-même dans la vieillesse, voilà le stéréotype auquel la plupart d'entre nous aspirent.

Intuitivement, nous pourrions penser le contraire, puisque la dépression est connue pour compter parmi les regrettables phénomènes qui caractérisent la vieillesse. Et c'est vrai, la prévalence de la dépression augmente avec l'âge – mais il en va de même de la prévalence de l'ostéoporose, du cancer, de l'immuno-dépression, de la calvitie et de nombreuses autres affections physiques. Il n'y a pas de lien de cause à effet entre vieillissement et dépression ; celle-ci n'est qu'une des multiples manifestations de la nature finie de la vie et de la vulnérabilité accrue de l'individu, à mesure qu'il vieillit, face à tout un éventail de maladies. Être en paix avec soi-même est l'un des attributs du vieillissement normal – pas le fait de sombrer dans la dépression.

L'évolution des saisons de l'esprit, depuis le rôle directeur de l'hémisphère droit dans la jeunesse jusqu'au rôle dominant de l'hémisphère gauche quand vient l'âge, se produit de conserve sur des fronts multiples : aussi bien pour les processus cognitifs que pour l'affect. Le basculement de droite à gauche du centre de gravité cognitif et le basculement du centre de gravité émotionnel vont de pair. C'est l'expression incontestable de l'unité des processus cognitifs et des émotions au cours de notre développement mental, et tout au long de notre vie.

13

Temps de chien en plein été

Cartographes du cerveau

Quels sont les effets du vieillissement sur les deux moitiés du cerveau ? Sont-ils identiques à droite et à gauche ? Malgré le nombre croissant et la diversité des études sur la neurobiologie du vieillissement, ces questions sont rarement posées. Ce n'est guère étonnant : dans notre compréhension traditionnelle du fonctionnement cérébral, rien ne donnait à penser que de telles différences pussent exister. Mais une fois que nous avons identifié le basculement du centre de gravité cognitif qui se produit tout au long de la vie, les questions qui paraissaient auparavant un peu saugrenues se justifient pleinement. Le basculement induit une utilisation de plus en plus prononcée de l'hémisphère gauche, et cette tendance se prolonge jusqu'aux âges les plus avancés. Cette disparité d'usage entre les deux hémisphères affecte-t-elle le rythme de leur vieillissement ? Et si oui, comment ?

Ces questions me tracassaient passablement, et elles réussirent à me faire oublier le confort de mon appartement un matin de juin 2003 où le temps était particulièrement désastreux. D'après le *New York Times*, nous n'avions pas eu d'été aussi pluvieux depuis un siècle. Il y a une expression, dans mon russe natal, pour qualifier ce genre de météo : « temps de chien ». Mais ce jour-là le temps était trop épouvantable, même pour un chien. Il pleuvait avec une telle violence que Brit, mon bullmastiff, refusa la promenade. Quand nous sortîmes de l'immeuble il s'accroupit sur le trottoir, fit volte-face et me tira vigoureusement en arrière dans le hall. Après quoi il se produisit un phénomène peu étonnant. Les humains apprécient encore moins que les chiens ces atroces conditions atmosphériques : tout un chapelet de patients annulèrent leur rendez-vous à mon cabinet.

Libéré de mes obligations vis-à-vis de l'espèce canine et de l'espèce humaine, je décidai de profiter de ce temps libre. C'était après tout une excellente opportunité. Armé du plus vaste parapluie que je pus trouver à la maison, je me rendis à pied jusqu'à l'hôtel Marriott Marquis, où se tenait le Congrès 2003 sur la cartographie du cerveau humain.

Dans le parler technique la cartographie du cerveau est aussi connue sous le nom de *neuro-imagerie*. Le terme fait référence à tout un groupe de technologies grâce auxquelles les scientifiques peuvent mesurer, et observer « réellement », le fonctionnement du cerveau dans bon nombre de ses aspects. J'ai déjà présenté certaines de ces machines. Elles reposent sur divers principes physiques, mais ont en commun de fournir des informations soit sur la structure du cerveau, soit sur sa physiologie. La différence entre ces deux types de données est un peu la même que la différence entre la photographie et la vidéo. La neuro-imagerie structurelle fournit des clichés de l'architecture du cerveau. La neuro-imagerie fonctionnelle livre des aperçus du cerveau en activité. La tomographie axiale calculée (TAC ou CT-scan) et l'imagerie par résonance magnétique (IRM) sont deux méthodes de neuro-imagerie structurelle qui nous renseignent sur la morphologie du cerveau. L'imagerie par résonance magnétique fonctionnelle (IRMf), la tomographie par émission de positon (TEP), la tomographie d'émission monophotonique (TEM) et la magnétoencéphalographie (MEG) sont des méthodes de neuro-imagerie fonctionnelle qui nous ouvrent plusieurs fenêtres sur l'activité cérébrale. Certains de ces outils, comme le scanner, l'IRM, la TEP et la TEM, sont devenus relativement courants dans la pratique clinique. D'autres, comme l'IRMf et la MEG, demeurent encore, pour l'essentiel, associés à la recherche neuroscientifique.

L'avènement de la neuro-imagerie a révolutionné la science de l'esprit et du cerveau et l'a aidée à s'affranchir de sa fragile position de science « molle », immature, pour rejoindre les rangs des sciences dignes de ce nom. Comme je l'ai déjà dit, l'impact de la neuro-imagerie sur la neuroscience cognitive a été comparé à l'impact du télescope sur l'astronomie. Si le cerveau est le « microcosme » de la cognition humaine, de l'émotion, de la conscience, l'analogie avec le télescope est aussi pertinente que révélatrice. Mes propres travaux de recherche en neuro-imagerie fonctionnelle s'effectuent pour l'essentiel en collaboration avec différents collègues, et j'essaie de suivre les évolutions du domaine d'aussi près que possible. Le Congrès sur la cartographie du cerveau humain, millésime 2003, était une formidable occasion d'avoir une vue d'ensemble des directions suivies par la neuro-imagerie à ce moment-là.

J'arrivai à l'hôtel. Une énergie intense, presque palpable, faisait vibrer le hall d'exposition du congrès. Je fus tout d'abord frappé par le nombre et la diversité des jeunes scientifiques qui se trouvaient là – venus du monde entier. Depuis toutes ces années que je participe à des réunions scientifiques, il me semble que les nombreuses disciplines liées aux sciences de l'esprit et du cerveau – psychologie, psychiatrie, neuroscience, informatique, philosophie – attirent des types de personnalités très divers. C'est peut-être une illusion de ma part, mais je ne crois pas. (La question de savoir si ce sont différentes personnalités qui gravitent vers différentes disciplines, ou différentes disciplines qui formatent différentes personnalités, ou un mélange des deux courants, pourrait constituer le sujet d'un intéressant projet de sociologie.) Au congrès, quoi qu'il en soit, je fus assez impressionné de les trouver là tous ensemble : une réunion des esprits véritablement interdisciplinaire, pour ainsi dire ! Et c'était très bien comme ça, puisque la neuroscience cognitive d'aujourd'hui se trouve à la croisée de toutes ces disciplines.

Dans la plupart des réunions scientifiques, on trouve deux sortes de présentations : les exposés et ce qu'il est convenu d'appeler les posters. Les exposés, pour une raison assez mystérieuse, sont considérés comme plus prestigieux. Ils demandent à coup sûr moins de travail : vous prenez place devant le micro sur l'estrade, vous dites ce que vous avez à dire, et c'est terminé. Pour les posters, vous devez préparer une présentation graphique de votre travail, l'installer sur un présentoir et rester là, debout, en général pendant des heures, pour apporter des explications complémentaires aux visiteurs qui déambulent dans les allées encombrées de l'espace d'exposition. Quand il s'agit de montrer mon propre travail, je préfère toujours, moi aussi, les exposés aux posters. Mais pour qui veut découvrir le travail des confrères, les posters sont beaucoup plus efficaces car ils permettent d'absorber rapidement une grande quantité d'informations. Au lieu d'aller aux exposés, donc, je me promenai ce jour-là à travers les allées bordées de présentoirs à posters (près de deux mille au total), en prenant des notes sur mon ordinateur de poche.

Évidemment, je m'intéressais pour l'essentiel aux nouvelles études sur le devenir du cerveau au fil du vieillissement. Il est bien connu que les sillons corticaux perdent de leur profondeur et que les ventricules augmentent de taille, car le cerveau tend à s'atrophier (« rétrécir », dans la langue courante) – un phénomène auquel les lobes frontaux sont en outre particulièrement vulnérables. Mais ce ne sont là que des observations très générales. Se produit-il des phénomènes plus spécifiques ? Mon intuition me murmurait quelques idées assez précises quant au destin des deux hémisphères au cours du vieillissement. Ces idées demandaient à être confirmées ou réfutées. C'était une des raisons de ma visite à ce congrès.

Sur le plan visuel, les sillons corticaux comptent parmi les caractéristiques les plus frappantes du cerveau : ce sont eux qui le font ressembler à une noix. Les sillons sont des espèces de canyons plus ou moins profonds, bordés de crêtes montagneuses – les circonvolutions. L'évolution du cerveau mammifère est remarquable par ce processus de plissage progressif qui a abouti à un paysage de plus en plus complexe et élaboré, à un agencement presque rythmique de sillons et de circonvolutions. Les pressions évolutives à l'origine de cette configuration sont probablement liées à la croissance de la surface du manteau cortical. Étant donné que sa taille ne cessait d'augmenter, un cerveau « lisse » aurait exigé une voûte crânienne de plus en plus vaste, et par conséquent une boîte crânienne de plus en plus grande. Imaginez une créature dotée d'une tête grosse comme celle d'une baleine montée sur un corps humain. Intelligente, peut-être, mais ni très mobile ni très séduisante. Au lieu de ce plan de conception voué à l'échec, l'évolution trouva une méthode parfaite pour « comprimer » une très vaste surface corticale à l'intérieur d'une tête conservée à l'échelle humaine, pour ainsi dire : elle abandonna la surface corticale lisse pour la chiffonner et la creuser... comme une noix. Un système ingénieux, digne d'un brevet – mais conçu par les forces téléologiquement aveugles de la mutation et de la sélection naturelle.

Que devient la noix quand nous vieillissons ? La question était abordée sur un poster qui présentait la diminution de la profondeur des sillons corticaux dans le cadre du vieillissement normal. L'étude, menée à l'université Johns Hopkins et au National Institute on Aging, utilisait une élégante méthodologie développée à l'origine pour les études géologiques. Et appliquée ici, donc, à un travail de recherche sur le cerveau : « hybridation disciplinaire » au meilleur sens de l'expression – et d'un genre des plus étonnants ! L'étude prouvait que les sillons, les espaces entre les circonvolutions corticales, perdent de leur profondeur quand nous vieillissons. Cela signifie que le tissu cortical environnant s'atrophie. Imaginez un canyon qui devient petit à petit moins profond, au fil du temps, du fait de l'érosion graduelle des falaises alentour. Voilà donc une première étude, séduisante, qui livrait un résultat prévisible. Mais ce n'était pas tout : elle révélait aussi que le processus de réduction de la profondeur des sillons est loin d'être uniforme. Il est particulièrement prononcé dans les régions pariétales et occipitales de l'hémisphère droit. Par contre, les sillons de l'hémisphère gauche subissent moins de modifications au cours du vieillissement.

Je passai à une autre étude en neuro-imagerie sur le cerveau vieillissant. Ses auteurs arrivant d'Australie, un de mes endroits préférés sur Terre, j'étais ravi de découvrir leur travail. L'étude se concentrait sur l'*insula*, une région phylogénétiquement ancienne (« paléocorticale » plutôt que « néocorticale »), enfouie au fond d'un canyon à la jonction des lobes frontaux, temporaux et pariétaux. Le rôle de l'insula est encore assez mystérieux, à tel point que dans de nombreux textes de neuro-anatomie et de neuroscience, le traitement de cette région est surtout remarquable... par son absence. Traditionnellement, l'insula est associée à la gestion conjointe du goût et de l'odorat. Mais son emplacement stratégique et sa très riche connectivité donnent à penser qu'elle a un rôle beaucoup plus important et plus diversifié : peut-être travaille-t-elle à l'intégration des informations sur l'organisme et ses états internes, peut-être sert-elle d'interface entre ces informations et les données venues de l'extérieur. Le poster australien, quoi qu'il en soit, montrait que la quantité de substance grise dans l'insula de l'hémisphère gauche ne change pas particulièrement au fil du temps, mais qu'elle décline considérablement dans l'hémisphère droit.

Le poster qui attira ensuite mon attention venait du Japon. Il s'agissait d'une étude IRM, sur des cerveaux masculins âgés, qui utilisait la *morphométrie voxel*. Le « voxel » est à la neuro-imagerie ce que le « pixel » est à l'écran de télévision : sa plus petite unité visuelle. L'existence de cette unité permet toutes sortes d'analyses quantitatives des données d'imagerie cérébrale. Vous pouvez, par exemple, compter le nombre de voxels contenus dans le cliché d'une structure cérébrale donnée, et en exprimer la taille chiffrée. C'était exactement ce qu'avaient fait les scientifiques japonais pour comparer les tailles de diverses structures cérébrales au fil des quatrième, cinquième et sixième décennies de la vie. Résultat : la diminution de taille est manifeste dans plusieurs structures neuronales, et elle commence plus tôt dans l'hémisphère droit que dans l'hémisphère gauche. À droite, le déclin de substance grise est déjà évident dans la quatrième décennie ; à la cinquième, il affecte un certain nombre de structures. Dans l'hémisphère gauche, le déclin commence à peine durant la cinquième décennie.

Un autre poster abordait le problème du vieillissement et de la dépression. Les IRM de personnes âgées dépressives révèlent une réduction de la taille des lobes frontaux et de l'hippocampe droit (mais pas du gauche), une structure étroitement liée aux processus de mémorisation (bien qu'il ne s'agisse pas d'une structure où les souvenirs sont effectivement stockés).

Je continuai de me promener dans les allées et aperçus un poster au titre étonnant, qui mêlait âge, sexe, main directrice et volume cérébral. L'étude avait été réalisée à UCLA, dans l'un des centres de neuro-imagerie les plus célèbres du monde. Elle se concentrait sur les individus jeunes, pour révéler qu'il y a perte de substance grise, déjà, entre les âges relativement tendres de dix-huit et trente ans. Les auteurs ne livraient aucun commentaire sur d'éventuelles différences entre les hémisphères. Mais en examinant les chiffres sur le poster, je constatai que le déclin est plus important (légèrement) dans l'hémisphère droit que dans le gauche.

L'inébranlable flanc gauche

Cinq études présentées à ce congrès enregistraient une plus grande atrophie, dans le cadre du vieillissement, pour l'hémisphère droit que pour l'hémisphère gauche. Pas une seule ne proposait de conclusion contraire. Comment expliquer cette disparité dans le déclin des hémisphères ? Nous savons déjà qu'avec l'âge l'hémisphère gauche prend un rôle de plus en plus important dans notre vie mentale, tandis que la participation de l'hémisphère droit va régulièrement en diminuant. Se pourrait-il que cette différence d'utilisation s'accompagne d'une différence de leur dégradation – ou davantage d'utilisation signifie moins de dégradation ? (La relation entre utilisation neuronale et protection neuronale sera décryptée au chapitre suivant.)

Avant de nous préparer à tirer des conclusions, montrons encore un peu de retenue et faisons quelques calculs mathématiques. Considérons ce que l'on appelle la loi binomiale, celle-là même que vous utilisez pour calculer les probabilités de certains résultats quand vous tirez à pile ou face. Je me suis rendu au congrès avec une hypothèse précise : à savoir, que l'atrophie cérébrale due au vieillissement est asymétrique et affecte davantage l'hémisphère droit que le gauche. J'ai pris soin de recenser toutes les présentations et d'examiner tous les posters. Je peux considérer avec confiance que mon échantillonnage de posters ne reflète aucun parti pris particulier. Si nous écartons les études sans lien avec l'atrophie, qui échouent à rendre compte de cette atrophie des deux côtés du cerveau ou qui révèlent un niveau équivalent d'atrophie, il nous reste exactement cinq études pour lesquelles le résultat est celui d'une atrophie asymétrique. Nous venons de les passer en revue.

La probabilité que l'atrophie observée dans la première de ces études soit, par hasard, plus importante du côté droit que du côté gauche est de 0,5 (une sur deux). Et la probabilité de ce résultat pour toutes les autres études est aussi de 0,5. Donc la probabilité que les cinq études révèlent toutes ensemble davantage d'atrophie dans l'hémisphère droit que dans le gauche (or pas la moindre étude n'a livré de conclusion contraire) est de 0,5 à la puissance 5. Ce qui donne le résultat de 0,0313 – un nombre extrêmement petit : à peine plus de trois chances sur cent ! (Pour les mathématiciens pointilleux, parmi mes lecteurs, permettez-moi de faire remarquer que ce calcul reflète le fait que j'avais une hypothèse a priori très spécifique : atrophie plus prononcée dans l'hémisphère droit que dans le gauche. Sans une telle hypothèse, la probabilité que les cinq études révèlent toutes la même direction d'asymétrie, droite ou gauche, par pur hasard, aurait été de 0,5 à la puissance 4, soit 0,0625 – un nombre encore très faible.)

Selon la convention statistique la plus couramment acceptée par les scientifiques, tout événement dont la probabilité est inférieure à 0,05 (cinq sur cent) est considéré non pas comme un événement fortuit, mais comme l'expression d'une cause singulière. À en juger par cet « étalon or » statistique, donc, ma « pioche » parmi les posters du congrès a de très faible chances d'être un heureux coup du sort. Bien au contraire, il est extrêmement probable qu'elle est le reflet d'un authentique phénomène cérébral.

L'idée selon laquelle l'hémisphère droit vieillit plus vite que l'hémisphère gauche était dans l'air depuis un bon moment, mais nous n'avions pas de données fiables pour la défendre. Nos observations se basaient essentiellement sur l'évolution des résultats des tests neuropsychologiques au cours du vieillissement. Mais l'interprétation neuroanatomique de cette évolution était bancale. Il a été démontré pour les tests d'intelligence, par exemple sur la Wechsler Adult Intelligence Scale (WAIS), que le QI performance (QIP) décline plus rapidement avec l'âge que le QI verbal (QIV). Mais l'hypothèse communément admise selon laquelle le QI verbal reflète la capacité fonctionnelle de l'hémisphère gauche, et le QI performance la capacité fonctionnelle de l'hémisphère droit, est de toute évidence fausse pour plusieurs raisons[1].

En dépit des nombreuses affirmations du contraire, donc, les différentes variations du QIV et du QIP au fil du vieillissement nous renseignent très peu, et mal, sur le destin des deux hémisphères aux stades les plus avancés de la vie. D'autres procédés, qui visaient à utiliser certaines observations neuropsychologiques pour établir le rythme du déclin des deux hémisphères, se sont révélés tout aussi arbitraires ou imparfaits. Mais aujourd'hui nous avons enfin des preuves directes, grâce à la neuro-imagerie, qui montrent que l'hémisphère droit décline plus rapidement que le gauche. Ou, pour donner une tournure plus positive à cette information, nous savons désormais pour l'avoir « vu », que l'hémisphère gauche résiste mieux au vieillissement que l'hémisphère droit.

---

1. Voici certaines de ces raisons : 1) les subtests WAIS utilisés pour mesurer le QI performance sont limités dans le temps, alors que ce n'est pas le cas des subtests qui mesurent le QI verbal. Étant donné que la rapidité des opérations mentales et physiques décline souvent avec l'âge, les deux groupes de subtests sont affectés différemment. 2) La plupart des subtests du QI verbal dépendent de l'éducation et des origines socioculturelles du sujet, tandis que la plupart des subtests du QI performance sont relativement indépendants de la culture et de l'éducation. Par conséquent le socle culturel et éducatif du sujet affectera de manière inégale les résultats de ces subtests – d'une façon qui n'a aucun rapport avec l'intégrité physique de son cerveau. Et ainsi de suite.

14

Utilisez votre cerveau
et tirez-en davantage

Nouveaux neurones, nouvelles preuves

Pourquoi l'hémisphère droit se dégrade-t-il plus rapidement que l'hémisphère gauche au cours du vieillissement ? Qu'est-ce qui protège l'hémisphère gauche de la dégénérescence, et en fait une « éternelle jeune pousse », pour ainsi dire, au fil des saisons de l'esprit ? Quel est le fondement biologique de cette mystérieuse disparité entre les deux moitiés du cerveau ? Est-il possible que le cerveau se renouvelle en même temps qu'il vieillit et que ce processus de renouvellement soit, pour une raison quelconque, plus vigoureux dans l'hémisphère gauche que dans le droit ? Pour trouver – peut-être – des réponses à ces questions, je retournai au congrès et me remis à déambuler dans les allées en examinant les posters susceptibles de confirmer, ou de contredire, mes intuitions.

« Utilisez-le, ou perdez-le » est un adage éculé, cité en général dans le domaine de l'athlétisme. Mais récemment il a pris un nouveau sens grâce à la science du cerveau. Durant la dernière décennie, quelques découvertes spectaculaires ont changé nos conceptions les plus fondamentales sur le devenir du cerveau tout au long de la vie ; elles ont bouleversé certaines des croyances les plus sacro-saintes de la neuroscience. Il y a encore une vingtaine d'années, nous pensions que l'être humain naissait avec une quantité fixe de cellules nerveuses (les neurones), qui s'épuisaient graduellement tout au long de la vie, sans la moindre possibilité de régénération. Quand j'étais étudiant de troisième cycle à l'université de Moscou, il y a bien longtemps, je faisais référence à cette idée (qui était idéologiquement neutre et prévalait des deux côtés du Rideau de fer) avec un brin d'amusement et de scepticisme, en l'appelant le *principe NNN* : « non aux nouveaux neurones ! ».

Les neuroscientifiques admettaient que le principe NNN plaçait le cerveau à part dans le corps humain, puisque la plupart des autres organes sont capables de se régénérer. Les neuroscientifiques reconnaissaient aussi que le principe NNN n'était pas universel, puisque qu'on savait depuis déjà longtemps que les cerveaux de plusieurs espèces d'oiseaux et de rats avaient des capacités de régénération.

Pendant des années, une poignée de scientifiques iconoclastes tels que Fernando Nottebohm et Joseph Altman essayèrent d'attirer l'attention de la communauté neurobiologique sur ces recherches animales, sur les résultats qu'elles livraient, sur les promesses dont elles étaient porteuses pour d'éventuelles thérapies chez l'homme. Mais leurs travaux étaient dénigrés, jugés hors de propos, sans rapport avec le cerveau humain. On considérait alors que l'homme était « différent » : son incapacité à générer de nouveaux neurones était le prix qu'il devait payer pour avoir le privilège de conserver ses anciens neurones – les neurones qui renfermaient son savoir acquis, ses souvenirs, son « moi ».

En tant qu'exercice de « neurotéléologie », c'était assez plausible. Comme nous l'avons bien montré, en effet, l'homme dépend davantage que n'importe quelle autre espèce du savoir qu'il a accumulé ou appris dans le passé. Mais, en y regardant de plus près, l'argument ne tient pas, puisque nous perdons nos vieux neurones de toute façon, que ça nous plaise ou non, à mesure que nous vieillissons ! Les neurologues et les neuropsychologues savent très bien que même chez les personnes en parfaite santé, le scanner et l'IRM livrent des images différentes aux différents âges – des images qui montrent un certain degré de perte neuronale. Dans le vieillissement normal, comme nous l'avons vu, la perte des neurones semble survenir à la fois dans le néocortex (où sont renfermés les souvenirs génériques à reconnaissance de formes), dans certaines structures sous-corticales, et autour des ventricules (les cavités profondément enfouies dans le cerveau qui contiennent le liquide céphalorachidien). Puisque le néocortex n'est de toute évidence pas épargné, il n'y a qu'une seule façon d'expliquer que nous supportions la perte neuronale sans pour autant perdre le savoir essentiel que nous avons accumulé au fil des années : nos souvenirs, et en particulier les souvenirs génériques, doivent être stockés en exemplaires multiples. Cette multiplicité trouve son reflet, notamment, dans le phénomène de « l'expansion des formes » examiné dans les chapitres précédents.

L'axiome « NNN », considéré comme indéboulonnable pendant des décennies, est enfin devenu totalement indéfendable grâce aux travaux d'Elizabeth Gould et d'autres, qui ont apporté la preuve d'une prolifération neuronale permanente chez plusieurs espèces de singes. Les singes sont trop proches de l'homme pour que l'on écarte ces découvertes et continue de dire qu'elles sont hors de propos. Et les études sur le singe sont particulièrement excitantes car elles révèlent une multiplication des nouveaux neurones dans le cortex associatif hétéromodal des lobes frontaux, temporaux et pariétaux. Il a aussi été démontré que des nouveaux neurones continuent de se développer dans les hippocampes tout au long de la vie. Toutes ces régions cérébrales sont très importantes pour les processus cognitifs complexes, et elles sont particulièrement vulnérables aussi bien dans le vieillissement normal que face aux diverses formes de démence, dont la maladie d'Alzheimer. Il est bien possible que la découverte de cette prolifération neuronale dans le néocortex et dans d'autres parties du cerveau (y compris les hippocampes, si importants dans la formation de nouveaux souvenirs) ouvre la porte à un vaste éventail de thérapies pour l'homme.

Aujourd'hui, nous savons que le vieux postulat du « Non aux Nouveaux Neurones ! » est tout simplement faux. Les neurones apparaissent et se développent constamment, à partir de cellules souches, tout au long de la vie – et même pendant la vieillesse. Notre cerveau a donc la capacité de se restaurer et de se « rajeunir ». Contrairement à ce qui a été cru pendant

269

trop longtemps, ils ne cessent pas de naître dans la petite enfance, loin de là : ils continuent de se multiplier du premier au dernier jour de l'existence.

Qui plus est – et c'est là un point très important –, de nombreuses études récentes indiquent que le rythme de développement des nouveaux neurones pourrait être influencé par l'activité cognitive d'une façon qui n'est pas très différente de la façon dont la croissance des muscles peut être favorisée par l'exercice physique. Ce processus a été démontré à travers plusieurs expériences limpides menées à l'institut Salk, l'un des principaux centres de recherche biomédicale au monde. Chez les souris plongées dans un environnement riche en jouets, roues, tunnels et autres « stimulateurs de cerveaux de rongeurs », on a enregistré un taux bien supérieur de nouveaux neurones (jusqu'à quinze pour cent supplémentaires) que chez les souris oisives et livrées à elles-mêmes. Les souris de l'environnement stimulant ont aussi donné la preuve qu'elles avaient des avantages significatifs dans divers tests d'intelligence adaptés à leur espèce. La prolifération neuronale provoquée par l'exercice cognitif était particulièrement intense dans l'hippocampe : une découverte qui revêt une grande importance, car l'hippocampe joue un rôle essentiel dans la mémoire et compte parmi les structures cérébrales les plus touchées aux tous premiers stades de la maladie d'Alzheimer. Détail qui n'a rien d'étonnant, les quantités de substances chimiques qui stimulent la croissance de nouveaux neurones augmentent elles aussi en conséquence de l'exercice cognitif. Cela a été prouvé pour diverses molécules, comme par exemple le facteur neurotrophique dérivé du cerveau (ou BDNF).

Les recherches ont d'abord commencé dans le monde animal, mais les études directes sur l'homme commencent à se multiplier, et elles créent une grande excitation dans les communautés scientifiques et biomédicales.

Certaines découvertes récentes sont véritablement spectaculaires. On est sûr aujourd'hui, par exemple, que des nouveaux neurones continuent d'apparaître dans les hippocampes humains adultes. Cette observation, dont le scientifique suédois Peter Eriksson est l'auteur, est désormais citée un peu partout dans les publications neuroscientifiques. Ce n'est pas tout : les nouveaux neurones prolifèrent non seulement dans les cerveaux sains, mais aussi dans les cerveaux de patients qui ont la maladie d'Alzheimer. De telles trouvailles donnent à coup sûr un nouveau sens à l'adage : « Utilisez-le, ou perdez-le. » On est tenté de le reformuler pour dire : « Utilisez-le, et tirez-en davantage ! »

L'idée selon laquelle l'activité intellectuelle est capable de transformer le cerveau trouve désormais un nombre croissant de partisans dans les communautés scientifiques et biomédicales. Une bonne partie des travaux les plus récents sur le sujet est passée en revue dans l'excellent livre de Jeffrey Schwartz et Sharon Begley, *The Mind and the Brain*. Mais que se passe-t-il au juste à l'intérieur de notre cerveau quand nous le soumettons à une vigoureuse activité intellectuelle ? Si vous m'aviez posé la question il y a dix ans, j'aurais répondu que les connexions entre les neurones se multiplient et se renforcent. Cela implique une croissance énergique des dendrites et des synapses, ainsi que le développement de sites récepteurs supplémentaires, auxquels se fixent les neurotransmetteurs. J'aurais aussi répondu que les petits vaisseaux qui véhiculent le sang (et donc l'oxygène) dans les différentes parties du cerveau deviennent plus nombreux.

Aujourd'hui, je dirais encore toutes ces choses. Mais la dernière décennie a livré des découvertes encore plus stupéfiantes sur la plasticité du cerveau et sur la façon dont l'environnement ne cesse de le façonner tout au long de l'existence. Nous savons cela, en premier lieu, grâce à la recherche sur les animaux, qui a déclenché une véritable révolution dans notre réflexion sur la vie du cerveau. Comme nous venons de le voir, le travail intellectuel augmente le nombre et la vitesse de développement des nouveaux neurones dans plusieurs structures cérébrales, parmi lesquelles le cortex préfrontal (région cruciale pour la prise de décision complexe) et les hippocampes (les structures en forme d'hippocampe marin très importantes pour la mémoire).

Puisque tous les cerveaux mammifères fonctionnent sur les mêmes principes neurobiologiques de base, il est raisonnable

271

de supposer que le cerveau humain est capable, lui aussi, de produire des nouveaux neurones tout au long de la vie. Mais existe-t-il des preuves directes de ce processus, et, si oui, le rythme de production des neurones peut-il être augmenté chez l'homme grâce au travail cognitif ? Cette supposition m'aurait paru tellement saugrenue il y a encore dix ans (et à coup sûr il y a vingt ans), que je l'aurais sans doute considérée comme une insulte à mon intelligence. Et j'aurais eu tort !

La première preuve que les structures cérébrales peuvent réellement croître, augmenter de taille en suivant divers facteurs environnementaux (même à l'échelle macroscopique), nous a été apportée par... des chauffeurs de taxi. La découverte fut particulièrement frappante du fait de sa simplicité et de sa pertinence explicative directe. On a trouvé des hippocampes particulièrement grands, plus grands que chez la plupart des gens, *chez les chauffeurs de taxi londoniens* – dont le boulot consiste à mémoriser de nombreux parcours complexes et de nombreuses adresses. Les hippocampes sont cruciaux pour la mémoire : les bons chauffeurs de taxi, dans une ville aussi gigantesque que Londres, « tirent » sur leurs hippocampes, pour ainsi dire, davantage que la plupart des gens – tout comme un haltérophile tire davantage sur ses muscles que le reste de la population. Plus longue est la carrière du chauffeur de taxi, en outre, plus grands sont ses hippocampes : leur taille est directement proportionnelles au nombre d'années de conduite ! C'est donc qu'il existe une relation directe, pour une activité cognitive donnée, entre la pratique de cette activité et la taille de la structure neuronale qui l'accomplit[1].

Ces découvertes sur les chauffeurs de taxi sont remarquables à plusieurs égards. D'abord, on sait maintenant qu'une structure neuronale importante peut continuer de croître à l'âge

---

1. Pour ma part, habitant à Manhattan et ne possédant pas de voiture, je passe mon temps à héler des taxis. Cependant j'en viens si souvent à donner des instructions aux chauffeurs, qui semblent constamment sur le point de se perdre, que je ne suis pas très optimiste quant à la possibilité de dupliquer à New York les découvertes de Londres. Mais le Vieux Monde est un univers différent, où conduire un taxi ou servir dans un restaurant semble être considéré et accepté comme une profession à part entière, et non comme un passage provisoire entre une carrière d'acteur ratée et le ticket gagnant du gros lot à la loterie.

adulte, et même très tard. Qui plus est, et c'est là une donnée essentielle, la croissance des structures neuronales semble dépendre de l'utilisation qui en est faite. Pour avoir derrière soi de nombreuses années dans la carrière de taxi, il faut en général être arrivé à un âge bien avancé. Or le vieillissement pourrait laisser prévoir une atrophie des hippocampes. Mais ici nous avons des individus âgés dont les hippocampes sont au contraire très développés à cause d'une activité mentale particulière. Les bénéfices de leur vigoureuse stimulation semblent compenser, et passer outre, les effets nuisibles du vieillissement – peut-être même à un degré substantiel.

Si l'exercice cognitif stimule la prolifération de nouveaux neurones dans l'hippocampe, d'autres facteurs peuvent la retarder. De fait, la prolifération neuronale dans les hippocampes adultes est un processus à la fois délicat et souple. Il peut être troublé, par exemple, par l'inflammation cérébrale – un symptôme qui se retrouve dans des affections aussi diverses que la maladie d'Alzheimer, la démence à corps de Lewy et la démence du sida. L'arrêt ou le ralentissement de la prolifération neuronale sont sans doute dus à l'effet perturbateur de l'inflammation sur les cellules souches du cerveau, les cellules « généralistes » qui se différencient ensuite en divers neurones spécifiques. La neurogenèse dans les hippocampes reprend quand l'inflammation est vaincue.

Après avoir établi que le travail mental favorise la croissance de nouveaux neurones, nous sommes prêts pour la question suivante : cet effet stimulateur est-il ciblé, et dans quelle mesure ? Le cerveau est un organe très complexe, et hétérogène. Différentes régions y assurent différentes fonctions mentales ; différentes activités mentales en activent différentes régions. Si l'exercice intellectuel – le fait d'utiliser le cerveau – favorise la croissance de nouveaux neurones, il est probable que *différentes formes* d'exercices intellectuels agiront sur cette croissance dans *différentes régions* du cerveau.

Par exemple : l'agrandissement de l'hippocampe est-il propre aux activités qui dépendent de la mémoire spatiale, ou certaines structures cérébrales comme l'hippocampe sont-elles sensibles aux effets de *n'importe quelle* stimulation mentale, tandis que d'autres structures ne sont pas concernées ? Quels seraient les effets d'autres types d'activités intellectuelles sur le cerveau – des activités basées sur des processus cognitifs très différents ? Explicitons cette idée : si les hippocampes sont agrandis chez les chauffeurs de taxi, pouvons-nous nous attendre à ce que le lobe temporal gauche (le lobe du langage) soit agrandi chez un écrivain ? à ce que les lobes pariétaux (les lobes spatiaux) soient agrandis chez un architecte ? à ce que les lobes frontaux (les lobes exécutifs) prennent beaucoup d'importance chez un entrepreneur couronné de succès ? Ou bien faut-il supposer que certaines structures – dont les hippocampes – grandiront dans toute profession qui requiert un effort intellectuel, quel qu'il soit, tandis que d'autres structures ne connaîtront jamais le même développement ?

Étant donné que les différents types d'efforts cognitifs entraînent l'activation de différentes régions du cerveau, il paraîtrait logique qu'ils stimulent aussi la prolifération neuronale dans toutes ces différentes régions. Par conséquent, il n'est pas totalement extravagant de penser qu'il y a au moins une part de spécificité, de ciblage, dans la façon dont les activités intellectuelles stimulent le cerveau. Plus on y réfléchit, à vrai dire, plus cette idée paraît vraisemblable. Mais en avons-nous des preuves directes ?

Le cerveau bilingue et l'esprit du musicien

La découverte sur les chauffeurs de taxi londoniens, aussi spectaculaire fût-elle, resta isolée, unique en son genre, pendant un bon moment. Or une seule étude ne suffisait pas à tirer des conclusions générales – surtout si l'on tient compte du caractère spectaculaire de ses résultats. Plus une revendication scientifique est ambitieuse, plus ses conséquences sont profondes, plus la barre doit être placée haut pour qu'elle soit acceptée par la communauté scientifique. Et plus rigoureuses, donc, sont les preuves nécessaires. C'est là une des règles les plus sacrées de la science. Les découvertes sur les chauffeurs de taxi furent accueillies, au départ, avec un certain scepticisme.

Vous pouvez alors imaginer mon excitation lorsque, en l'espace de quelques heures de promenade dans les couloirs du Congrès sur la cartographie du cerveau, je découvris non pas une, mais deux autres études similaires. Toutes deux en IRM. Et, dans l'esprit de cette réunion scientifique internationale, produites dans deux régions du monde très différentes.

La première étude, effectuée à Londres au Wellcome Department of Imaging Neuroscience, consistait en mesures IRM de la taille du *gyrus angulaire*, une zone corticale où se rejoignent les lobes temporaux, pariétaux et occipitaux. Le gyrus angulaire fait partie du cortex associatif hétéromodal, qui est chargé de l'intégration des influx de canaux sensoriels multiples : visuels, auditifs et tactiles. Le gyrus angulaire de l'hémisphère gauche joue un rôle extrêmement important dans le langage, particulièrement dans le traitement de diverses constructions relationnelles : avant/après, dessus/dessous, gauche/droite, voix passive, possessif, et ainsi de suite. Nous savons tout cela grâce à des observations approfondies de l'incidence des lésions du gyrus angulaire gauche sur l'activité intellectuelle – suite à un accident vasculaire cérébral ou à une blessure par balle, par exemple. Les dégâts dans cette zone entraînent une sévère défaillance du langage, une forme d'aphasie d'un genre particulier. Le gyrus angulaire compte parmi les régions cérébrales les plus étudiées ; ses fonctions ont été décrites dans de nombreux articles et livres scientifiques, dont la monographie classique d'Alexandre Luria, *Traumatic Aphasia*.

L'auteur de l'étude Wellcome, un jeune homme qui faisait nerveusement les cent pas devant son poster, me proposa de me décrire son travail ; en quelques instants nous nous engageâmes dans une discussion animée. L'étude avait révélé que le gyrus angulaire gauche contenait nettement plus de substance grise chez les bilingues (les gens qui parlent couramment deux langues) que chez les monolingues (ceux qui n'en parlent qu'une seule). En outre, la substance blanche qui sous-tend la substance grise dans cette région se caractérise par une plus grande densité. En termes simples, il y a davantage de neurones et davantage de connexions dans l'hémisphère gauche des personnes qui maîtrisent deux langues que dans celui des gens qui n'en possèdent qu'une seule.

Étant moi-même bilingue (trilingue, en réalité, mais n'en rajoutons pas), je me félicitai quelques instants de posséder un gyrus angulaire gauche si bien développé, puis j'entamai une réflexion sur la signification de ces résultats. La substance grise se compose de neurones et de connexions courtes, locales, entre ces neurones. Selon l'étude, une intense activité cognitive déclenche une augmentation du nombre de neurones dans les régions corticales chargées de cette activité. En outre, le surcroît d'activité cognitive stimule la croissance de connexions courtes, locales, entre les neurones.

Les neurones ne naissent pas à l'endroit où ils remplissent leurs fonctions. Ils apparaissent, sous forme de cellules souches indifférenciées, dans les parois des ventricules latéraux. Ensuite les cellules souches se transforment en cellules nerveuses spécifiques et migrent vers leur destination finale dans les diverses régions du cerveau, y compris vers le néocortex – bien loin (en terme d'espace cérébral) de leur lieu de naissance. Nous voyons donc que la direction de la migration neuronale est influencée, au moins dans une certaine mesure, par l'activité cognitive, laquelle détermine non seulement la quantité de nouveaux neurones à fabriquer, mais aussi leurs points d'ancrage.

Ce n'est pas tout ! Non seulement les bilingues ont davantage de substance grise que les monolingues dans le gyrus angulaire gauche, mais ils ont aussi davantage de substance blanche dans l'hémisphère gauche. La matière blanche se compose de longues voies nerveuses myélinisées, qui assurent les connexions entre les régions corticales distantes les unes des autres. L'étude révèle qu'un surcroît d'activité cognitive stimule aussi la croissance de ces faisceaux de communication longue distance. Ce qui n'est pas moins important que le nombre et la répartition des neurones, puisque les fonctions complexes du cerveau exigent de multiples interactions entre des ensembles gigantesques de neurones qui peuvent être aussi bien très proches que très éloignés les uns des autres – or ce sont les faisceaux de connexion (la substance blanche) qui permettent ces interactions. Plus la matrice de ces connexions est dense, plus la capacité fonctionnelle du réseau neuronal est importante. En outre, les bilingues semblent avoir une plus grande densité de substance blanche que les monolingues non seulement dans l'hémisphère gauche, mais aussi dans l'hémisphère droit. Cette observation donne à penser que l'hémisphère droit joue un rôle dans l'apprentissage de la seconde langue, ce qui va dans le sens des études en neuro-imagerie fonctionnelle sur le bilinguisme que nous avons évoquées plus tôt dans le livre.

L'étude sur le gyrus angulaire gauche était à mon sens un véritable joyau, d'autant qu'elle portait aussi bien sur les bilingues précoces (qui ont acquis leur seconde langue très jeunes) que sur les bilingues tardifs (qui ont appris la seconde langue à partir de ou après l'adolescence). L'augmentation de la masse de substance grise dans l'hémisphère gauche, en comparaison de celle des monolingues, était manifeste chez les deux groupes de bilingues. Cela signifie que les effets bénéfiques de l'activité cognitive sur le cerveau ne concernent pas que les gens jeunes. Ils se produisent aussi beaucoup plus tard dans la vie.

La seconde étude comparait la taille d'une certaine région corticale, connue sous le nom de *gyrus de Heschl*, chez les musiciens professionnels et chez les non-musiciens (la plupart d'entre nous appartiennent à cette seconde catégorie). Cette région joue un rôle crucial dans le traitement des sons. Et devinez quoi ! Le gyrus de Heschl est deux fois plus large chez les musiciens que chez les non-musiciens. En outre, plus la pratique de la musique est intense (sur une dizaine d'années), plus importante est la taille du gyrus de Heschl. Là encore, le rapport de cause à effet entre activités cognitives et régions cérébrales associées est aussi manifeste que frappant.

Quelques mois plus tard, les résultats d'une étude IRM sur les modifications du cerveau chez des jongleurs furent publiés dans le magazine *Nature*, un des journaux scientifiques les plus respectés au monde. Des volontaires en bonne santé, dont aucun n'avait la moindre expérience dans ce domaine, furent formés pendant trois mois à jongler avec trois balles.

(Objectif : acquérir assez de maîtrise pour garder les balles en l'air au moins soixante secondes.) Lorsque l'on compara les clichés de leurs cerveaux avant et après l'entraînement, il apparut que la substance grise s'était développée dans les lobes temporaux des deux hémisphères et dans le lobe pariétal de l'hémisphère gauche. Quand les jongleurs interrompirent leur pratique, les gains diminuèrent graduellement, et la substance grise dans les lobes pariétaux et temporaux recula – comme le montra une troisième IRM réalisée trois mois après l'arrêt de l'entraînement. Il était donc prouvé que les effets d'une activité cognitive intense sur la prolifération neuronale, dans certaines régions spécifiques du cerveau, sont aussi mesurables sur des périodes relativement brèves.

On pourrait objecter, pour se faire l'avocat du diable, que si les musiciens deviennent musiciens, c'est justement parce qu'ils sont *nés* avec un gyrus de Heschl plus grand que la normale – caractéristique biologique qui leur donne l'avantage de posséder ce talent particulier pour la musique. Et serait-il complètement incongru de penser qu'une sorte de « sélection naturelle » se produit parmi les individus susceptibles de devenir chauffeurs de taxi : ceux qui sont nés avec des hippocampes plus larges ne trouvent-ils pas le boulot agréable *justement* parce qu'ils ont de l'aisance à mémoriser les itinéraires complexes ? Toujours dans la même veine, les personnes nées avec un gyrus angulaire « extralarge » n'auraient-elles pas une formidable aptitude naturelle pour les langues, et ne seraient-elles donc pas enclines à en apprendre une ou plusieurs en plus de leur langue maternelle ? Hélas, si la biologie est une composante essentielle de nos existences, l'« impératif du destin » ne justifie pas tout. Il ne peut pas expliquer, par exemple, pourquoi il y a corrélation positive entre les tailles des hippocampes, du gyrus de Heschl ou d'autres régions cérébrales, et le temps passé à pratiquer telle ou telle activité mentale. Et il ne peut certainement pas expliquer l'effet rapide, et réversible, de la pratique de la jonglerie sur le cerveau. Ces rapports de cause à effet montrent que nous avons les coudées franches pour bousculer la biologie ; ils montrent que la biologie définit une fourchette de valeurs générales (mais pas une constante fixe) pour chaque savoir-faire, et que notre position personnelle à l'intérieur de cette fourchette dépend de nous – de ce que nous faisons de nous-mêmes et de nos cerveaux.

Hémisphères vieillissants et démence

En nous livrant à de vigoureuses activités intellectuelles, donc, nous modifions notre cerveau de façon si profonde que la taille de certaines régions cérébrales peut effectivement croître. À présent il est temps de se poser la question : quelles régions précisément ?

Il y a un lien direct, caractéristique, entre la nature des activités cognitives des chauffeurs de taxi, des personnes bilingues, des musiciens et des jongleurs, et les structures cérébrales affectées par ces activités. Afin de lever une fois pour toutes nos doutes au sujet de ce lien, les études en neuro-imagerie auraient besoin de contrôles supplémentaires rigoureux. J'entends par là : mesurer certaines structures cérébrales addition- nelles dont la participation aux activités cognitives considérées est minime ou nulle. Il faudrait établir de manière scrupuleuse que la taille de ces structures-là, les structures de contrôle, n'augmente pas, et que l'accroissement ne concerne bel et bien que les structures directement impliquées dans les activités mentales étudiées. Néanmoins, les découvertes examinées plus haut dans ce chapitre vont dans le bon sens[1].

---

1. Parfois les découvertes négatives sont aussi importantes que les découvertes posi- tives, surtout quand les premières permettent de clarifier les secondes. On sait depuis déjà un moment que les cellules souches neuronales se trouvent dans les parois des ven- tricules latéraux. Chez les rongeurs, elles migrent à partir de là en direction des bulbes olfactifs, situés à la base des lobes frontaux (aussi petits ceux-ci puissent être chez le rongeur !). Et le processus continue tout au long de la vie de l'animal. Mais pas chez l'homme. Un groupe de scientifiques américains et espagnols a montré que pour nous, comme pour les rongeurs, les cellules souches continuent de naître à l'âge adulte contre les parois des ventricules latéraux. Mais à la différence des rongeurs, dans le cerveau humain les cellules ne migrent pas vers les bulbes olfactifs. « Immigration refusée », en a conclu Pasko Rakic, de l'université Yale, un des plus éminents neuroscientifiques mon- diaux, qui reste sceptique quant à la plasticité neuronale dans le cerveau humain adulte.

Mais cette découverte négative signifie-t-elle que les cellules souches ne migrent *nulle part* dans le cerveau humain ? Quand ils affirment que l'homme diffère des autres mammifères sur la question de la neurogenèse adulte, les sceptiques invoquent l'argu-

À présent, prenons un peu de recul pour réfléchir aux conséquences de ces études dans la vie réelle. La plupart d'entre nous, et à vrai dire *chacun d'entre nous*, utilisent certaines facultés intellectuelles plus que d'autres, soit dans l'exercice de leur profession, soit dans la pratique de leurs loisirs. C'est une vérité universelle de l'existence. Les effets sur le cerveau, tels que nous les avons vus, de l'apprentissage de la musique, des langues, des itinéraires urbains complexes ou de la jonglerie, ne sont pas que des exemples frappants : ce sont les modèles d'un phénomène profondément général. Si l'effet stimulateur de l'activité mentale est un tant soit peu spécifique – et apparemment c'est bel et bien le cas –, il ne bénéficie probablement pas aux mêmes structures cérébrales chez tous les individus. Mais y a-t-il des invariants en dépit de ces différences ? Y a-t-il des thèmes communs qui dominent les effets stimulateurs des activités mentales sur telle ou telle région cérébrale, qui émergent au-dessus de l'océan des différences individuelles dictées par la diversité de nos éducations, de nos occupations et de nos expériences ?

Une fois encore, les deux hémisphères cérébraux entrent dans la partie. Nous savons déjà que la plupart des capacités cognitives sont contrôlées par l'hémisphère droit aux premiers

---

ment selon lequel le cerveau humain a beaucoup à gagner en conservant ses circuits neuronaux, plutôt qu'en les modifiant, puisque nous dépendons davantage que les autres espèces du savoir accumulé dans notre passé. Si cette affirmation est indiscutablement vraie, il est vrai également que nous acquérons en permanence de nouvelles informations, que nous mettons constamment notre savoir à jour – et que les différentes régions du cerveau contribuent à des degrés variables à ces processus. Supposons que la direction de la migration des cellules souches depuis leur lieu de naissance (les ventricules latéraux) dépende du degré d'activité des zones cibles et que les cellules souches soient, par un moyen ou un autre, *attirées* là où l'action est dominante. En ce cas, le principe directeur général de la migration des cellules neuronales dans les cerveaux adultes s'exprimera de façon très variable selon les différentes espèces, puisque celles-ci ne dépendent pas toutes, pour leur survie, des mêmes structures cérébrales. Il n'y a guère de raisons de s'attendre à ce que chez l'homme les cellules aboutissent dans les bulbes olfactifs, puisque le destin de l'homme dépend assez peu de l'olfaction – à moins bien sûr qu'il ne s'agisse d'un grand cuisinier ou d'un parfumeur. Il est beaucoup plus logique de s'attendre à ce que le cortex visuel, ou le cortex auditif, ou le cortex associatif complexe soient les aimants les plus probables des flux migratoires de cellules souches. La différence entre toutes les espèces mammifères pourrait se trouver moins dans le degré de migration des cellules souches que dans leurs cibles neuronales. « Immigration régulée par les exigences des besoins en main-d'œuvre » serait peut-être une phrase plus appropriée pour rendre compte des processus migratoires des cellules souches dans les cerveaux mammifères, y compris dans le cerveau humain adulte.

stades de l'apprentissage, puis par l'hémisphère gauche une fois qu'un certain niveau de maîtrise est atteint. Cela signifie qu'en acquérant de l'expérience nous nous reposons de plus en plus sur notre hémisphère gauche, pour un éventail toujours plus large d'activités et de processus cognitifs – et ce quels que soient ces activités et ces processus, chez n'importe quel individu. À mesure que nous avançons dans la vie, semble-t-il, les structures cérébrales de l'hémisphère gauche sont de plus en plus impliquées dans notre vie intellectuelle, au contraire des structures de l'hémisphère droit. Par conséquent l'hémisphère gauche est le premier bénéficiaire des effets positifs de nos activités intellectuelles – indépendamment de leur nature. (Bien sûr, cette conclusion est valable si les effets stimulateurs de l'activité mentale sur le cerveau sont ciblés, au moins pour une part, et désormais nous avons de bonnes raisons de croire que c'est le cas.) Cela étant dit, il ne devrait étonner personne que les effets de la pratique d'activités aussi diverses que le bilinguisme ou la jonglerie aient été relevés en particulier dans l'hémisphère gauche.

Le Congrès 2003 sur la cartographie du cerveau humain touchait à sa fin, et j'avais le sentiment d'avoir aperçu un beau morceau de forêt à travers les arbres (j'étais un peu trop content de moi, mais je le méritais bien). Le message à remporter chez moi à l'issue de cette réunion se constituait, en fait, de trois messages interdépendants :

• L'hémisphère droit, au fil du vieillissement, décline davantage que l'hémisphère gauche.

• L'hémisphère gauche tire davantage de bénéfices que l'hémisphère droit de l'activité mentale, et à un degré toujours croissant à mesure que les années passent.

La conclusion suivante, même si elle ne vaut pas tout à fait un syllogisme aristotélicien, est donc justifiée :

• L'hémisphère gauche est mieux à même de résister à la dégénérescence due au vieillissement, parce qu'il continue d'être amélioré et renforcé par l'activité intellectuelle.

Plus haut dans ce livre, nous avons parlé de l'effet protecteur de l'éducation contre la démence. Avec les connaissances dont nous disposons aujourd'hui, nous pouvons affirmer que cet effet s'explique probablement par le fait que les gens éduqués ont davantage de chances de gagner leur vie avec leur cerveau qu'avec leurs muscles ; ils bénéficient ainsi à plein des conséquences sur le cerveau d'une vie entière d'intenses activités intellectuelles. Et comme nous approchons de la fin de ce chapitre, nous pourrions être tenté de conclure que cet effet protecteur sera davantage apparent dans l'hémisphère gauche que dans l'hémisphère droit[1].

Depuis toujours, les neuroscientifiques qui étudient les démences sont perplexes face aux nombreux visages qu'elles sont susceptibles de prendre dans les premiers stades. Les manifestations initiales de la démence, n'importe quelle démence, sont extrêmement variées. C'est en particulier le cas avec la maladie d'Alzheimer. Il est vrai que, chez la majorité des patients, c'est d'abord la mémoire qui est touchée. Mais chez un nombre significatif de patients, d'autres capacités souffrent en premier : le langage, l'orientation spatiale ou les fonctions exécutives. Plusieurs neurologues, dont l'un des plus importants experts mondiaux des démences, estiment que les premiers symptômes de déclin cognitif sont liés à la mémoire chez soixante-dix pour cent, au plus, des personnes pour lesquelles on établit ultérieurement un diagnostic de type Alzheimer. Mais chez au moins trente pour cent de ces personnes (une énorme minorité), le déclin de la mémoire est précédé par le déclin d'autres capacités, comme le langage, l'orientation spatiale ou les fonctions exécutives – avec les fameux « changements de personnalité » qui sont le signe d'une affection des lobes frontaux.

Quand la diversité des symptômes précoces de la maladie d'Alzheimer a commencé à être reconnue, certains scientifiques ont avancé qu'Alzheimer ne serait pas une seule maladie, mais plusieurs maladies distinctes. Cette idée, qui connut un certain succès dans les années 1980, a été réfutée depuis

---

1. Vous vous souviendrez que c'est le cas pour les droitiers et pour la majorité des gauchers, mais l'inverse est peut-être vrai pour une minorité de gauchers. (Voir chapitre 10.)

lors. Il est plus probable que la diversité des symptômes précoces de démence est le reflet de la diversité des profils de protection neuronale (tels qu'ils se définissent par la pratique de certains types d'opérations mentales tout au long de la vie). Ces profils varient manifestement suivant les individus et dépendent de la nature des activités intellectuelles qu'ils ont le plus favorisées. Certaines fonctions cognitives sont davantage stimulées et assurent par conséquent la neuroprotection des régions du cerveau qui leur sont associées. D'autres fonctions sont moins stimulées – donc pas de neuroprotection pour leurs régions cérébrales : celles-ci seront le « défaut dans la cuirasse » de la neuroprotection, variable selon les individus. Certaines histoires cognitives font travailler certaines zones du cerveau plus que d'autres, parfois tout au long de la vie, ce qui peut leur apporter une neuroprotection (quoique partielle et temporaire) contre les ravages de la démence précoce. Ce n'est qu'une hypothèse, mais elle est fascinante.

Selon ce raisonnement, la démence précoce chez un écrivain a moins de chances d'affecter le langage que les processus spatiaux. Chez un architecte, la progression de la maladie suivra un cours opposé : le langage succombera le premier, les processus spatiaux beaucoup plus tard. Chez un patron qui définit la stratégie de l'entreprise, ce sont les lobes frontaux qui résisteront le plus longtemps aux effets de la dégénérescence cérébrale. Mais chez le chauffeur de taxi de la fable, c'est la mémoire qui s'envolera en dernier, bien après le langage ou les fonctions exécutives.

Les structures cérébrales qui bénéficient de la neuroprotection conférée par l'exercice cognitif sont capables de résister au déclin neurologique plus longtemps, peut-être *beaucoup* plus longtemps que les autres structures. Aujourd'hui, un large éventail d'études (qui ne cesse de s'étendre) montre que les personnes âgées peuvent continuer de « bien fonctionner », et rester intellectuellement saines, malgré l'apparition des signes neuropathologiques de la maladie d'Alzheimer ou d'autres démences. Robert Katzman et ses collègues de l'école de médecine Albert Einstein, à New York, et de l'université de Californie, à San Diego, ont étudié un échantillon de personnes intellectuellement très actives : elles avaient un cerveau plus lourd, et des neurones plus grands, que les sujets de contrôle. Leur poids cérébral élevé est sans doute le reflet d'un nombre important de neurones et de voies de connexion – et la conséquence de toute une vie de rigueur intellectuelle et d'exercices cognitifs intenses. Il y a encore dix ans, cette hypothèse aurait été raillée et considérée comme invraisemblable ; elle est aujourd'hui confirmée par des observations comme celles sur les chauffeurs de taxi londoniens, les bilingues et les musiciens professionnels.

Une étude similaire, que j'ai citée plus haut, portait sur les nonnes du couvent des sœurs de Notre-Dame, à Mankato dans le Minnesota, dont le mode de vie se caractérisait par une formidable richesse intellectuelle, où la stimulation était permanente. Ces nonnes étaient également remarquables par leur longévité et par leur vigueur cognitive jusqu'à un âge très avancé. Les maladies qui entraînent la démence ne semblaient pas les concerner. Mais quand les cerveaux de certaines d'entre elles furent autopsiés, on y trouva les plaques et les écheveaux caractéristiques de la maladie d'Alzheimer. Ces nonnes avaient pu conserver leurs facultés intellectuelles en dépit de la présence dans leurs cerveaux des signes neuropathologiques de cette maladie. Comment ? L'explication la plus logique, c'est que la neuroprotection qu'elles avaient acquises durant toute leur vie grâce à leurs activités intellectuelles (neurones et connexions supplémentaires) suffisait à contrebalancer les effets de la maladie cérébrale dont elles souffraient et leur permettait de conserver toute leur lucidité.

15

Gymnastique des formes

Le sport, l'art et le violon d'Einstein

Ainsi, les plus récentes découvertes scientifiques prouvent que les exercices intellectuels ont le pouvoir de transformer le cerveau. J'en suis devenu très partisan, et je suis favorable à l'idée de concevoir de tels exercices avec des méthodes rigoureuses et systématiques. J'ai été l'un des premiers à affirmer qu'en proposant de vigoureuses activités mentales à une personne âgée, on améliorait concrètement la résistance de son cerveau, on l'aidait à lutter contre la dégénérescence neurobiologique. À partir de là, j'ai mis sur pied à New York un programme d'exercices cognitifs qui fonctionne aujourd'hui très bien et ne cesse d'attirer de nouveaux participants au moment même où j'écris ces pages. J'ai toutes les raisons de croire que notre programme (que nous appelons souvent « programme d'amélioration cognitive » ou, mieux, de « gym cognitive ») continuera de prospérer et de séduire de plus en plus de monde.

On sait déjà depuis quelque temps que l'éducation est un réel facteur de protection contre le déclin intellectuel et contre la démence. Ce fut l'une des découvertes inattendues, mais qui paraissent avec le recul tout à fait logiques, du projet de la fondation MacArthur – la célèbre étude menée conjointement par plusieurs centres de recherche sur les clés du vieillissement réussi. Les personnes éduquées se livrent toute leur vie à des activités cognitives vigoureuses, plus vigoureuses que les per-

285

sonnes qui ont moins d'éducation. Ces activités (pour l'essentiel liées à la nature de leur profession) déclenchent tous les mécanismes neuroprotecteurs évoqués dans le précédent chapitre. Il ne faut donc pas beaucoup d'imagination pour voir qu'une série d'exercices cognitifs bien conçus, basés sur des postulats neuropsychologiques solides, sera encore plus efficace pour stimuler la neuroprotection que les activités intellectuelles ordinaires, inévitablement aléatoires, d'un individu accaparé par les exigences de son métier.

Chaque fois que je présente le concept de progrès cognitif devant un public de profanes, je le fais avec conviction... mais non sans une légère inquiétude. Je suis moins gêné par la question des preuves scientifiques sur le sujet (dont nous disposons aujourd'hui en nombre bien suffisant, je crois) que par le scepticisme du public. Car ce scepticisme n'a rien d'étonnant. L'idée de faire faire des exercices à son esprit peut paraître un peu... tirée par les cheveux, en quelque sorte, et elle semble souvent carrément incongrue à ceux qui en entendent parler pour la première fois. Cependant, je vais commencer par montrer que l'exercice intellectuel dans sa forme la plus pure compte parmi les plus anciennes activités humaines, et que nous le pratiquons pendant la plus grande partie de notre vie. À cette fin, nous devons nous tourner vers la mystérieuse fonction de l'art.

Deux passe-temps occupent une place centrale dans la civilisation humaine depuis le début de l'histoire : le sport et l'art. Ils sont fondamentaux dans presque toutes les cultures, et ils vont souvent de pair. Les Minoens de la période archaïque dansaient avec leurs taureaux (sport et art entremêlés), avant de les représenter sur les fresques de leurs temples labyrinthiques, à Knossos et ailleurs sur l'île de Crète. Les Égyptiens décoraient artistiquement des papyrus qui détaillaient les mouvements complexes de la lutte (là encore, sport et art ensemble). La Grèce ancienne, bien sûr, a posé les bases de l'idiome artistique occidental et de la compétition athlétique organisée (les Jeux olympiques). Et de nos jours, assister aux derniers spectacles de Broadway et passer quelques heures par semaine en salle de sport sont *de rigueur* pour tout habitant de Manhattan qui se respecte.

Le sport et l'art sont à ce point intégrés dans notre culture que nous les vivons comme des évidences, sans même nous interroger sur leur utilité. Dans son livre *The Mating Mind* – de loin un des ouvrages les plus originaux et provocateurs que j'aie lus ces dernières années –, Geoffrey Miller aborde ces questions du point de vue de leurs origines évolutives. Mais les origines d'une activité et son utilité dans la société moderne ne sont pas nécessairement liées ; à vrai dire, elles sont même sans doute très éloignées. Quelle est donc l'utilité du sport, et quelle est l'utilité de l'art, pour nous, aujourd'hui ?

L'utilité du sport nous est évidente au niveau le plus intuitif. Sans avoir le moindre objectif spécifique, l'exercice physique renforce le corps, forme à la discipline et nous prépare à affronter un large éventail de défis physiques potentiels. L'exercice physique rend aussi plus robustes les systèmes cardio-vasculaires et pulmonaires nécessaires à notre survie. Nous avons donc l'habitude, de manière presque inconsciente, de considérer le sport comme un ingrédient utile à l'existence, même s'il n'a pas de but pratique immédiat. Il se pourrait que les origines de l'exercice physique précèdent l'apparition de notre espèce. Il n'est pas absurde de penser que la source de l'athlétisme se trouve dans les jeux corporels et apparemment désordonnés de la plupart des espèces mammifères[1]. Quand mon bullmastiff Brit devient hyperactif en fin de journée et se précipite d'un bout à l'autre de l'appartement en m'invitant à jouer avec lui, ou quand il essaie de m'entraîner dans une bagarre amicale, je suis obligé de penser que ces comportements ont un rôle adaptatif quelconque dans la vision canine du monde. Dans son livre, Miller propose l'idée que les compétitions sportives nous permettent de faire la promotion de

---

1. Le rôle particulier des « hormones du plaisir », les endorphines, qui sont libérées lors d'un vigoureux exercice physique et contribuent au sentiment de bien-être (ce que l'on appelle par exemple l'« ivresse du coureur de fond »), est en dehors du champ de cette discussion. Mais disons que la libération d'endorphines consécutive à un exercice intense pourrait avoir été favorisée, dans l'évolution, comme mécanisme de récompense positive à un effort physique par ailleurs « inutile ».

notre excellente condition physique vis-à-vis du sexe opposé. Il a aussi été dit que l'athlétisme canalise les pulsions agressives masculines en les transformant en conflits ritualisés, non meurtriers et non violents. Cela explique peut-être l'histoire évolutive du sport, en partie du moins, mais ce n'est guère suffisant pour justifier son utilité aujourd'hui. Premièrement, toutes les activités sportives ne relèvent pas de la compétition. Croyez-moi, quand je réussis à me persuader de monter à la piscine du club de gym de mon immeuble (seulement un étage au-dessus de mon bureau, mais c'est malgré tout une véritable épreuve de volonté pour moi), l'autopromotion sexuelle ou la canalisation de mes pulsions agressives sont bien les dernières choses que j'ai en tête. Je pense avant tout à mes antécédents familiaux de crises cardiaques et au moyen d'augmenter mes chances d'échapper à ce funeste sort.

Et qu'en est-il de l'art ? L'art est tout autant enraciné dans nos vies que le sport, sinon davantage. L'art imprègne nos existences de façon si naturelle que nous le considérons comme une évidence, sans trop nous soucier de sa fonction ou de ses origines. Néanmoins, toutes les tentatives visant à comprendre les origines et la fonction de l'art dans la civilisation humaine ont connu un succès plutôt limité et produit des hypothèses moins qu'irréfutables.

Certains ont affirmé que l'art, comme la science, nous aide à comprendre le monde qui nous entoure. En tant que vérité générale c'est probablement exact. D'un autre côté, il en va sans doute de même de n'importe quelle activité humaine – ce qui fait de cette affirmation un truisme à la limite de la niaiserie, qui n'explique pas grand-chose. Comme la science, l'art est dans une large mesure une activité cérébrale, ou il peut l'être. Mais contrairement à la science, l'art ne nous aide à comprendre le monde que de façon très indirecte. Et pourquoi ? Parce que la distinction vérifiable entre « vrai » et « faux » ne peut s'appliquer à la création artistique comme elle s'applique aux affirmations scientifiques. Et, à l'inverse de la science, l'art ne suit pas un développement progressif à l'évolution clairement discernable. (Peu de gens contestent que la science du vingtième siècle est plus avancée que la science du dix-neuvième siècle, mais pouvons-nous dire avec autant de conviction que l'art contemporain est plus avancé que l'art de la Renaissance, et que celui-ci est plus avancé que l'art de la Grèce antique ?)

D'autres commentateurs ont essayé de situer l'origine de l'art dans le rituel religieux. Même si ce lien a pu exister dans le passé (une affirmation déjà bien difficile à prouver), les « bases religieuses » de l'art auraient peine à justifier la poésie résolument séculaire, voire blasphématoire, d'Arthur Rimbaud ou de William Henley, ou les romans de Salman Rushdie. Du grand art, cependant ! En outre, si l'on pose comme postulat les origines religieuses de l'art, il faut prédire son déclin à nos époques de plus en plus agnostiques. Or ce n'est manifestement pas ce qui se produit aujourd'hui. On peut même dire, en outre, que les préceptes religieux de certaines époques ont davantage étouffé l'art que favorisé son épanouissement. L'interdiction de la représentation figurée dans certains courants du judaïsme, du christianisme et de l'islam en est un parfait exemple.

D'autres ont suggéré que l'art, contrairement à la science, véhicule des émotions – et c'est là qu'il trouve sa fonction spécifique. Mais les dessins de M. C. Escher ou les eaux-fortes et les lithographies de Yaakov Agam ne font guère appel à nos émotions ; ils paraissent très « intellectuels », cérébraux, fruits d'algorithmes quasi mathématiques ; les fugues du dix-septième siècle sont l'incarnation d'une structure de la musique à la précision presque mathématique ; et il est difficile de trouver plus analytique que la prose d'Umberto Eco ou certaines poésies expérimentales du début du vingtième siècle.

L'utilité de l'art nous échappe à tel point que certains ont suggéré que son utilité réside en fait dans son absence même d'utilité intrinsèque. Selon une autre théorie, très ingénieuse et provocatrice (mais à mon sens moins que convaincante), l'art dans ses diverses manifestations est un excédent, une activité « pour rien » dont l'unique fonction est de mettre en valeur la bonne santé intellectuelle de ses pratiquants face à d'éventuels partenaires amoureux. De là, on pourrait affirmer que l'art est un luxe que seules les sociétés particulièrement puissantes sont à même de s'offrir. L'art aurait de la valeur parce qu'il serait une affirmation du pouvoir de la société, qui aurait des ressources « superflues » à dépenser. Mais en posant comme principe l'inutilité intrinsèque de l'art, la théorie de « l'art pour le sexe » (l'expression est de moi) n'accorde à l'art que d'être le signe d'une prouesse pour *autre chose*, pour une réussite dans d'autres domaines. Si l'on pousse la logique à son terme, cette position amène à conclure que l'art est encore moins qu'inutile : il pourrait même être nuisible, « handicapant », dans la mesure où il monopolise une part démesurée des ressources mentales de ceux qui le pratiquent. D'où le paradoxe selon lequel l'art est un marqueur d'amples ressources intellectuelles précisément parce que celui qui le pratique peut se permettre d'en jeter une grande part aux quatre vents, en toute impunité – tout comme le nouveau riche et m'as-tu-vu typique fera étalage de sa fortune en donnant un pourboire de cent dollars quand deux dollars auraient bien suffi. En définitive, cette vision de l'art implique qu'une bonne partie de notre époustouflant pouvoir cérébral, y compris notre capacité à créer des œuvres et à les apprécier, est aux humains ce que leurs queues spectaculairement colorées sont aux paons : une énorme ponction sur leurs ressources qui aboutit à la création d'un attirail encombrant, intrinsèquement inutile, qui n'a évolué comme tel que pour servir d'outil de séduction. La théorie de « l'art comme manière d'autopromotion sexuelle », décrite par Miller, ouvre une perspective intéressante, mais une fois encore la question reste posée de la distinction entre les racines de l'art, quelles qu'elles puissent être, et le rôle de l'art à l'époque moderne. Les chemins de l'évolution et de la portée sociale de l'art ont très bien pu diverger à un moment ou un autre. J'ai beaucoup apprécié le livre de Miller, mais je crois que c'est une erreur de refuser à l'art la moindre valeur en tant que système de survie pour l'espèce qui l'a inventée – nous, les êtres humains. Aussi provocant soit-il, ce refus me paraît le signe d'une grande erreur intellectuelle, à la limite du désespoir explicatif. Dans une veine similaire, certains ont même dit que l'art est « biologiquement futile ». Mais non : la seule futilité, dans cette vision des choses, c'est l'affirmation elle-même. On peut quand même beaucoup mieux faire !

L'art a ceci de confondant que ses formes sont tellement nombreuses et tellement variées qu'il est très difficile de leur trouver un dénominateur commun. Quelle est la composante commune fondamentale entre la calligraphie japonaise et un concert de hard rock ? (Quelle idée bizarre ; il n'y en a aucune, pour l'amour du Ciel !) Pourtant ce sont deux formes d'art – et quand nous voyons de l'art nous savons le reconnaître. Une question rhétorique similaire peut être posée au sujet du sport : quel degré de correspondance y a-t-il entre la voile, par exemple, et le ping-pong ? Il est à peu près aussi faible, indéterminable, qu'entre la calligraphie et le hard rock. Là encore, l'analogie entre l'art et le sport est inévitable, puisque le concept de sport, lui aussi, rend compte d'une large gamme d'activités fondamentalement disparates – leur trouver un dénominateur commun est un véritable défi.

Je crois que l'essence de l'art réside moins dans les propriétés intrinsèques des objets artistiques (au sens large) que dans la nature de ce que l'art fait pour nous. J'en viens ici à proposer que l'origine et la fonction de l'art sont analogues à l'origine et à la fonction du sport. Si la raison d'être du sport (ou, à tout le moins, son aspect essentiel) est de faire travailler le corps, le cœur, les poumons et les muscles, la raison d'être de l'art (ou, à tout le moins, son aspect essentiel) est de faire travailler l'esprit : de faire travailler le cerveau dans ses nombreuses et diverses parties, qui servent de nombreuses et diverses fonctions cognitives et perceptives. Je suggère que la fonction sociale de l'art est d'offrir de l'exercice à l'esprit et aux sens, et par là de stimuler l'intelligence de façon inconditionnelle, sans lien avec la moindre tâche particulière. Dans cette vision des choses, l'art pictural, la littérature et la musique ne sont pas que de simples marqueurs, intrinsèquement frivoles, d'aptitudes mentales : ils sont en fait les outils cruciaux dont l'individu a besoin pour avoir, et entretenir, une bonne santé intellectuelle. À ceux qui contesteront cette opinion en demandant pourquoi nous aurions besoin d'une forme d'exercice mental spécifique, telle que l'art, alors que nous sommes en permanence engagés dans des activités cognitives « réelles », utilitaires et exigeantes, je répondrai que ces activités sont en général relativement paroissiales et répétitives, bornées par les limites des rôles sociaux et professionnels des individus dans la société. En revanche, l'art pourrait avoir évolué comme il l'a fait pour nous offrir une façon plus universelle, plus efficace, mieux équilibrée et complète, moins paroissiale et moins centrée sur un objectif unique, de faire travailler l'esprit, les sens, le cerveau dans son ensemble. D'une certaine manière, la prolifération des formes d'art dans la culture pourrait avoir précédé et préfiguré la notion de « parcours d'entraînement cognitif ». Certes, c'est une supposition qu'il faudrait étudier plus en profondeur, mais elle paraît plausible.

L'art, comme le sport, ne remplit aucune fonction spécifique, étroite, essentielle à la survie immédiate de l'individu, à aucun moment particulier. C'est bien la raison pour laquelle il n'a pas un goût de pilule amère ; il n'est pas synonyme de « Je dois le faire », d'activité inévitable et obligatoire ; c'est pour cela qu'il jouit de l'aura agréable d'une quête librement choisie. Les gens adoptent des activités sportives et artistiques parce qu'ils le veulent, pas parce qu'ils y sont contraints – c'est la différence entre profession et vocation. Mais sous cet aspect plaisant et séduisant, l'art met à notre disposition de puissants outils de progrès personnels biologiques et cognitifs. Pour ceux qui choisissent de s'y livrer, l'art et le sport se placent à part des autres activités humaines parce qu'ils ont à la fois un attrait manifeste et une utilité implicite.

L'idée que l'art peut constituer un stimulant puissant pour le cerveau a déjà frappé la conscience du grand public, ou en tout cas elle a fait son chemin dans l'inconscient collectif. Certains parents font écouter du Mozart à leurs nourrissons (parfois même aux fœtus) pour favoriser leur développement cognitif. Et nous connaissons de nombreuses histoires d'amour entre génie politique, ou scientifique, et loisirs artistiques : pensez au violon d'Einstein ou à la palette de Churchill.

Une de mes anciennes étudiantes, Beth Neimann, m'a livré une observation personnelle intéressante. Quelques mois après avoir commencé à prendre des leçons de piano, elle a remarqué que son acuité et son tonus intellectuels étaient globalement meilleurs qu'auparavant, même pour des tâches cognitives très éloignées de la musique. L'effet est particulièrement prononcé juste après une leçon de piano – comme si cette leçon était une sorte de séance de gym cognitive. C'est un effet positif analogue au fameux « effet Mozart » : après avoir écouté de la musique classique, vous vous sentez plus vif, plus pétillant sur le plan mental et émotionnel. Manifestement, de nombreux penseurs de premier plan, tels que Churchill ou Einstein, avaient inconsciemment compris ce phénomène (ou peut-être consciemment, mais personne ne leur a posé la question).

Vieillesse et gym cognitive

Encouragé par l'accumulation des données scientifiques et stimulé par l'idée que la quête de santé cognitive nous accompagne sous diverses formes depuis des siècles, sinon des millénaires, j'eus un jour le sentiment que nous étions prêts à développer notre propre programme d'entraînement cognitif. Ce fut l'un des tout premiers du genre. Quelques programmes de stimulation de la mémoire avaient déjà été présentés dans les publications scientifiques, et ils avaient connu un certain succès. C'était encourageant. Cependant, j'avais le sentiment que nous disposions d'un énorme réservoir de savoir neuropsychologique qui restait encore inexploité et ne demandait qu'à être utilisé dans des applications pratiques.

Dans le droit fil des évolutions démographiques qui caractérisent aujourd'hui les pays occidentaux, le visage de ma pratique clinique était en train de changer. De plus en plus souvent, je recevais des hommes et des femmes de soixante, soixante-dix, quatre-vingts ans ou même davantage, certains à la retraite, d'autres encore actifs – tous inquiets, en tout cas, des signes de déclin subtils, ou parfois manifestes, qu'ils décelaient dans leurs propres facultés intellectuelles. Insidieusement, leur angoisse me renvoyait à mes propres interrogations. Le plus souvent, ces patients se faisaient du souci surtout pour leur « mémoire ». Mais la mémoire est une fonction très complexe ; quand un individu a la sensation de « perdre la mémoire », cela peut cacher beaucoup de choses – y compris des choses qui n'ont en réalité presque rien à voir avec la mémoire proprement dite. En fait, le mot *mémoire* est souvent utilisé par le grand public de façon si globale, presque comme un synonyme du mot *cognition*, que le grief de « trouble de la mémoire » ne signifie pas grand-chose. D'autres clients, à mon cabinet, étaient anxieux parce qu'ils avaient des « moments d'absence » ou de grande distraction, parce qu'ils se voyaient parfois dans l'incapacité de prendre des décisions, même simples, ou encore parce qu'ils se découvraient de brusques changements d'humeur qui ne leur ressemblaient pas.

Pour la plupart de ces patients, nous effectuions en premier lieu une évaluation neuropsychologique pour mesurer de façon systématique et méthodique le langage, les diverses formes d'attention et de mémoire, la capacité de résolution de problèmes, et d'autres fonctions. En général, le regard introspectif que porte un individu sur son propre monde mental est beaucoup moins précis et révélateur qu'on ne le croit : j'étais bien loin de prendre pour argent comptant le diagnostic que mes patients tentaient de formuler au sujet de leur propre cerveau. À ce titre, je cite parfois cette analogie – un peu crue, peut-être, mais fondamentalement juste – entre le neuropsychologue et le dentiste : quand un malade se plaint d'une rage de dent, le dentiste débutant risque de ne radiographier que la partie du palais où se situe la douleur déclarée. Mais un dentiste expérimenté fera une radio panoramique, et il aura de bonnes chances de découvrir un vilain abcès dans une région de la bouche très différente : c'est le phénomène de la « douleur irradiante ».

Souvent, nos bilans neuropsychologiques révélaient de discrets signes de déclin cognitif. Mais parfois il n'y avait rien de tel. Si certains de nos visiteurs souffraient manifestement de démence précoce, ou en tout cas de déficience cognitive légère (DCL), ce n'était pas le cas pour les autres, qui continuaient de mener des vies actives et productives.

N'empêche, ils se plaignaient tous de décliner sur le plan

intellectuel ! Même si les tests ne révélaient aucun signe de maladie cérébrale, nous ne pouvions rester indifférents à leurs appels à l'aide. Si nos tests sont très pointus et « sensibles », en outre, ils peuvent ne pas percevoir certains changements cognitifs subtils qui affectent le cerveau, en particulier chez les individus très brillants. En général nous ne savons pas ce qu'étaient les facultés intellectuelles de la personne cinq, dix ou vingt ans avant les tests. Tout ce que nous savons, c'est ce que nous observons *maintenant*, au moment de l'évaluation. Et tout ce que nous pouvons faire, c'est comparer les performances du patient à de prétendues « normes » : les données de références qui décrivent les performances typiques d'autres individus d'âge, éducation et autres caractéristiques socio-démographiques comparables. Mais il y a un hic : et si, pour commencer, notre patient n'était pas dans le moule « typique » ? Et s'il était exceptionnellement intelligent et doué ? Dans ce cas, il pourrait à la fois souffrir d'un réel déclin cognitif, peut-être même d'un déclin très significatif, *et* livrer dans nos tests des résultats tout à son avantage par rapport à la population moyenne. J'appelle ça le « phénomène Einstein ». Le grand savant, s'il subissait une perte de QI de vingt points, conserverait toujours une intelligence beaucoup plus élevée que la moyenne – mais lui-même, il sentirait la différence.

Que dire à ces personnes-là ? Si certaines se présentent au cabinet sans angoisse particulière, simplement parce que leur médecin traitant me les a envoyées, beaucoup d'autres viennent de leur propre chef, motivées par un sentiment d'urgence et d'anxiété. Il leur faut plus qu'un diagnostic : il leur faut de l'aide. C'est essentiellement pour ces personnes – brillantes, âgées, inquiètes et décidées à réagir – qu'avec le concours de mes assistants Peter Lang, Dmitri Bougakov, Lalita Krishnamurthy, Michael Zimmerman, Eric Rosenwinkel et Jacqui Barnett, j'ai conçu notre *programme d'entraînement cognitif*. En le mettant sur pied, nous avons imité de façon tout à fait intentionnelle le centre d'activités physiques traditionnel – le club de gym. Nous avions le sentiment que cette parenté avec une entité connue et établie rendrait notre programme de santé cognitive plus compréhensible et plus accessible au grand public, en lui rappelant un concept déjà largement accepté. Dans le parler scientifique, une telle corrélation prend le nom de « validité nominale ». Dans un club de gym vous avez devant vous un certain nombre de machines, dont chacune est conçue pour faire travailler un groupe de muscles ou un système physiologique particulier. Dans notre programme d'entraînement cognitif, vous êtes assis à l'ordinateur et vous avez devant vous un certain nombre d'exercices dont chacun est conçu pour faire travailler un système particulier de votre esprit. Cela signifie qu'au lieu d'appareils métalliques intimidants, de barres d'haltères, de bancs de musculation et autres instruments de torture typiques de ce genre de salle, notre centre de gym cognitive possède des tas et des tas d'ordinateurs.

Plus haut dans le livre, nous avons évoqué la multitude de fonctions complexes qui animent l'esprit. Pour chacune d'elles, dans notre salle de gym cognitive, nous avons créé une série d'exercices adaptés (et souvent plusieurs). Nous avons attribué des exercices spécifiques, ou plutôt des éventails entiers d'exercices, aux divers aspects de la mémoire, de l'attention, du langage, du raisonnement, de la résolution de problèmes, et ainsi de suite. Bien sûr, ce sont là des catégories très larges, dont chacune rassemble un certain nombre de fonctions mentales précises. Par exemple, l'attention est une catégorie à l'intérieur de laquelle on peut faire la distinction entre attention soutenue, attention divisée, etc. De même, la mémoire est une vaste catégorie où l'on peut trouver la mémoire verbale, la mémoire visuelle pour les objets, la mémoire visuelle des configurations spatiales, etc. La résolution de problèmes peut être pour l'essentiel spatiale, ou bien verbale, ou encore elle peut exiger l'extrapolation des données sur un certain laps de temps. Nous avons essayé de traiter un nombre aussi grand que possible de ces aspects spécifiques de la cognition, avec des exercices ciblés.

Citons-en quelques-uns. Un exercice conçu pour faire travailler l'attention soutenue vous met au défi, assez « épuisant », de réagir à une longue séquence de stimuli variés qui défilent sur l'écran, et dont chacun requiert une réponse différente. Un autre exercice, pour l'attention divisée, vous fait travailler sur différents événements qui se produisent en même temps en divers endroits de l'écran. Un exercice visant à exercer vos capacités de planification vous invite à définir un itinéraire dans un espace où certains mouvements sont autorisés, d'autres interdits – et où il ne dépend que de votre propre ingéniosité de déterminer lesquels sont permis et lesquels sont exclus ! Ce n'est pas tout : si les règles changent en cours de route, vous êtes obligé de rattraper votre retard en fonction de ces changements – ce qui stimule et exerce votre flexibilité mentale. Et ainsi de suite. Chaque exercice possède plusieurs niveaux de difficulté, que vous franchissez au rythme de votre progression personnelle.

Les exercices évoquent parfois certains jeux de réflexion sur ordinateur[1]. Cependant, ils ont été définis avec soin pour former tel ou tel aspect de l'esprit de façon sélective et ciblée. Vu le caractère « informatisé » de nos exercices (par opposition au papier et au crayon), il serait difficile d'en présenter des exemples concrets dans ce livre, mais j'espère avoir réussi à faire passer l'idée.

Au club de gymnastique, les sportifs sont accompagnés dans leurs efforts par des entraîneurs. Dans notre centre de gym cognitive, les athlètes ont aussi un entraîneur personnel, qui supervise et dirige leurs séances de travail. L'entraîneur allume et éteint les ordinateurs, et il effectue les manipulations nécessaires pour passer d'un exercice à l'autre – c'est un détail, mais il est particulièrement appréciable pour certains clients qui ont la phobie des ordinateurs. L'entraîneur fournit une assistance précise et pédagogique, qui permet aux allergiques de l'informatique d'oublier leur problème et de le dépasser assez vite.

Avant d'entamer les séances, nous effectuons un bilan cognitif complet pour identifier les forces et les faiblesses de la personne. Nous avons suffisamment d'exercices à notre disposition pour tailler sur mesure des programmes d'entraînement

---

1. Dans le monde des jeux informatiques, on fait la distinction entre les « jeux d'action », où les héros doivent exterminer des dragons, et les « jeux de réflexion » ou « jeux de stratégie », qui sont pour l'essentiel des casse-tête informatisés.

adaptés aux besoins de chacun. Quand un profil très spécifique émerge, nous ajoutons certains tests pour voir s'il est préférable de nous concentrer sur les faiblesses de la personne, ou de lui offrir un « cocktail cognitif » global.

Souvent, nous nous concentrons sur les faiblesses du client. Un choix qui provoque d'abord chez lui une réaction consternée : « Pourquoi faut-il que je me coltine ce qui est le plus difficile pour moi, alors que je pourrais faire des exercices plus abordables ? ! » Mais si notre théorie est juste – si l'exercice cognitif améliore le fonctionnement des structures cérébrales –, il est logique d'insister sur les points faibles de la cognition, un peu comme un joueur de golf qui essaie de réduire son handicap pratique les mouvements du jeu pour lesquels il est le moins bon.

Cette méthode offre un contraste saisissant avec la philosophie qui prévalait encore récemment pour la rééducation cognitive des patients après un accident vasculaire cérébral ou un traumatisme crânien. Traditionnellement, on essayait d'entraîner le malade à éviter la fonction lésée – à la contourner plutôt qu'à lui redonner du tonus. Mais la médecine, comme la science du cerveau, a appris à mieux évaluer la plasticité naturelle du corps : il en a découlé un changement de paradigme radical pour ce qui est des principes fondamentaux de la rééducation. Notre philosophie, ambitieuse, qui nous conduit à attaquer de front les faiblesses cognitives du client plutôt qu'à les éviter, est dans le droit-fil de cette révolution inspirée par les plus récentes découvertes en médecine et en neuroscience.

En rééducation physique, autrefois, lorsqu'un individu perdait la capacité de se servir d'un bras ou d'une jambe à cause d'un accident vasculaire cérébral ou d'une autre maladie neurologique handicapante, on traitait le problème en l'invitant à utiliser le membre intact pour exécuter les fonctions auparavant contrôlées par le membre endommagé. Mais récemment – dans une très large mesure, grâce au travail d'Edward Taub à l'université de l'Alabama à Birmingham – une technique radicalement différente, hardie et audacieuse, a fait son apparition. Au lieu d'insister sur le membre épargné, on l'immobilise carrément en l'attachant avec une sangle. Et puis on encourage le patient à utiliser le membre amorphe, théoriquement inutile, pour lui faire faire exactement ce qu'il faisait avant l'accident. Cette méthode en apparence irréaliste a donné des résultats stupéfiants dans de nombreux cas. Manifestement, le simple fait de remettre le membre handicapé en mouvement, de l'encourager à fonctionner, stimule le développement de nouvelles voies neuronales – et peut-être même la prolifération de nouveaux neurones – dans les zones du cerveau touchées par les lésions. Ou bien il se pourrait que la stimulation neuronale se produise dans d'autres régions, épargnées (généralement voisines des régions endommagées), afin qu'elles prennent peu à peu le contrôle du membre handicapé.

Mais revenons à notre programme. Comme pour l'entraînement physique, vous devez venir en « salle de gym cognitive » assez régulièrement. Les participants sont en général encouragés à travailler deux ou trois heures par semaine, en autant de séances. Chaque séance comporte une demi-douzaine d'exercices, dont la composition varie et évolue au fil du temps. Quand nous avons lancé le programme, nous n'imaginions que des séances individuelles, avec un entraîneur personnel pour chaque participant. Mais un intéressant phénomène de « couple » est rapidement apparu : deux conjoints ou deux amis viennent ensemble. La séance devient alors presque une affaire de famille ; les deux personnes sont assises côte à côte devant les ordinateurs, chacune à ses propres exercices, ensemble mais indépendantes, avec leur entraîneur commun à proximité.

Un club de gym sert à exercer le corps ; un centre de gym cognitive sert à exercer les facultés intellectuelles. Mais en plus de ces objectifs principaux, et explicites, chacun des deux centres contribue à satisfaire un certain nombre de besoins sociaux complémentaires. Au fil du temps nous avons remarqué que nos clients tissaient des liens personnels avec leurs entraîneurs, et que pour beaucoup d'entre eux il s'agissait d'un ingrédient important de leur expérience parmi nous. Le simple fait d'aller quelque part et de nouer des relations avec d'autres gens semble remplir une fonction essentielle.

Pour ma part, j'observe toujours avec beaucoup d'intérêt le comportement et l'évolution des participants au programme. Certains viennent invariablement aux séances comme s'ils étaient investis d'une mission, et ils font leurs exercices en surveillant la courbe de leurs progrès sans la moindre distraction. D'autres, en revanche, semblent venir autant pour la gym cognitive que pour la compagnie des autres clients, ou celle des entraîneurs personnels – le centre comblant là un vide, manifestement, dans leurs vies sociales et personnelles.

En général, donc, le programme présente un intérêt à la fois intellectuel et social, qui transforme nos clients, même les plus sceptiques d'entre eux au début, en véritables adeptes du centre de gym. Si le projet fut motivé à l'origine par l'envie de soutenir et de développer les facultés intellectuelles des clients, avec le temps j'en suis venu à mesurer sa valeur thérapeutique, même dérivée, en tant que support social – et à reconnaître celle-ci comme un ingrédient de son succès. Tous nos clients, presque sans exception, apprécient l'ambiance dans laquelle se déroulent les exercices, et restent souvent au centre après la fin de leur heure de travail. Bon nombre d'entre eux deviennent assez exigeants avec eux-mêmes ; ils surveillent leurs performances de séance en séance, en veillant à faire des progrès réels et continus ; ils s'énervent contre eux-mêmes (malgré les protestations rassurantes de mon équipe) quand leurs progrès sont trop modestes.

Je me suis aperçu que cette « renaissance » de l'esprit de compétition chez mes clients âgés (dont beaucoup ont dépassé depuis des années, sinon des décennies, le stade de la vie où ils avaient l'obligation de se montrer compétitifs pour quoi que ce fût) avait en elle-même un effet thérapeutique puissant, aussi stimulant que rajeunissant. C'est presque magique de voir la façon dont la vie se ressaisit de nos clients âgés.

Pour continuer de se développer et de mûrir, le programme bénéficie des observations et des idées de bon nombre de nos « étudiants ». Lesquels sont aussi diversifiés que la ville de New York.

Une diversité à l'image de New York

Louise, soixante-douze ans, est écrivaine et éditrice à la retraite. Bien qu'elle habite dans la partie la plus huppée, la plus « froide » de l'Upper East Side à Manhattan, Louise est à mes yeux la quintessence de la New-Yorkaise des quartiers centraux qui font battre le cœur de cette ville : vive et pétillante, elle ne mâche pas ses mots face à ses interlocuteurs, prend un malin plaisir à bien mettre les points sur les *i* et ne se laisse pas emporter par son imagination. De tout temps elle a connu un style de vie bohème, libre et insouciant, souvent bien avant les mœurs dominantes de son époque.

Quand elle approcha l'âge de soixante-dix ans, Louise commença à s'inquiéter : elle s'aperçut qu'elle avait de réelles pertes de mémoire et que sa capacité d'attention allait en diminuant. Elle fut en particulier effrayée par certains épisodes, ponctuels, de grande confusion mentale – comme la fois où elle emporta la vaisselle sale dans sa chambre au lieu d'aller à la cuisine, comme la fois où elle oublia d'éteindre le four, ou, plus embarrassant encore, comme la fois où elle oublia de tirer la chasse d'eau aux toilettes chez des amis. Seule face à elle-même, Louise en conclut qu'elle avait sans doute la maladie d'Alzheimer et que la fin de sa vie intellectuelle, sinon physique, était proche. Un sentiment de langueur et d'impuissance commença à l'accabler ; elle se rendit compte qu'elle perdait rapidement espoir.

Louise prit alors contact avec un célèbre neurologue de New York, qui me l'envoya. Pour l'essentiel, son IRM et son évaluation neuropsychologique étaient normales. Il y avait bien quelques petites choses étranges, ou ambiguës, mais sans rapport avec les inquiétudes de Louise. Dans son cas, en outre, je ne pouvais écarter la possibilité d'un « phénomène Einstein ». Je lui parlai de notre programme, qu'elle adopta avec enthousiasme, pour en devenir l'un des tout premiers participants.

Louise fit de la gym cognitive pendant deux pleines années, au fil desquelles nous assistâmes à une transformation spectaculaire. Peu à peu, son accablement moral disparut et céda le pas à un sentiment de « fortification cognitive » (à défaut de meilleure expression). Tout en reconnaissant que sa mémoire continuait de souffrir, Louise cessa de se concentrer sur ses incapacités et opéra en elle-même un changement radical. Grâce à son travail devant nos ordinateurs, elle prit conscience des choses qu'elle *pouvait* faire – et arriva à la conclusion que ces choses étaient fort nombreuses.

Après tant et tant de séances de gym cognitive, Louise se sentit prête pour des défis plus importants, et encore plus satisfaisants. Elle s'inscrivit dans une respectable université de Manhattan. Elle cessa à ce moment-là de venir à notre centre, mais resta en contact avec moi et continua de m'appeler de temps en temps, très fière, pour me faire le rapport de ses progrès universitaires ; elle me narguait en se disant frustrée de constater que ses résultats n'étaient que dans la moyenne de la classe, et pas dans les meilleures notes. Nous plaisantions et nous étions d'accord sur l'essentiel : quelques années seulement après s'être résignée à la perspective d'avoir la maladie d'Alzheimer (pur fantasme, sans doute), le fait d'être capable de garder la tête haute dans une classe d'étudiants qui pouvaient facilement être ses petits-enfants, eh bien... ce n'était pas si mal ! Imaginez un peu : elle avait assez confiance en elle-même pour retourner à l'école après une interruption de cinquante-six ans, et elle avait d'excellentes notes !

Je rencontrai Louise à l'occasion d'une séance de dédicace de mon précédent livre. Elle m'annonça, un peu faraude, qu'elle venait juste de boucler sa licence et continuait sur sa lancée pour décrocher une maîtrise en sciences sociales. Après avoir exorcisé ses propres démons, elle était prête à aider les autres. Dans nos conversations, Louise souligna ce que le programme d'entraînement cognitif lui avait apporté d'essentiel : au fil de ces exercices mentaux réguliers, sa mémoire avait connu un redressement spectaculaire et son esprit avait retrouvé une grande vivacité. Louise a regagné la confiance en elle-même et la compétence qu'elle avait craint d'avoir perdues pour toujours, et elle a redécouvert la vie. La gym cognitive l'a libérée de sa peur d'avoir la maladie d'Alzheimer. Notre programme lui a appris que l'exercice intellectuel est aussi important que l'exercice physique pour garder la forme. Selon ses propres mots, cette expérience parmi nous lui a donné une bonne « claque » pour l'inciter à retrouver son propre pouvoir, lui a redonné confiance et lui a permis de « reprendre le contrôle » de sa mémoire, de son attention et de sa capacité de raisonnement.

La transformation de Louise semble rien de moins que miraculeuse – et je ne crois pas aux miracles. Qu'y a-t-il, alors, au cœur de cette histoire ? Comme Louise, je crois que nos exercices cognitifs ont eu un impact direct sur ses facultés intellectuelles. Mais je crois aussi que le simple fait de prendre part aux activités mentales vigoureuses et rigoureuses de nos ateliers bihebdomadaires l'a libérée de son sentiment d'abattement et de résignation. Avant de nous rejoindre, elle se trouvait dans un état d'« impuissance intellectuelle consciente ». Après son passage au centre, elle n'en souffrait plus. Le thème de la puissance retrouvée, de la reconnexion avec des *capacités* plutôt qu'avec des *incapacités* cognitives, revient souvent parmi les témoignages de nos participants au programme lorsqu'ils expliquent les effets des exercices sur leur moral.

Tout comme le programme donna assez confiance à Louise pour reprendre des études après cinquante-six ans d'interruption, il aida Elena à continuer d'exercer la profession qu'elle adore : comédienne. Bien qu'âgée de quatre-vingt-deux ans, Elena faisait encore carrière sur scène. Hélas, elle commençait à avoir le sentiment que son activité était en danger, parce qu'elle avait des difficultés croissantes à mémoriser ses textes – une aptitude évidemment capitale pour une actrice ! Elena est une femme petite et menue, très spirituelle, délicieusement irrévérencieuse. L'autorité ne l'intimide pas, et de temps en temps elle me remet à ma place quand elle estime que je traite trop sévèrement son entraîneur personnel de gym cognitive.

Elena me contacta sur le conseil d'un ami qui avait entendu parler de notre programme. À ce moment-là elle était anxieuse et déprimée à cause de ses problèmes de mémoire, qui semblaient de plus en plus aigus. Si elle avait encore l'aplomb de plaisanter en société au sujet de ses « absences de vieille dame », elle savait au plus profond d'elle-même qu'il n'y avait pas matière à rire. Elena se voyait peu à peu submergée par un irrépressible sentiment d'impuissance. Et elle se trouvait dans l'incapacité de retenir correctement le texte de la nouvelle pièce pour laquelle elle avait été engagée. Même quand elle croyait avoir enfin réussi à mémoriser son rôle, elle avait parfois des problèmes pour s'en souvenir. « J'ai l'impression que les mots me sortent de la tête », disait-elle.

Durant les premières séances, Elena commença par essayer de bavarder avec son entraîneur. Trop nerveuse, elle n'avait pas l'air du tout emballée par l'idée de rester assise devant l'ordinateur pour se consacrer à la tâche solitaire qui l'attendait. Selon son propre témoignage, elle manquait de patience. Elle estimait qu'elle n'avait en elle « ni motivation, ni véritable concentration, deux capacités essentielles pour un bon acteur ». Mais avec le temps elle s'absorba petit à petit dans le programme et commença à prendre plaisir aux exercices. Au fil des semaines, son attitude face à ses propres défaillances cognitives connut un revirement spectaculaire. Elle n'accepta plus ses « absences de vieille dame » comme l'attribut normal, inévitable, de son grand âge. Elle se vit reprendre espoir quant au potentiel de sa mémoire, et c'est grâce à nos exercices qu'elle réussit à l'améliorer. Il y a quelque temps, Elena m'annonça d'un ton joyeux qu'elle venait juste de terminer une série de représentations pour une pièce dont « le texte est bien gravé dans ma mémoire, en tout cas pour le moment ». Aujourd'hui, après deux ans et demi de gym cognitive, elle a fini par accepter qu'« il n'y aura pas de matin magique où je me réveillerai en ayant retrouvé ma mémoire de jeune fille ». Néanmoins, elle a le sentiment d'avoir l'esprit plus clair et d'être « capable de déverrouiller [sa] mémoire à court terme plus souvent qu'auparavant » – même si ce n'est pas avec une efficacité aussi soutenue qu'autrefois. À l'époque où elle commença à travailler avec nous, Elena devint aussi « cobaye » pour une étude scientifique, dans un grand centre de recherche médicale de la ville, où elle subit une batterie complète de tests tous les deux ans. Récemment, les résultats de ces tests montrèrent qu'il n'y avait ni gain ni perte dans ses facultés intellectuelles. Une conclusion, déclara-t-elle en accord avec les médecins du centre, qui est « manifestement le signe d'un progrès, puisqu'à mon âge il est plus que probable d'enregistrer des pertes de facultés intellectuelles ».

Le cas du Dr A., un médecin à la retraite âgé de quatre-vingt-dix ans, est particulièrement intéressant, car il possède une part de mystère clinique. Homme cultivé et qui avait mené une carrière magnifique, fier et très exigeant vis-à-vis de lui-même, le Dr A. avait récemment développé une hydrocéphalie. Cette maladie, qui se caractérise par un mauvais drainage du liquide céphalorachidien (LCR) dans le cerveau, est une cause assez fréquente de démence chez les personnes âgées. Pour libérer l'excès de LCR, le patient subit une opération chirurgicale qui consiste à poser un petit cathéter (ou « dérivation ») dont la fonction est d'évacuer le liquide céphalorachidien en excès du cerveau vers l'abdomen, où il est absorbé. En général, la dérivation doit être réajustée (« révisée ») un mois plus tard.

Le Dr A. vint à mon bureau accompagné de son épouse, elle-même praticienne libérale à la retraite. Celle-ci se faisait beaucoup de souci pour lui – ou, plutôt, pour ses facultés intellectuelles. Un couple manifestement très uni. Tous deux très éduqués et très informés, ils se montrèrent à la fois curieux et réservés au sujet de notre programme. Pour finir, ils décidèrent que le Dr A. y participerait, « pour voir ce que ça peut donner ». Avant d'entamer les séances de travail, nous procédâmes à une évaluation complète de sa cognition, avec notre batterie de tests neuropsychologiques, comme nous le faisons d'habitude. Ces tests servent à nous offrir un cadre de référence, une base auprès de laquelle comparer toutes les évolutions ultérieures.

Environ trois mois après le début du programme, nous refîmes ces tests neuropsychologiques. Ses résultats étaient nettement meilleurs, et dans tous les aspects : mémoire, attention et autres fonctions. Ces réévaluations à intervalles réguliers sont extrêmement précieuses, car elles nous donnent la mesure précise, quantitative et objective des progrès de chaque participant au programme – ou de leur absence de progrès. Mais nous n'oublions jamais que nos tests neuropsychologiques et nos exercices n'ont d'utilité que dans la mesure où ils sont susceptibles de nous apprendre quelque chose sur les facultés intellectuelles des clients dans la vie réelle. Aussi sophistiqués ces tests soient-ils, ils ne nous livrent qu'une impression très approximative et très imprécise de la performance cognitive des individus en dehors de nos bureaux. Les circonstances de la vie réelle, ses exigences et ses contextes sont trop individuels, divers et variés pour permettre la moindre standardisation significative. C'est la raison pour laquelle nous demandons aux participants et aux membres de leur famille de partager avec nous, de vive voix, leurs impressions quant à l'impact du programme – quel qu'il soit – sur leur comportement dans la vie réelle. En définitive, c'est ce qui compte le plus. Environ trois mois après notre première conversation, donc, je demandai au Dr A. de me livrer ses observations personnelles. Avait-il noté des changements, et lesquels, dans ses facultés intellectuelles ? Je posai la même question à sa femme.

Le Dr A. avait le sentiment que les séances bihebdomadaires avaient nettement fait progresser sa mémoire récente. En conséquence, il se sentait davantage en prise avec les événements et les activités de la vie quotidienne. Il était mieux à même de se souvenir de ce qu'il avait fait pendant la journée, ou la veille. Les rencontres et les discussions avec ses amis et sa famille étaient mieux conservées dans sa mémoire, de même que les émotions qu'il éprouvait pendant ces moments-là.

Son épouse avait elle aussi l'impression d'une amélioration très nette, et elle attribuait ce progrès à la gym cognitive. Avant que le Dr A. ne démarre le programme, elle s'inquiétait beaucoup de le voir sombrer lentement dans la démence sénile. Désormais, il lui semblait que les pertes de mémoire de son mari, même si elles étaient encore manifestes, s'étaient stabilisées. Elle pensait aussi qu'il avait retrouvé une meilleure capacité de concentration. Plus important encore, elle avait remarqué que ses phases d'« apathie », qui s'aggravaient auparavant à une vitesse alarmante, avaient maintenant disparu ; il était de nouveau – ou presque – l'homme qu'il était autrefois : « catégorique dans ses jugements, sensible devant un concert ou une pièce de théâtre... ». Elle était très heureuse de le revoir lire beaucoup et de l'entendre jouer au piano nettement plus souvent qu'auparavant, chaque fois pendant un bon petit moment – preuve qu'il avait encore « une sacrée mémoire de la musique classique ».

Ils soulignèrent tous les deux que le contexte dans lequel se déroulait la thérapie était sans doute aussi important que la thérapie elle-même. « Et, enfin, je sais bien que mon principal avantage, dans toute cette histoire, c'est que ma femme est avec moi », dit le Dr A. Son épouse confirma qu'il continuait de beaucoup se reposer sur sa mémoire *à elle*, ainsi que sur ses capacités d'organisation *à elle* – une attitude qui était manifestement une caractéristique ancienne, profonde, de leur relation.

Mais se pouvait-il, dans ce cas précis, que notre programme ne soit qu'un « leurre » ? Quelques mois après la pose du cathéter dans le cerveau du Dr A., l'IRM avait montré une diminution de la taille de ses ventricules latéraux : apparemment, la dérivation fonctionnait bien et les symptômes radiologiques d'hydrocéphalie avaient régressé. Ce qui devait aussi avoir un effet positif sur sa cognition. Cependant, les effets de la dérivation sont en général visibles quelques semaines après l'insertion – et puis on observe ensuite une stabilisation des facultés cognitives. Le Dr A. avait seulement *commencé* sa gym cognitive deux mois après la pose du cathéter, et l'évaluation neuropsychologique de base avait été effectuée à ce moment-là. L'amélioration manifeste qui apparaissait dans les tests ultérieurs, confirmée par les témoignages du Dr A. et de sa femme, se définissait par rapport à cette référence : il était donc peu probable qu'elle soit l'effet de la pose du cathéter. Les progrès étaient bel et bien dus à notre programme !

Certains participants sont davantage motivés par un souci de prévention que par le besoin de se « soigner ». L'un d'entre eux est Paul, un homme d'affaires qui travaille avec succès dans le monde entier. Brillant et dynamique, Paul a soixante-cinq ans – mais il fait beaucoup plus jeune que son âge, aussi bien sur le plan physique qu'au niveau mental. Et, chez lui, impossible de soupçonner le moindre signe de déclin cognitif. Paul est un grand lecteur ; chaque fois qu'il entre dans mon bureau je lui vois un nouveau bouquin à la main. Néanmoins, il a décidé de participer à notre programme pour apprendre à protéger et à prolonger son acuité intellectuelle à mesure qu'il vieillira. Paul a le sentiment, depuis qu'il a commencé les séries d'exercices, d'être libéré d'une partie de ses anxiétés, d'avoir un meilleur potentiel d'analyse et de savoir mieux se concentrer. Sa capacité à traiter des nouveaux matériaux cognitifs complexes s'est aussi améliorée. En guise d'exemple, il m'a raconté ce qui lui est arrivé récemment pendant qu'il écoutait une œuvre de Schoenberg : « Non seulement je ne me suis pas mis sur la défensive face aux premières notes atonales, mais je les ai accueillies en moi comme un défi, je suis resté concentré sur la mélodie et j'ai analysé la structure, les accords et, de façon générale, l'œuvre tout entière. »

Paul a aussi remarqué, avec beaucoup de satisfaction, que dans certaines situations délicates il est devenu plus conscient de sa capacité à écouter, analyser et réfléchir avant de répondre à ses interlocuteurs. Il se trouve moins impulsif et hâtif dans ses réactions que par le passé. Il s'est aussi découvert « une meilleure capacité d'attention quand [il est] confronté à des problèmes difficiles, ou à des textes techniques ou fastidieux ». Et puis, pour finir, Paul a fait une observation très subtile et très intéressante : il n'a pas nécessairement le sentiment que le champ de ses facultés intellectuelles s'est élargi, mais il a appris à mieux l'exploiter. Cela aussi, c'est peut-être une conséquence bénéfique indirecte de la gym cognitive.

En général les participants au programme s'inquiètent avant tout pour leur mémoire. Mais bien souvent ils observent aussi des changements dans d'autres fonctions mentales. L'un d'entre eux, le Dr B., était un médecin qui travaillait à mi-temps à l'époque où il nous rejoignit. Il avait appris l'existence du centre de gym cognitive par un ami qui comptait parmi notre clientèle. Le Dr B. est devenu tellement enthousiaste vis-à-vis du programme qu'il encourage aujourd'hui ses propres patients à s'y inscrire. Il a le sentiment que sa mémoire s'est améliorée, mais il est aussi particulièrement heureux de se découvrir une capacité accrue à « discerner des solutions alternatives quand [il doit] déterminer quelle conduite tenir dans certaines situations », ainsi qu'une capacité accrue à « mieux planifier l'avenir » et à « apprendre à partir de [ses] erreurs ». Le Dr B. dit également jouir d'« un agréable sentiment de puissance intellectuelle dans presque toutes [ses] activités quotidiennes ». Un témoignage qui indique clairement une amélioration des fonctions exécutives – les fonctions des lobes frontaux.

Une autre notion revient souvent dans les commentaires des participants : le programme démystifie la cognition à leurs yeux. La cognition n'est plus une « chose » diffuse, indifférenciée, globale et brumeuse, qui risque d'être perdue dans son intégralité par un cruel coup de baguette magique. En effectuant les divers exercices et en ayant des résultats en progression ici, moins bons là, nos clients apprennent à « disséquer » leur propre cognition. Inévitablement, certaines fonctions cognitives sont mieux préservées que d'autres ; cette idée leur apporte un sentiment de réconfort et de plus grande maîtrise sur leur cerveau. Le simple fait d'apprendre à définir d'une part l'étendue de leurs propres faiblesses, d'autre part l'envergure de leurs propres forces a un puissant effet thérapeutique. Le bénéfice de l'effort cognitif apparaît souvent, aussi, à travers son absence : de nombreux participants remarquent que, quand ils manquent quelques séances consécutives de gym cognitive, ils se trouvent « ternes ».

Bon nombre de nos « étudiants » âgés apprécient d'avoir l'occasion de se familiariser avec les ordinateurs. Arrivés chez nous sans la moindre connaissance du clavier et de la souris, et souvent affligés d'une bonne dose de phobie à leur égard, ils finissent par acquérir un savoir-faire de base qui les met à l'aise... et leur permet de découvrir ensuite de nombreuses autres applications à l'informatique en dehors du centre de gym cognitive.

Les personnes qui entendent parler de nous et s'inscrivent au programme viennent d'horizons très divers. Elles sont accablées par des problèmes et des inquiétudes multiples, et elles sont motivées par des espoirs et des attentes qui n'appartiennent qu'à elles. Elles sont toutes les bienvenues, et nous essayons de toutes les aider.

Ah, qui suis-je, qu'entends-je quand je cherche mes mots ?!
Ma mémoire, jadis coffre au trésor tellement sûr,
Disponible à volonté, jamais une blessure,
A maintenant des vides qui me frustrent et me rendent sot.

Nous faisons tout notre possible pour aider les individus comme l'auteur de ces vers émouvants, et comme beaucoup d'autres dont le déclin cognitif est moins dramatique. Nos méthodes ont-elles un impact réel ? Et si oui, comment le savons-nous ? Les tests neuropsychologiques standard, grâce auxquels nous évaluons les participants à intervalles fixes, apportent une réponse partielle à ces questions. Dans de nombreux cas, nous observons une amélioration irréfutable. C'est toujours une source de joie, aussi bien pour nos clients que pour nous-mêmes. Dans d'autres cas, il n'y a pas d'amélioration manifeste. Cependant dans la plupart des cas où il n'y a pas d'amélioration, il n'y a pas non plus de *dégradation* des résultats. Cela aussi, dans l'ensemble, c'est une bonne nouvelle, car nous traitons une population dont les données cognitives fondamentales, en l'absence d'intervention, ne peuvent a priori que baisser graduellement. Mais la preuve la plus importante de notre succès, aussi modeste soit-il, c'est que les participants au programme ont le sentiment de conserver – ou même de retrouver – les facultés intellectuelles dont ils ont besoin dans la vie réelle.

À cette fin, nous sommes guidés par le célèbre adage attribué à Albert Einstein : « Rien n'est plus pratique qu'une bonne théorie. » En comprenant de mieux en mieux les mécanismes de la plasticité du cerveau, et ceux de sa capacité à se régénérer tout au long de la vie, nous continuerons d'apprendre à prolonger et à enrichir les esprits de personnes réelles dans le monde réel.

Épilogue

Le prix de la sagesse

Je passai de nouveau une IRM deux ans et demi après la première. Il n'y avait pas d'évolution « dans l'intervalle », et aucun signe de maladie cérébrale. La lésion punctiforme que mon ami Sandy Antin avait qualifiée d'artefact n'était plus visible ; il s'agissait donc bel et bien d'un artefact ! Avec un peu de chance, mon cerveau vieillissant continuera de bien me servir dans les années à venir. Combien de temps ? Ça, je n'ai aucun moyen de le savoir.

Tout cela signifie-t-il que j'ai atteint la sagesse ? Suffisamment, à tout le moins, pour ne pas me flatter que ce soit le cas. Mais, comme vous tous, j'ai accumulé ma part de systèmes neuronaux de reconnaissance de formes, qui me permettent de comprendre le monde qui m'entoure et d'y agir avec un certain degré d'efficacité. L'ensemble de ces formes, ainsi que celles qui auraient pu trouver leur place dans mon arsenal mental mais ne l'ont pas fait, est la somme totale des expériences de ma vie, de mes efforts cognitifs et de mes paresses cognitives. Je me revois à l'âge de six ans, bavardant avec un voisin qui avait alors quinze ans – et essayant d'imaginer les émotions et les pensées qui devaient animer une personne aussi « vieille » que lui. Aujourd'hui, je suis le propriétaire globalement satisfait d'un cerveau de cinquante-huit ans, je me sens plutôt bien et je m'interroge : qu'éprouve-t-on à soixante-dix, quatre-vingts, quatre-vingt-dix ans ?

Ce livre est né de ma réflexion personnelle sur les saisons de l'esprit et les modifications qu'elles induisent pour le cerveau. Mon but était de dépasser l'introspection pour essayer de saisir les mécanismes qui se cachent derrière les changements cognitifs. À cette fin, j'ai examiné les saisons de l'esprit humain aussi bien dans leur contexte culturel que dans leur contexte neurobiologique et j'ai essayé de rassembler ces deux lignes d'analyse dans une « histoire naturelle de l'esprit » qui soit cohérente et qui suive le fil de nos existences. L'histoire racontée dans ce livre est, il faut en convenir, bien incomplète. Par exemple nous avons à peine effleuré les aspects moraux et spirituels de la cognition – comment les prémisses morales et spirituelles se développent, comment elles informent notre vie cognitive, etc.

Malgré ces lacunes évidentes, et maintenant que j'arrive au dernier stade de ma recherche, je trouve le résultat globalement satisfaisant car j'ai le sentiment que l'histoire naturelle de l'esprit qui est présentée dans ces pages a quand même du sens : elle éclaire et alimente ma propre réflexion, sûrement pas complètement, mais de façon bien appréciable. Le sentiment que j'avais à l'origine, à savoir que les saisons de l'esprit ne vont pas uniquement dans le sens du déclin, et que certains gains importants accompagnent le vieillissement, trouve son ancrage dans la réalité neurobiologique. Il ne s'agit pas que des désirs illusoires d'un intellectuel vieillissant !

Cette source de réconfort a-t-elle complètement chassé les angoisses de l'homme d'âge mûr que je suis ? Bien sûr que non. Ai-je des regrets que ce ne soit pas le cas ? Non, je n'en ai pas, car à petites doses ces angoisses peuvent constituer une remarquable force constructive, qui nous mobilise et nous pousse à l'action en nous rappelant que la vie est finie et ne doit pas être gaspillée. Quoi qu'il en soit, les deux messages qui ressortent haut et clair de mon histoire naturelle de l'esprit sont, dans l'ensemble, très rassurants.

Le premier message, c'est que ceux d'entre nous dont les vies intellectuelles auront été vigoureuses et rigoureuses pendant longtemps approcheront leurs années de vieillesse avec une solide armure mentale. Cette armure, une sorte de pilote automatique de la cognition, les servira bien pendant les dernières décennies de la vie. Cette armure, la riche collection d'attracteurs à reconnaissance de formes ancrée dans le cerveau, n'est ni un droit ni un dû, et son acquisition dans la vieillesse n'est pas jouée d'avance : c'est la récompense d'une intense vie de l'esprit durant toutes les décennies précédentes.

Nous détestons tous les clichés, mais nous oublions souvent que les clichés sont considérés comme tels parce qu'ils ont un fond de vérité. Les platitudes sont ennuyeuses non pas parce qu'elles sont fausses, mais parce qu'elles sont banalement évidentes, pour ainsi dire. « Le passé est le meilleur guide de l'avenir » est un cliché rebattu, mais comme tous les clichés il dit quelque chose d'essentiel. Il se vérifie en histoire, en économie, en politique. Il se vérifie dans les vies de nos cerveaux et, donc, de nos esprits.

Certaines personnes ont la capacité de « voir à travers les choses » : selon son degré et le contexte, nous appelons cette capacité « compétence » ou « expertise » et, en de rares cas, « sagesse ». Elle n'apparaît pas toute seule, comme une évidence de la maturité ou comme un dû de la vieillesse. Elle est la condensation de certaines activités intellectuelles au fil des années et des décennies. L'étendue et la qualité de notre vie mentale définissent la valeur de ses derniers stades. « La sagesse commence dans l'émerveillement », a dit Socrate. C'est aussi vrai aujourd'hui qu'à son époque ; peut-être encore plus.

Notre voyage à travers la vie est un voyage à travers la vie de nos esprits. Une vie de l'esprit riche en expériences multiples, confrontée à des défis intellectuels réguliers et variés, et qui n'en rougit pas, nous offre la récompense d'un généreux arsenal d'outils cognitifs. Ces outils cognitifs nous donnent un pouvoir immense quand nous vieillissons et nous protègent contre les effets de la dégénérescence cérébrale. La vie a une fin – nous le savons tous. Mais nous en préparons les derniers stades tout au long de l'existence, grâce à l'ensemble de nos expériences et de nos efforts. C'est vrai pour nos corps, et c'est tout aussi vrai pour nos esprits.

Le second message, c'est que tout en tirant pleinement parti de notre pilote automatique cognitif, il ne faut pas se laisser endormir par lui. À n'importe quel âge, nous devons continuer de mettre notre esprit à l'épreuve et rechercher de nouveaux défis mentaux. À notre époque de vif engouement pour l'exercice physique, tout le monde a entendu parler de « l'ivresse du coureur de fond », cette flambée de bien-être due à l'effort intense et à la fatigue. Mais combien d'entre nous ont connu « l'ivresse du penseur » ? C'est une sensation chère à certains scientifiques ou artistes. Pas tous, notez bien. Le fait d'appartenir à un groupe professionnel créatif ne garantit pas automatiquement une vie de l'esprit créative. Un célèbre joueur d'échecs, jadis ami de mes parents, quand j'étais petit garçon à Riga, disait : « La plupart des gens jouent aux échecs avec leurs mains. Rares sont ceux qui y jouent avec leur tête. » Même les métiers les plus exaltants sur le plan cognitif offrent l'option facile et séduisante de la routine intellectuelle la plus léthargique. Comprenez le phénomène pour ce qu'il est, et ne le laissez pas vous submerger !

Laissons de côté les individus qui la connaissent pour l'avoir vécue : combien de gens, dans le grand public, ont simplement envisagé la possibilité de ressentir cette « ivresse du penseur » ? Combien de gens se rendent compte qu'il existe une chose qui s'appelle l'effort mental extrême ? Et même pour ceux qui en ont conscience, dans quelle mesure leur compréhension du phénomène dépasse-t-elle la simple question rhétorique ? Combien d'entre nous savent que « penser » de façon profonde est une activité à part entière, qui se développe dans le temps et dans l'espace ? Quand j'essaie d'expliquer que mes heures de promenade avec le chien dans Central Park ne sont pas du temps perdu, mais du temps *gagné*, car c'est pour moi du temps de « pure pensée », un espace de liberté qui me permet de faire toutes sortes de choses dans ma tête (y compris la conception de ce livre), j'ai bien souvent le sentiment que mes interlocuteurs ne suivent pas mon raisonnement ; ils se disent probablement que j'invente des histoires pour donner bonne allure à mon oisiveté. Pour certains, la notion de pure pensée est inconcevable – même quand celle-ci est associée à l'activité indiscutablement productive qui consiste à sortir son chien. Ces gens-là devraient mieux réfléchir et écouter le poète :

Mon esprit m'est comme un royaume,
J'y puise à tout moment telles joies
Qu'il surpasse toute source de bonheur,
Que la terre offre et soutient.

Ces vers de sir Edward Dyer (1543 ?-1607), écrits au moment où l'Angleterre se débarrassait des derniers vestiges du long sommeil médiéval, dogmatique à l'excès, pour prendre résolument sa place dans l'épanouissement de la Renaissance, l'âge de Shakespeare, de Newton et des Lumières élisabéthaines, sont emblématiques de la fascination des hommes de cette époque pour les activités stimulantes de l'esprit. Aujourd'hui comme jadis, ceux qui s'autorisent la joie de telles activités renforcent leur esprit et le protègent du déclin.

Certaines personnes sont physiquement vigoureuses et touchent les dividendes de leurs efforts tout au long de la vie. D'autres sont physiquement paresseuses, ce qui a aussi des conséquences sur le long terme. De même, certaines personnes recherchent les défis intellectuels... tandis que d'autres les considèrent comme des épreuves rébarbatives. Si elles ont le choix, elles se cantonnent à l'intérieur d'un espace cognitif confortable, douillet, séduisant, sans se rendre compte que l'espace du confort mental est aussi l'espace de la stagnation mentale. « Il n'y a aucun expédient devant lequel un homme reculera pour s'épargner le véritable labeur de penser », a déclaré Thomas Edison. Si ce jugement ne s'applique pas à tout le monde, il est hélas valable pour beaucoup de gens. Veillez, vous, à ne pas faire partie de cette tranche d'humanité intellectuellement mollassonne !

Tout comme la paresse physique a un coût, la paresse intellectuelle se paie elle aussi au prix fort. La paresse intellectuelle de la jeunesse met le cerveau en danger dans la vieillesse. Souvenez-vous de William James, qui nous exhortait à ne pas gaspiller nos années de formation, nos années « plastiques ». Ceux qui savourent les défis intellectuels, et en recherchent au-delà des nécessités évidentes de la vie ordinaire, étayent leurs esprits et leurs cerveaux avec un puissant système protecteur qui contribuera à leur assurer une vie cognitive intense jusqu'à un âge très avancé.

La vie de l'esprit ne devrait jamais cesser d'être vigoureuse. Elle peut, et doit, continuer sous cette forme jusqu'aux plus grands âges. Plus elle dure, plus longtemps elle sera bénéfique au cerveau – en y stimulant divers processus de croissance et, par là, en le protégeant de la dégénérescence. L'idée qu'il est possible de jouir d'une excellente santé mentale tout au long de la vie devrait faire partie de notre culture populaire. Je crois que ce sera bientôt le cas.

L'image du sage compte parmi les images les plus vénérées de toutes les cultures du monde. Après une longue période d'engouement pour la jeunesse, la vieillesse est de nouveau respectée et admirée, même dans notre culture occidentale impatiente et vaniteuse. Et tant mieux, vu les tendances démographiques de notre époque ! On ne naît pas pour être sage – on devient sage en récompense d'un long voyage. Le voyage dont je parle est un voyage de l'esprit. C'est celui de la montée vers la sagesse. La vieillesse est le prix de la sagesse, mais la sagesse elle-même n'a pas de prix. Pour ceux à qui elle s'offre, elle est l'âge d'or de l'esprit.

Quant à moi, je déciderai peut-être de passer une autre IRM d'ici à quelques années. Mes ventricules seront peut-être un peu plus grands. Mes sillons corticaux auront peut-être commencé à rétrécir. Une autre minuscule zone d'hyperintensité sera peut-être apparue. Mais je prendrai tout cela sans me laisser démonter, avec bonne humeur. Ma tête est bourrée d'attracteurs et je ferai bon usage, avec joie, de mon pilote automatique cognitif. Pour continuer d'apporter des petites modifications à mon esprit par le biais de nouveaux défis intellectuels, pour continuer de produire une gerbe de nouveaux neurones dans mon cerveau vieillissant et contribuer à lui éviter de tomber en panne au-delà de tout espoir de récupération, j'ai écrit ce livre. Avec un peu de chance, il y en aura d'autres.

Remerciements

Plusieurs personnes m'ont aidé, de nombreuses façons, à réaliser ce livre. Michelle Tessler, mon agent chez Carlisle and Company, mérite ma gratitude la plus profonde pour avoir placé mon synopsis entre les mains bienveillantes de Gotham Books. Je n'aurais pu souhaiter meilleure maison d'édition. Je remercie Brendan Cahill, mon éditeur chez Gotham, et son assistant Patrick Mulligan : ils m'ont guidé avec prévenance, patience et force conseils constructifs depuis le lancement du projet jusqu'à son aboutissement. Je remercie Dmitri Bougakov pour l'aide considérable qu'il m'a apportée sur divers points techniques, et pour ses commentaires abondants sur le manuscrit. Peter Lang est mon bras droit dans le programme de gym cognitive décrit dans ces pages. Richard Gallini a conçu les illustrations. Fiona Stevens, Kate Edgar, Sergey Knazev, Lalita Krishnamurthy et Brendan Connors m'ont fourni de précieux conseils et un immense soutien tout au long du projet. Je remercie mes patients et les participants au programme d'entraînement cognitif de m'avoir donné l'occasion de travailler avec eux, et par là d'avoir accumulé les points de vue et l'expérience qui sont à la base de ce livre ; je les remercie aussi de m'avoir autorisé à les citer et à raconter leurs histoires. Je remercie le père de « Steve » de m'avoir donné la permission d'écrire sur son fils. J'ai aussi testé certains passages du livre, en les déguisant en soutien de cours, à l'insu de mes étudiants... que je remercie de leur indulgence.

317

Enfin, je remercie mon chien Brit, une muse des plus inattendues. Quand j'étais enfant, j'habitais dans la ville de Riga au bord de la Baltique (dans un État qui faisait alors partie de l'Union soviétique). Nous avions deux chiens dans la famille, qui ont fait naître chez moi une affection durable pour ces animaux. Mon père devint l'un des résidents involontaires de l'« hôtel » de Staline qu'on appelle le goulag. Ma mère fut renvoyée de l'université où elle enseignait ; elle prit un poste d'ouvrière dans une usine où elle trimait d'interminables heures pour faire vivre la famille. Les chiens et moi, nous passions beaucoup de temps ensemble dans notre appartement communautaire. À l'âge de trois ans, je les considérais comme des amis intimes. Adulte, j'ai toujours eu envie d'avoir un chien, mais j'étais trop occupé, trop attaché à ma liberté, et je n'avais pas un mode de vie assez sédentaire. Puis un jour, peut-être à cause de la secousse de la cinquantaine qui a déclenché l'écriture de ce livre, j'ai décidé de prendre un chien. En quelques mois, le chiot bullmastiff qu'était Brit s'est métamorphosé en une créature majestueuse, de stature intimidante. Mais il a le cœur généreux, le tempérament le plus noble qui soit et une intelligence canine très supérieure. Il est mon ami et mon compagnon.

J'habite à la lisière de Central Park depuis de nombreuses années, mais pendant longtemps je n'en ai guère profité ; je me contentais d'apprécier, par les fenêtres de mon salon, la vue sur les immenses pelouses et les frondaisons luxuriantes des arbres. Ces derniers mois, obligé contre ma nature de me lever très tôt pour promener Brit, je me suis mis à fréquenter le parc. J'emportais mon ordinateur de poche et je passais de longues heures à écrire ou à réfléchir aux chapitres du livre, tout en sirotant un espresso au bistro de Sheep Meadow (où les chiens sont les bienvenus), ou en me reposant près de la fontaine de Bethesda Terrace – avec Brit qui roupillait à mes pieds, me harcelait pour avoir un biscuit, essayait de dévorer le banc sur lequel j'étais assis, et, fondamentalement, n'apportait rien de substantiel au processus créatif. Ces petits matins tranquilles dans le parc me permettaient de travailler avec concentration et lucidité ; ils m'offraient aussi un répit précieux, aussi temporaire soit-il, par rapport à la vie frénétique de Manhattan. Pour l'essentiel, le livre s'est construit en l'espace d'un été, en promenant le chien. Le reste était facile : il suffisait de le coucher sur le papier.

Ce livre est dédié à ma génération, les enfants du baby-boom, dont je comprends et partage les anxiétés et les espoirs.

Notice bibliographique

BLOOM, Harold, *Genius : A Mosaic of One Hundred Exemplary Creative Minds*. Warner Books (2002).

BRENT, Jonathan ; NAUMOV Vladimir P., *Le Dernier Crime de Staline : retour sur le complot des blouses blanches*. Traduit par Élie Robert-Nicoud. Calmann-Lévy (2006).

BROWN, Michael ; KEYNES, Roger ; LUMSDEN, Andrew, *The Developing Brain*. Oxford University Press (2002).

CARPENTER, Malcolm B. ; PARENT, André, *Carpenter's Human Neuroanatomy* (9th ed.). Williams & Wilkins (1996).

CLARK, Ronald W., *Lenin, the Man Behind the Mask*. Faber and Faber (1988).

CONQUEST, Robert, *Staline*. Traduit par Michèle Garène. Odile Jacob (1993).

DAMASIO, Antonio, *L'Erreur de Descartes (la raison des émotions)*. Traduit par Marcel Blanc. Odile Jacob (1995, 2005).

EDELMAN, Gerald M., *Neural Darwinism : The Theory of Neuronal Group Selection*. Basic Books (1987).

FUSTER, Joaquin M., *Cortex and Mind : Unifying Cognition*. Oxford University Press (2003).

GOETHE, Johann W., von, *Faust*. Traduit par Gérard de Nerval. Gallimard (2002).

GOLDBERG, Elkhonon ; BARR, William, "Selective knowledge loss in activational and representational amnesias." In L. Squire & N Butters (Eds.), *Neuropsychology of Memory*. The Guilford Press (1992).

GOLDBERG, Elkhonon. "Gradiental approach to neocortical functional organization". *Journal of Clinical and Experimental Neuropsychology* (1989).

GOLDBERG, Elkhonon, "Higher Cortical Functions in Humans : The Gradiental Approach." In E. Goldberg (Ed.), *Contemporary Neuro-*

psychology and the Legacy of Luria. Lawrence Erlbaum Associates (1990).

GOLDBERG, Elkhonon, "Train the Gifted." *Harvard Business Review* (January 2004).

GOLDBERG, Elkhonon, "Tribute to Aleksandr Romanovich Luria (1902-1977)." In E. Goldberg (Ed.), *Contemporary Neuropsychology and the Legacy of Luria.* Lawrence Erlbaum Associates (1990).

GOLDBERG, Elkhonon, *The Executive Brain : Frontal Lobes and the Civilized Mind.* Oxford University Press (2001).

GROSSBERG, S., *Neural Networks and Natural Intelligence.* MIT Press (1988).

HARVEY, Dan S. *et al., Development of the Nervous System.* Academic Press (2000).

HUBEL, David H. ; WIESEL, Torsten N. "Brain mechanisms of vision." *Scientific American* (1979).

HUBEL, David H. ; WIESEL, Torsten N., "Receptive fields of cells in striate cortex of very young, visually inexperienced kittens." *Journal of Neurophysiology* (1963).

IRVING, David, *Hitler : les carnets intimes du docteur Morel.* Traduit de l'anglais et de l'allemand par Frank Straschitz. Acropole (1984).

JENKINS, Roy, *Churchill : A Biography.* Farrar, Straus and Giroux (2001).

KOESTLER, Arthur, *Le Cheval dans la locomotive, le paradoxe humain.* Traduit par Georges Fradier. Calmann-Lévy (1968) (Sur le dualisme corps/esprit).

LI, Zhisui, *La Vie privée du président Mao.* Traduit du chinois en anglais par Hung-chao Tai et traduit de l'anglais par Henri Marcel, Frank Straschitz et Martine Leroy-Battistelli. Plon (1994).

LIEBER, Edvard, *Willem De Kooning : Reflections in the Studio.* Abrams (2000).

LURIA Aleksandr R., *The Mind of a Mnemonist : A Little Book About a Vast Memory.* Translated from Russian by Lynn Solotaroff. Basic Books (1968).

LURIA, Aleksandr R., *Higher Cortical Functions in Man.* Basic Books (1966).

LURIA, Aleksandr R., *Traumatic Aphasia : Its Syndromes, Psychology and Treatment.* Mouton (1970).

LURIA, Aleksandr R. & Cole, Michael ; Cole, Sheila (Eds.), *The Making of Mind : A Personal Account of Soviet Psychology.* Harvard University Press (1979).

MILLER, Geoffrey, *The Mating Mind.* Anchor Books (2001).

MOSKOVICH, Lena ; BOUGAKOV, Dmitri ; DEFINA, Philip ; GOLDBERG, Elkhonon, "A. R. Luria : Pursuing Neuropsychology in a Swiftly Changing Society." In A. Stringer, E. Cooley & A. L. Christensen (Eds.), *Pathways to Prominence in Neuropsychology.* Psychology Press (2002).

MURRAY, Charles A., *Human Accomplishment : The Pursuit of Excellence in the Arts and Sciences, 800 BC to 1950*. HarperCollins (2003).

NEUMAYR, Anton, *Dictators in the Mirror of Medicine*. Medi-Ed Press (1995).

PARK, Denise C. ; GUTCHESS Angela H., "Cognitive aging and everyday life", in D. C. Park & N. Schwartz (Eds.), *Cognitive Aging : A Primer*. Psychology Press (2000).

PINKER, Steven, *Comprendre la nature humaine*. Traduit par Marie-France Desjeux, Odile Jacob (2005).

PINKER, Steven. *L'Instinct du langage*. Traduit par Marie-France Desjeux. Odile Jacob (1999).

PLATON, *La République*. Traduit par Georges Leroux. Flammarion (2002).

RAZ, Naftaz, "Aging of the brain and its impact on cognitive performance : integration of structural and functional findings." In F. Craik & T. Salthouse (Eds.), *The Handbook of Aging and Cognition*. Lawrence Erlbaum Associates (2000).

RIEBER, Robert W. ; ROBINSON David K. ; BRUNER Jerome S. (Eds.), *The Essential Vygotsky*. Kluwer Academic (2004).

SAVAGE-RUMBAUGH Sue ; SHANKER, Stuart G. ; TAYLOR, Talbot J., *Apes, Language, and the Human Mind*. Oxford University Press (2001).

SCHWARTZ, Jeffrey ; BEGLEY, Sharon, *The Mind and the Brain : Neuroplasticity and the Power of Mental Force*. Regan Books (2002).

SIMON, Herbert A., *Les Sciences de l'artificiel*. Traduit par Jean-Louis Le Moigne. Gallimard/Folio (2004).

SOPHOCLE, *Antigone*. Traduit par Paul Mazon. Le Livre de poche (1991).

SPEER, Albert, *Inside the Third Reich : Memoirs*. Collier Books (1981).

SQUIRE L. & BUTTERS N. (Eds.), *Neuropsychology of Memory*. The Guilford Press (1992).

STERNBERG, Robert J. (Ed.), *Wisdom: Its Nature, Origins and Development*. Cambridge University Press (1990). [En particulier les 3 articles : 1) Csikszentmihalyi, Mihaly ; Rathunde, Kevin, "The psychology of wisdom: an evolutionary interpretation." 2) Sternberg, Robert J. "Wisdom and its relations to intelligence and creativity." 3) Orwoll, Lucinda ; Perlmutter, Marion, "The study of wise persons : integrating a personality perspective."]

THOMPSON, Peter, *Wisdom : The Hard-Won Gift*. Griffin Press (2003).

TOLSTOÏ, Léon, *Anna Karénine*. Traduit par Henri Mongault. Gallimard (1994).

VALENSTEIN, Elliot, *The Great and Desperate Cures*. BasicBooks (1986).

VOLKOGONOV, Dmitri A., *The Rise and Fall of the Soviet Empire : Political Leaders from Lenin to Gorbatchev*. HarperCollins (1998).

VOLKOGONOV, Dmitri A. ; SHUKMAN, Harold, *Lenin : A New Biography*. Free Press (1994).

VYGOTSKI, Lev S., *Pensée et langage*. Traduit par Françoise Sève. Éditions La Dispute (1997).

WICKELGREN, Ingrid, "Neuroscience. Long-term memory : a positive role for a prion ?" *Science* (2004).

WIENER, Norbert, *Cybernetics, or Control and Communication in the Animal and the Machine*. Hermann (1948).

WIENER, Norbert, *Cybernétique et société, l'usage humain des êtres humains*. Traduit par Pierre-Yves Mistoulon. Union générale d'éditions (1962).

WIENER, Norbert, *God & Golem Inc. Sur quelques points de collision entre la cybernétique et la religion*. Traduit par Christophe Romana et Patricia Farazzi. Éditions de l'Éclat (2001).

WOLFRAM, Stephen, *A New Kind of Science*. Wolfram Media, Inc (2002).

WRANGHAM, Richard W. ; Chicago Academy of Sciences, *Chimpanzee Cultures*. Harvard University Press in cooperation with the Chicago Academy of Sciences (1994).

YARD, Sally, *Willem De Kooning*. Rizzoli (1997).

Index

325

aussi souvenirs ; paradoxe de la sagesse
spécialisation hémisphérique
effets de stimulation cognitive, 279-284
émotions et processus cognitifs, 247-252
Voir aussi hémisphère gauche ; hémisphère droit
spécialisation sans effort, souvenirs génériques, 152, 154, 156
spécificité humaine et lobes frontaux, 191-192
SPEER, Albert, 79
SQUIRE, Larry, 141
STALINE, Joseph, 79, 80, 81, 227, 254, 318
STERNBERG, Robert, 87, 89, 93, 94, 96, 97
stockage à long terme des souvenirs, 127, 130, 136, 138, 139, 149, 249. *Voir aussi* souvenirs génériques
stockage des souvenirs à court terme, 126, 213, 304
STRONG, Connie, 254
structures sous-corticales, 33, 34, 40, 59, 119, 123, 151, 269
substance blanche, 14, 53, 56, 57, 58, 275, 276
substance grise, 188, 263, 264, 275, 276, 277, 278
Successful Aging (Rowe et Kahn), 84
SUHARTO, Mohamed, 83
synapses, 52, 56, 125, 157, 271
synaptogenèse, 52
syndrome d'Anton (cécité corticale), 35
syndrome d'Asperger, 42, 231
syndrome de Gilles de La Tourette, 47
syndrome de Williams, 208
systèmes fonctionnels du cerveau, 40

T

talent exécutif, 201
TAUB, Edward, 298
tectum, 60
TEM (tomographie d'émission monophotonique), 152, 223, 259
TEP (tomographie par émission de

positon), 126, 152, 155, 223, 234, 244, 259
Tetris, 155
thalamus, 35, 40, 247
THATCHER, Margaret, 83
The Executive Brain (Goldberg), 28
The Mating Mind (Miller), 287
The Mind and the Brain (Schwartz et Begley), 271
THÉMISTOCLE, 96
« théorie de l'esprit », 47, 188, 191, 192, 193, 196
théorie de la résonance adaptive (TRA), 163, 205
THOMPSON, Peter, 88, 172, 173
tomographie axiale calculée (TAC ou CT-scan), 259
tomographie d'émission monophotonique (TEM), 152, 223, 259
tomographie par émission de positon (TEP), 126, 152, 155, 223, 234, 244, 259
TRA (théorie de la résonance adaptive), 163, 205
Traumatic Aphasia (Luria), 117, 275
tronc cérébral, 34, 35, 40, 126, 129, 130, 205
trouble maniaco-dépressif, 253, 255
TULVING, Endel, 142
TVERSKY, Amos, 183

V

ventricules, 14, 16, 56, 26, 269, 276, 307, 316
VERLAINE, Paul, 95, 96
vie du cerveau, 27-48. *Voir aussi* paradoxe de la sagesse
vieillissement
impact sur la dualité du cerveau, 258-266
impact sur les émotions et la cognition, 17-22, 311-316
lobes frontaux et esprit, 199-203
sagesse en tant que privilège du, 32-34, 97
stade du vieillissement cérébral, 55-61
Voir aussi paradoxe de la sagesse

Table

La photocomposition de cet ouvrage
a été réalisée par
GRAPHIC HAINAUT
59163 Condé-sur-l'Escaut

Cet ouvrage a été achevé d'imprimer en octobre 2007
dans les ateliers de Normandie Roto Impression s.a.s.
61250 Lonrai (Orne)

Dépôt légal : octobre 2007
N° d'édition : 48145/01. – N° d'impression : 072880

Imprimé en France